# 일본어 구어역 요한복음의 언어학적 분석 II

A Linguistic Anlaysis of the Colloquial Japanese Version of the Gospel of John II

이성규

『이 저서는 인하대학교의 지원에 의하여 연구되었음』
『This work was supported by INHA UNIVERSITY Research Grant』

일본어 구어역 요한복음의 언어학적 분석 II
A Linguistic Anlaysis of the Colloquial Japanese Version of the Gospel of John II

이성규

## 머리말

　본 저서는 일본어 구어역(口語訳) 신약성서(新約聖書)의 요한복음(ヨハネによる福音書) 제5장에서 제7장까지를 언어자료로 삼아, 성서학적인 입장에서가 아니라 일본어학적 관점에서 그곳에 사용된 다양한 언어 소재를 분석함으로써 통상 일본어학이나 일본어 교육에서 주제로 삼지 않거나 지면이 제약되어 있는 어휘, 문형, 문법, 경어법까지 연구 대상에 포함하여 검토하는 것을 목적으로 한다.

　일본어 성서에는 (1)日本聖書協会(1954)『聖書』日本聖書協会. (2)日本聖書協会(1978)『新約聖書』共同訳 日本聖書協会. (3)新改訳聖書刊行会(1970)『新改訳聖書』日本聖書刊行会. (4)日本聖書協会(1987)『聖書』(新共同訳) 日本聖書協会. (5)新約聖書翻訳委員会(1995)『岩波翻訳委員会訳』岩波書店. (6)回復訳編集部(2009)『オンライン聖書 回復訳』http://www.recoveryversion.jp/ 등의 소위 협회본(協会本) 및 (7)前田護郎(1983)『新約聖書』中央公論社. (8)柳生直行(1985)『新約聖書』新教出版社. (9)尾山令仁(2001)『現代訳聖書』現代訳聖書刊行会. (10)高橋照男・私家版(2003)『塚本虎二訳 新約聖書 電子版03版』. (11)高橋照男編(2004)『BbB - BIBLE by Bible 聖書で聖書を読む』http://bbbible.com/ 등의 개인번역본이 있다.

　『구어역성서(口語訳聖書)』는 제2차 세계대전 이후 개신교 신자들이 결성한 일본성서협회(日本聖書協会)가 히브리어의 구약성서와 그리스어의 신약성서를 처음으로 일본어 구어체(口語体)로 발행한 성서이다.

메이지 이후 일본에서는 선교사 등의 기독교 신자 등이 성서를 문어체(文語体) 일본어로 번역한「문어역성서(文語訳聖書)」를 발행했지만, 제2차 세계대전 이후에는 구어체 즉 현대어에 의한 일본어 번역이 뒤를 이었다. 그 중에서도「구어성서(口語聖書)」「구어역성서(口語訳聖書)」혹은 성서에 관해 단순히「구어역(口語訳)」이라고 하면, 제일 먼저 가리키는 것이「구어역성서(口語訳聖書)」이다. 신약성서는 1954년에, 구약성서는 1955년에 완성되는데, 제이외전(第二外典)은 포함되어 있지 않다.[1]

구어역 성서는 문어역 성서보다 이해하기 쉬워졌다고 하는 호평도 있지만, 한편으로 독자에 대한 호소력이나 논리적 명쾌성, 나아가 문장으로서의 기품 그리고 특히 문체(文体)에 관해서는 악평도 존재한다. 그밖에 인칭대명사를 부자연스럽게 통일시킨 점, 대우표현에 있어서의 일관성도 지적되고 있다. 그러나 다른 한편으로 영어 성서 [Revised Standard Version]에 기초하여 번역했다는 점에서 성서 번역의 질적 향상에 크게 기여했다고 긍정적인 평가를 내리는 주장도 있다.

구어역 신약성서에서는 일본어의 고유어와 한어가 다양하게 사용되고 있는데, 그 의미·용법에 있어서는 현대어와 일치하는 것도 있지만 그 중에는 고전어적인 어감을 살린 예도 존재한다.

구어역은 현대어역이기 때문에 그곳에 사용된 문형이나 문법 사항은 대체적으로 현대어와 일치하지만, 구어역에서만 사용되고 있는 예도 산견된다. 특히 조사, 부사, 지시사, 접속사, 조동사, 추론을 나타내는 형식, 연어, 접사어류에 관해서는 졸자가 기 집필한 도서나 관련 서적 그리고 인터넷 검색 등을 통해 다양한 용례를 인용하여 향후 이를 일본어교육에도 원용할 수 있게끔 하였다.

---

1) 出典: フリー百科事典『ウィキペディア(Wikipedia)』https://ja.wikipedia.org/wiki/%E5%8F%A3%E8%AA%9E%E8%A8%B3%E8%81%96%E6%9B%B8에서 인용하여 일부 번역함.

특히 성서에서는 구어역(口語訳)에 국한되지 않고 높여야 할 대상 즉 경의 주체[하나님·예수]가 존재하고 있기 때문에 복수의 존경어 형식이 사용되고 있다. 또한 구어역 성서에서는 동작이나 작용을 분석적으로 표현하기 위해 일반 사전에 탑재되지 않는 복합동사를 포함하여 다양한 유형의 복합동사가 등장하고 있다. 일본어 성서를 적확히 이해하기 위해서는 이들 일본어 복합동사의 의미·용법을 상세히 검토할 필요가 있다.

연구의 최종 결과물은 한국어 번역이란 모습으로 제시되겠지만, 일본어 성서의 한국어 번역이란 점에서 기존의 한국어 성서와는 입장과 서술 내용이 다르기 때문에 색다른 언어 경관이 전개될 것으로 예상된다. 일본어 자료에 기초한 언어학적 관점에서의 결과이기에 접속사나 부사 등에 있어서 동어 반복이나 용장감 등으로 인하여 다소 어색하거나 부자연스러운 면이 있더라도 가능한 한 의역을 피하고 축어역(逐語訳)하는 방식으로 진행했다.

일본과 한국에서는 여러 유형의 성서가 발간되어 있는데, 이들 성서를 대조언어학적 관점에서 조감하여 양자 간의 유사성과 차이점을 살펴보고 의미 있는 내용에 관해서는 번역 단계에서 적극 반영했다.

그리고 본서에 앞서 출판된 『일본어 구어역 마가복음의 언어학적 분석 I』(2018.10)·『일본어 구어역 마가복음의 언어학적 분석II』(2019.04)·『일본어 구어역 마가복음의 언어학적 분석III』(2019.10)·『일본어 구어역 마가복음의 언어학적 분석IV』(2020.04)·『일본어 구어역 요한복음의 언어학적 분석I』(2021.3)에서 다룬 내용과 반복이 되지 않도록 노력했지만, 본문 해석을 위해 필요한 경우에는 예외로 한다.

2021년 5월

李成圭

[범례(凡例)]

1. 본 저서는 日本聖書協会(1954)에서 간행한 『聖書』(口語訳)[pp. (新)1-(新)409]을 저본(底本)을 하되, 표기에 있어서는 일본어학 및 일본어교육의 편익을 도모하고자 본문 비판을 행하고「平仮名」로 되어 있는 부분을 다수 「漢字」로 바꾸었다.

2. 저본에서 장절(章節)로 구성되어 있는 본문을 フランシスコ会聖書研究所(1984)에서 간행한 『新約聖書』에 따라 단락 구분을 해 두었다.

3. 인명과 지명 등의 고유명사의 한글 표기에 관해서는 대한성서공회(2001)에서 간행한 『표준새번역 성경』에 따른다.

# Contents

**ヨハネによる福音書(ふくいんしょ)　第5章**

〚19〛[ヨハネによる福音書 5:1 – 5:18] ……… 10
〚20〛[ヨハネによる福音書 5:19 – 5:30] ……… 35
〚21〛[ヨハネによる福音書 5:31 – 5:47] ……… 56

**ヨハネによる福音書(ふくいんしょ)　第6章**

〚22〛[ヨハネによる福音書 6:1 – 6:15] ……… 77
〚23〛[ヨハネによる福音書 6:16 – 6:21] ……… 108
〚24〛[ヨハネによる福音書 6:22 – 6:25] ……… 116
〚25〛[ヨハネによる福音書 6:26 – 6:51] ……… 122
〚26〛[ヨハネによる福音書 6:52 – 6:59] ……… 160
〚27〛[ヨハネによる福音書 6:60 – 6:71] ……… 175

## ヨハネによる福音書(ふくいんしょ) 第7章

- ⟦28⟧ [ヨハネによる福音書 7:1 – 7:9] ·········· 208
- ⟦29⟧ [ヨハネによる福音書 7:10 – 7:13] ········ 225
- ⟦30⟧ [ヨハネによる福音書 7:14 – 7:24] ········ 231
- ⟦31⟧ [ヨハネによる福音書 7:25 – 7:31] ········ 256
- ⟦32⟧ [ヨハネによる福音書 7:32 – 7:36] ········ 272
- ⟦33⟧ [ヨハネによる福音書 7:37 – 7:39] ········ 285
- ⟦34⟧ [ヨハネによる福音書 7:40 – 7:52] ········ 292
- ⟦35⟧ [ヨハネによる福音書 7:53] ················ 319

색인 ······················································· 322
참고문헌 일람 ············································ 342

# ヨハネによる福音書
- 第5章 -

《19》[ヨハネによる福音書 5:1 - 5:18]

この後(のち)、ユダヤ人(じん)の祭(まつり)があったので、[1]イエスはエルサレムに上(のぼ)られた。[ヨハネによる福音書 5:1]
(이 후, 유대인의 축제가 있어서 예수께서는 예루살렘에 올라가셨다.[5:1])

[1]イエスはエルサレムに上(のぼ)られた : 예수께서는 예루살렘에 올라가셨다. 「上(のぼ)られた」는 「上(のぼ)る」의 レル형 경어 「上(のぼ)られる」의 과거인데, 구어역 신약성서에서는 ナル형 경어 「お上(のぼ)りになる」는 등장하지 않는다. 타 번역본의 사용실태를 살펴보면 [新共同訳1987・前田訳1978・新改訳1970・塚本訳1963]에서는 「上(のぼ)られる」가, [岩波翻訳委員会訳1995]에서는 「上(のぼ)る」가, 그리고 [フランシスコ会訳1984]에서는 「お上(のぼ)りになる」가 사용되고 있다.

エルサレムにある羊(ひつじ)の門(もん)のそばに、[1]ヘブル語(ご)でベテスダと呼(よ)ばれる池(いけ)があった。そこには五(いつ)つの廊(ろう)があっ

> た[2]。[ヨハネによる福音書 5:2]
> (예루살렘에 있는 양의 문 옆에 히브리어로 베드자다라고 불리는 연못이 있었다. 거기에는 5개의 주랑(柱廊 ; 콜로네이드)이 있었다.[5:2])

[1]ヘブル語(ご)でベテスダと呼(よ)ばれる池(いけ) : 히브리어로 베드자다라고 불리는 연못. 「呼(よ)ばれる」는 「呼(よ)ぶ」의 수동으로 여기에서는 뒤에 오는 「池(いけ)」를 수식하고 있다.

[例]「ホテル」と呼(よ)ばれるパブで酒(さけ)を飲(の)むこともあった。
(「호텔」이라고 불리는 퍼브에서 술을 마시는 적도 있었다.)
その典型的(てんけいてき)な例(れい)が、いわゆる「武装化(ぶそうか)計画(けいかく)」と呼(よ)ばれる事象(じしょう)である。
(그 전형적인 예가 소위 「무장화 계획」이라고 불리는 사상이다.)

> その廊(ろう)の中(なか)には、[1]病人(びょうにん)、[2]盲人(もうじん)、[3]足(あし)なえ、[4]痩(や)せ衰(おとろ)えた者(もの)などが、大(おお)ぜい[5]体(からだ)を横(よこ)たえていた。〔彼(かれ)らは水(みず)の動(うご)くのを待(ま)っていたのである。[ヨハネによる福音書 5:3]
> (이 행각 안에는 병자, 맹인, 절뚝발이[앉은뱅이], 바싹 마른 사람 등이 많이 누워 있었다.〔그들은 물이 움직이는 것을 기다리고 있었다.[5:3])

[1]病人(びょうにん) : 병자. 환자.

[例]病(やまい)と戦(たたか)う無防備(むぼうび)の病人(びょうにん)だからこそ、心(こころ)を開(ひら)くことができるのでしょう。

---

2) [フランシスコ会訳1984]에 의하면 사본(写本)에 따라서는「羊(ひつじ)の池(いけ)の近(ちか)くに、ヘブライ語(ご)で『ベテスダ』と呼(よ)ばれる所(ところ)があり ; 양의 연못 근처에 히브리어로 『베드자다』라고 불리는 곳이 있고」라는 이독(異読)도 있다고 한다. 이상은 フランシスコ会聖書研究所(1984)『新約聖書』サンパウロ. p. 309 주(1)에서 인용하여 번역함.

(병과 싸우는 무방비의 병자이기 때문에 마음을 열 수 있을 것입니다.)

逆(ぎゃく)に昔(むかし)から病人(びょうにん)の家(いえ)には、薬(くすり)代(が)わりに植(う)えていたりしたケースが多(おお)かったようだ。

(거꾸로 옛날부터 병자 집에는 약 대신에 심거나 했던 케이스가 많았던 것 같다.)

[2] 盲人(もうじん) : 맹인. [フランシスコ会訳1984]에서는 「目(め)の見(み)えない人(ひと) ; 눈이 보이지 않는 사람」으로 표현하고 있다.

[例] 世人(せじん)の同情(どうじょう)が盲人(もうじん)たちに寄(よ)せられたのはいうまでもない。

(세인의 동정이 맹인들에게 몰려든 것은 말할 나위도 없다.)

このスピーチを行(おこな)った人(ひと)が盲人(もうじん)であったことは偶然(ぐうぜん)ではない。

(이 연설을 한 사람이 맹인이었던 것은 우연은 아니다.)

[3] 足(あし)なえ : 절뚝발이[앉은뱅이]. [フランシスコ会訳1984]에서는 「足(あし)の不自由(ふじゆう)な人(ひと) ; 다리가 불편한 사람」으로 되어 있다.

[例] この人物(じんぶつ)はそばのこの足(あし)なえをはっきりと指(さ)しているからである。

(이 인물은 옆에 있는 이 절뚝발이[앉은뱅이]를 확실히 가리키고 있기 때문이다.)

そのとき目(め)しいの目(め)は開(ひら)かれ、耳(みみ)しいの耳(みみ)はあけられる。その時(とき)足(あし)なえは、鹿(しか)のように飛(と)び、唖(おし)の舌(した)は喜(よろこ)び歌(うた)う。

(그 때 맹인의 눈은 뜨게 되고, 귀머거리의 귀는 열린다. 그 때 절뚝발이[앉은뱅이]는 사슴과 같이 뛰고, 벙어리의 혀는 즐거워하며 노래를 부른다.)

[4] 痩(や)せ衰(おとろ)えた者(もの) : 바싹 마른 사람. [フランシスコ会訳1984]에서는 「体(からだ)の麻痺(まひ)した人(ひと) ; 몸이 마비된 사람」으로 되어 있다.

「瘦(や)せ衰(おとろ)える」는 복합동사「瘦(や)せ＋衰(おとろ)える」로「말라서 쇠약하다 / 바싹 마르다」의 뜻을 나타낸다.

[例] 大病(たいびょう)を患(わずら)って瘦(や)せ衰(おとろ)える。

(큰 병을 앓아 바싹 마르다.)

瘦(や)せ衰(おとろ)えた患者(かんじゃ)が、一枚(いちまい)の毛布(もうふ)の上(う え)でごろ寝(ね)をしていた。

(바싹 마른 환자가 한 장의 모포 위에 옷을 입은 채 아무 데나 쓰러져 자고 있었다.)

瘦(や)せ衰(おとろ)え、祖母(そぼ)と二人(ふたり)で死(し)ぬしかないというぎりぎりの状況(じょうきょう)に追(お)い詰(つ)められた。

(바싹 마르고, 할머니와 둘이서 죽을 수밖에 없다고 하는 한계 상황에 내몰렸다.)

[5] 体(からだ)を横(よこ)たえていた : 몸을 눕히고 있었다. 누워 있었다. 「横(よこ)たえる」는「가로놓다. 눕히다.」의 뜻을 나타내는데, 본 절의「体(からだ)を横(よこ)たえる」는「몸을 눕히다 / 눕다」로 번역해 둔다.

[例] 身(み)を横(よこ)たえて痛(いた)みの和(やわ)らぐのを待(ま)っていた。

(누워서 통증이 완화되는 것을 기다리고 있었다.)

わたしが指定席(していせき)の揺(ゆ)り椅子(いす)に体(からだ)を横(よこ)たえ、うとうとし始(はじ)めたときのことだった。

(내가 지정석의 흔들의자에 몸을 눕히고 꾸벅꾸벅 졸기 시작했을 때의 일이었다.)

---

それは、時々(ときどき)、主(しゅ)の御使(みつかい)がこの池(いけ)に降(お)りてきて[1]水(みず)を動(うご)かすことがあるが、[2]水(みず)が動(うご)いた時(とき)[3]真(ま)っ先(さき)に入(はい)る者(もの)は、[4]どんな病気(びょうき)にかかっていても、[5]癒(いや)されたからである。[ヨハネによる福音書 5:4]

> (그것은 때때로 주의 천사가 이 연못에 내려와서 물을 뒤흔드는 일이 있는데, 물이 움직였을 때 맨 먼저 들어가는 사람은 어떤 병에 걸려 있어도 낫기 때문이다.[5:4])

[1]水(みず)を動(うご)かす : 물을 움직이다. 물을 뒤흔들다. 한국어의「움직이다」는 자타양용동사인데, 일본어에서는 자동사「動(うご)く; 움직이다」와 타동사「動(うご)かす; 움직이다 / 움직이게 하다」가 형태적으로 대응하고 있다.

[例]ラジオ体操(たいそう)の問題(もんだい)では、体(からだ)を動(うご)かす生徒(せいと)が続出(ぞくしゅつ)。
(라디오 체조 문제에서는 몸을 움직이는 학생이 속출 했다.)

つまり歴史(れきし)を動(うご)かす主体(しゅたい)として人々(ひとびと)の心(こころ)を準備(じゅんび)させようと必死(ひっし)だったのだ。
(즉 역사를 움직이는 주체로서 사람들 마음을 준비시키려고 필사적이었다.)

太(ふと)ってしまう可能性(かのうせい)もありますが、そこは運動(うんどう)する事(こと)で解消(かいしょう)、禁煙(きんえん)と体(からだ)を動(うご)かすことでさらに健康的(けんこうてき)になると思(おも)います。
(살찔 가능성도 있습니다만, 거기는 운동함으로써 해소하고, 금연과 몸을 움직임으로써 더욱 건강해질 것 같습니다.)

[2]水(みず)が動(うご)いた時(とき) : 물이 움직일 때. 선행하는「水(みず)を動(うご)かす; 물을 뒤흔들다」에 대해 그 결과의 상태인「水(みず)が動(うご)く; 물이 움직이다」가 쓰이고 있다.

[3]真(ま)っ先(さき)に入(はい)る : 맨 먼저 들어가다.「真(ま)っ先(さき)」는「列(れつ)の真(ま)っ先(さき)の生徒(せいと); 줄의 맨 앞의 학생」과 같이 공간적인 의미로도「真(ま)っ先(さき)に知(し)らせる; 맨 먼저 알리다」와 같이 시간적인 의미로도 쓰인다.

[例]被爆(ひばく)直後(ちょくご)、生徒(せいと)死亡者名(しぼうしゃめい)が校門(こう

もん)に張(は)り出(だ)された時(とき)、五十音順(ごじゅうおんじゅん)の真(ま)っ先(さき)に、大木(おおき)の姓名(せいめい)が書(か)いてあった。

(피폭 직후, 학생 사망자명이 교문에 게시되었을 때, 오십음도 순의 맨 앞에 오키의 성명이 쓰여 있었다.)

以前(いぜん)から食(た)べてみたいと思(おも)っていたので、真(ま)っ先(さき)に購入(こうにゅう)したんだ。

(이전부터 먹고 싶다고 생각하고 있었기 때문에 맨 먼저 구입했다.)

こうして、彼(かれ)の一日(いちにち)が始(はじ)まるのだった。フランシスが真(ま)っ先(さき)に入(はい)って行(い)ったのは新聞(しんぶん)小説(しょうせつ)を作成(さくせい)するオフィスだった。

(이렇게 해서 그의 하루가 시작되는 것이었다. 프랑시스가 제일 먼저 들어 간 데는 신문 소설을 작성하는 오피스이었다.)

[4]どんな病気(びょうき)にかかっていても、: 어떤 병에 걸려 있어도.「病気(びょうき)にかかる」는「병에 걸리다」의 뜻을 나타낸다. 그리고「病気(びょうき)」와 관련된 표현으로는「病気(びょうき)になる ; 병이 나다」「病気(びょうき)が治(なお)る ; 병이 낫다」「病気(びょうき)を治(なお)す ; 병을 고치다」「病気(びょうき)が移(う)つる ; 병이 옮다」「病気(びょうき)を移(うつ)す ; 병을 옮기다」 등이 있다.

[例]自分(じぶん)が、何(なに)かの病気(びょうき)にかかっているんじゃないだろうかと、急(きゅう)に不安(ふあん)になることってありませんか?

(본인이 무슨 병에 걸려 있지 않을까 하고 갑자기 불안해지는 일과 같은 것은 없습니까?)

よく「免疫(めんえき)ができる」といいます。はしかなどの病気(びょうき)にかかると、二度(にど)と同(おな)じ病気(びょうき)にかからないという意味(いみ)です。

(흔히「면역이 생기다」라고 합니다. 홍역 등의 병에 걸리면 두 번 다시 같은 병에 걸리지 않는다는 의미입니다.)

[5]癒(いや)されたからである : 병이 낫기 때문이다.「癒(いや)された」는「癒(いや)す」

의 수동인「癒(いや)される」의 과거인데, 여기에서는「癒(い)える ; 낫다」의 과거「癒(い)えた ; 낫았다」와 같이 자동표현으로 번역해 둔다.

[例]かつ、彼(かれ)らに癒(いや)された者(もの)がそのそばに立(た)っているのを見(み)ては、まったく返(かえ)す言葉(ことば)がなかった。[口語訳 / 使徒行伝 4:14]
(또한 그들로 인해 병이 나은 사람이 그들 곁에 서 있는 것을 보고는, 전혀 뭐라고 대꾸할 말이 없었다.)[사도행전 4:14]

さて、そこに三十八年(さんじゅうはちねん)の間(あいだ)、[1]病気(びょうき)に悩(なや)んでいる人(ひと)があった。[ヨハネによる福音書 5:5]
(그런데 거기에는 38년 동안 병에 시달린 사람이 있었다.[5:5])

[1]病気(びょうき)に悩(なや)んでいる人(ひと)があった : 병에 시달린 사람이 있었다.
「悩(なや)む」에는「아파서 고생하다 / 앓다 / 시달리다.」의 뜻을 나타내는 용법이 있다.

[例]持病(じびょう)の神経痛(しんけいつう)に悩(なや)む。
 (지병인 신경통으로 고생하다.)


 타 번역본에서는 이 부분을 다음과 같이 표현하고 있다.
[例]病気(びょうき)の人(ひと)がいた。[塚本訳1963]
 (병든 사람이 있었다.)
 病気(びょうき)にかかっている人(ひと)がいた。[新改訳1970]
 (병에 걸린 사람이 있었다.)
 病(や)む人(ひと)がいた。[前田訳1978]
 (병든 사람이 있었다.)
 病気(びょうき)で苦(くる)しんでいる人(ひと)がいた。[新共同訳1987]
 (병으로 괴로워하는 사람이 있었다.)

> イエスは[1]その人(ひと)が横(よこ)になっているのを見(み)、また長(なが)い間(あいだ)[2]患(わずら)っていたのを知(し)って、その人(ひと)に「治(なお)りたいのか」と言(い)われた。[ヨハネによる福音書 5:6]
> (예수께서 그 사람이 누워 있는 것을 보고, 또 오랫동안 앓았던 것을 알고, 그 사람에게 "낫고 싶으냐?"고 말씀하셨다.[5:6])

[1]その人(ひと)が横(よこ)になっている : 그 사람이 누워 있다. 「横(よこ)になっている」는 「横(よこ)になる; (가로) 눕다 / 자다」에 「〜ている」가 접속된 것이다.

  [例]聖子(せいこ)は、ベッドに横(よこ)になって、毛布(もうふ)を引(ひ)っかけた.

    (세이코는 침대에 누워 모포를 걸쳤다.)

  少(すこ)し横(よこ)になったらすっきりした。

    (조금 누웠더니 몸이 개운해졌다.)

  ベッドに横(よこ)になり、ランプの明(あ)かりで本(ほん)を読(よ)もうとするのだが、すぐ眠(ねむ)くなってしまう。

    (침대에 누워, 램프의 빛으로 책을 읽으려고 하지만 금방 졸린다.)

[2]患(わずら)っていたのを知(し)って、: 앓았던 것을 알고. 「患(わずら)っていた」는 「患(わずら)う; 병을 앓다 / 병이 나다」에 「〜ていた」가 접속한 것으로 과거 시점에 있어서의 결과의 상태를 나타낸다.

  [例]さてここに、十二年間(じゅうにねんかん)も長血(ながち)を患(わずら)っている女(おんな)がいた。[口語訳 / マルコによる福音書 5:25]

    (그런데 여기 12년간이나 적대하를 앓고 있는 여자가 있었다.)[마가복음 5:25][3)]

  私(わたし)は生(う)まれてこのかた患(わずら)ったことがない。

    (나는 태어나서 지금까지 병을 앓아 본 적이 없다.)

---

3) 李成圭 (2018c)『일본어 구어역 마가복음의 언어학적 분석 1』시간의물레. p. 211에서 인용.

> この病人(びょうにん)はイエスに答(こた)えた、「主(しゅ)よ、水(みず)が動(うご)く時(とき)に、[1]わたしを池(いけ)の中(なか)に入(い)れてくれる人(ひと)がいません。[2]わたしが入(はい)りかけると、ほかの人(ひと)が先(さき)に降(お)りて行(い)くのです」。[ヨハネによる福音書 5:7]
> (이 병자는 예수에게 대답했다. "선생님, 물이 움직일 때, 저를 연못 속에 넣어 줄 사람이 없습니다. 제가 막 들어가려고 하면, 다른 사람이 먼저 내려갑니다."[5:7])

[1]わたしを池(いけ)の中(なか)に入(い)れてくれる人(ひと)がいません : 저를 연못 속에 넣어 줄 사람이 없습니다. 「入(い)れてくれる」는 「入(い)れる」에 수수표현 「〜てくれる」가 접속된 것으로 예를 들면 다음과 같다.

[例]もしだれかが、あなたがたに何(なに)か言(い)ったなら、主(しゅ)がお入(い)り用(よう)なのです、と言(い)いなさい。そう言(い)えば、すぐ渡(わた)してくれるであろう」。[口語訳/マタイによる福音書 21:3]
(만일 누가 너희에게 무슨 말을 한다면 '주께서 필요로 하십니다.' 라고 말해라. 그렇게 말하면 금방 건네 줄 것이다.")[마태복음 21:3]

自分(じぶん)を愛(あい)してくれる者(もの)を愛(あい)したからとて、どれほどの手柄(てがら)になろうか。罪人(つみびと)でさえ、自分(じぶん)を愛(あい)してくれる者(もの)を愛(あい)している。[口語訳/ルカによる福音書 6:32]
(자기를 사랑해 주는 사람을 사랑했다고 해서 얼마나 공적이 될 것인가? 죄인들조차 자기를 사랑해 주는 사람을 사랑한다.)[누가복음 6:32]

[2]わたしが入(はい)りかけると、ほかの人(ひと)が先(さき)に降(お)りて行(い)くのです : 제가 막 들어가려고 하면, 다른 사람이 먼저 내려갑니다. 「入(はい)りかける」는 「入(はい)る」에 시동(始動)을 나타내는 후항동사 「〜かける」가 결합된 복합동

사로「막 들어가려고 하다」에 상당하는 뜻을 나타낸다.

「〜かける」는 동사의 연용형 등에 접속되어, ①「막[마침] 〜하다」, ②「〜기 시작하다」, ③「아직[미처] 못 끝내다 / 〜하다 말다」 등의 뜻을 나타내며, 애스펙트(aspect)의 개시상에 관계하지만 종료를 전제로 하지는 않는다는 점이 특징적이다. 이때의 「〜かける」는 「〜かかる」와 호환성이 인정되고 「〜しようとする」「〜しそうになる」와 치환 관계에 있다.

① 「막[마침] 〜하다」의 뜻으로 쓰이는 경우.
   [例] 霜(しも)も消(き)えかけており、すぐ出発(しゅっぱつ)できるんじゃないかと期待(きたい)していた。
   (서리도 사라져 가고 있어 금방 출발할 수 있지 않을까 하고 기대하고 있었다.)
   短(みじか)い悲鳴(ひめい)をあげて、春江(はるえ)は倒(たお)れかけた。
   (짧은 비명을 지르고 하루에는 막 넘어지려고 했다.)
   金魚(きんぎょ)が横(よこ)になって浮(う)いていて、正直(しょうじき)死(し)にかけていると思(おも)った。
   (금붕어는 가로 누워 떠 있었고 솔직히 말해서 거의 죽어가고 있다고 생각했다.)
   私(わたし)は沈(しず)みかけた船(ふね)にしがみついて救助(きゅうじょ)を待(ま)っていた。
   (나는 가라앉으려는 배에 매달려서 구조를 기다리고 있었다.)
   この日(ひ)は準備(じゅんび)の日(ひ)であって、安息日(あんそくにち)が始(はじ)まりかけていた。[口語訳 / ルカによる福音書 23:54]
   (이 날은 준비일이어서, 안식일이 막 시작될 무렵이었다.)[누가복음 23:54]

②「~기 시작하다」의 뜻으로 쓰이는 경우.

[例] 観客(かんきゃく)が席(せき)を立(た)ち掛(か)ける。

(관객들이 자리를 뜨기 시작하다.)

彼(かれ)らは背後(はいご)から敵陣(てきじん)に攻(せ)めかけた。

(그들은 배후에서 적진을 공격하기 시작했다.)

③「아직[미처] 못 끝내다 / ~하다 말다」의 뜻으로 쓰이는 경우.

[例] 彼(かれ)は何(なに)かを言(い)いかけてやめた。

(그는 무엇인가 말을 하려다가 그만두었다.)

彼女(かのじょ)は料理(りょうり)を作(つく)りかけにして電話(でんわ)に出(で)た。

(그녀는 음식을 만들고 있다가 전화를 받았다.)

彼女(かのじょ)は仕事(しごと)をやりかけたが、すぐにやめてしまった.

(그녀는 일을 하다가 금방 그만두고 말았다.)

彼女(かのじょ)は朝御飯(あさごはん)を食(た)べかけたまま、出(で)かけた。

(그녀는 아침을 먹다 말고 나갔다.)

彼(かれ)は吸(す)いかけのタバコを持(も)っている。

(그는 피우다 만 담배를 들고 있다.)

> イエスは彼(かれ)に言(い)われた、「起(お)きて、[1]あなたの床(とこ)を取(と)りあげ、そして歩(ある)きなさい」。[ヨハネによる福音書 5:8]
> (예수께서는 그에게 말씀하셨다. "일어나서 네 자리를 걷어 가지고 그리고 걸어라."[5:8])

[1] あなたの床(とこ)を取(と)りあげ : 네 자리를 걷어 가지고. 「取(と)り上(あ)げる」는 ①「집어 들다 / 걷어 올리다」, ②「빼앗다」, ③「다루다 / 취급하다」, ④「문제 삼다」 등의 뜻을 나타내는 복합동사인데, 본 절에서는 ①의 뜻으로 쓰이고 있다.

[例]受話器(じゅわき)を取(と)り上(あ)げても、相手(あいて)は無言(むごん)のままだった。
(수화기를 집어 들어도 상대는 말을 하지 않고 가만히 있었다.)
医者(いしゃ)はクリップボードを取(と)り上(あ)げ、しばらく見(み)ていた。
(의사는 클립보드를 집어 들고 잠시 보고 있었다.)
芙美子(ふみこ)は再(ふたた)び三味線(しゃみせん)を取(と)り上(あ)げ、先(さき)ほどの続(つづ)きを弾(ひ)き始(はじ)めた。
(후미코는 다시 사미센을 집어 들어, 조금 전의 후속을 치기 시작했다.)
エリザベスは思(おも)い立(た)ったように机(つくえ)に向(む)かい、ペンを取(と)り上(あ)げてゆっくりと書(か)き始(はじ)めた。
(엘리자베스는 무슨 결심을 한 것처럼 책상 앞에 앉아, 펜을 집어 들고 천천히 쓰기 시작했다.)

すると、[1]この人(ひと)はすぐに癒(いや)され、床(とこ)を取(と)り上(あ)げて歩(ある)いて行(い)った。その日(ひ)は安息日(あんそくにち)であった。[ヨハネによる福音書]
(그러자 이 사람은 금방 나아서 자리를 걷어 가지고 걸어갔다. 그 날은 안식일이었다.[5:9])

[1]この人(ひと)はすぐに癒(いや)され、: 이 사람은 금방 나아서.「癒(いや)される」는「癒(いや)す; 병을 고치다」의 수동인데 직역하면 어색하여「癒(い)える; 병이 낫다」와 같이 능동(자동)으로 번역해 둔다.
[例]ひゃっこい甘(あま)みに惨敗(ざんぱい)の痛(いた)みを癒(いや)され、だんだん元気(げんき)が出(で)てきたぞ。
(차가운 단맛에 참패의 아픔이 치유되어 점점 활기를 찾게 되었다.)
被害者(ひがいしゃ)が癒(いや)され、加害者(かがいしゃ)を理解(りかい)し、許

(ゆる)すまで修復(しゅうふく)するのは実(じつ)にたいへんなことである。
(피해자가 치유되어 가해자를 이해하고, 용서할 때까지 회복되는 것은 실로 힘든 일이다.)

> そこでユダヤ人(じん)たちは、その癒(いや)された人(ひと)に言(い)った、「[1]今日(きょう)は安息日(あんそくにち)だ。床(とこ)を取(と)り上(あ)げるのは、[2]よろしくない」。[ヨハネによる福音書 5:10]
> (그때 유대인들은 그 병이 나은 사람에게 말했다. "오늘은 안식일이다. 자리를 걷어 올리는 것은 좋지 않다."[5:10])

[1]今日(きょう)は安息日(あんそくにち)だ : 오늘은 안식일이다. 유대인들이 병이 나은 사람에게 대화문에서「〜だ」로 종지되는 비경칭(非敬稱)의 보통체 말씨로 말하고 있다. 같은 유형의 예를 들면 다음과 같다.

[例]イエスは振(ふ)り向(む)いて、ペテロに言(い)われた、「サタンよ、引(ひ)き下(さ)がれ。わたしの邪魔(じゃま)をする者(もの)だ。あなたは神(かみ)のことを思(おも)わないで、人(ひと)のことを思(おも)っている」。[口語訳 / マタイによる福音書 16:23]
(예수께서는 뒤돌아보고 베드로에게 말씀하셨다. "사탄아, 물러가라. 너는 나를 방해하는구나. 너는 하나님의 일을 생각하지 않고, 사람의 일을 생각하고 있다.")[마태복음 16:23]

しばらくして、そこに立(た)っていた人々(ひとびと)が近寄(ちかよ)って来(き)て、ペテロに言(い)った、「確(たし)かにあなたも彼(かれ)らの仲間(なかま)だ。言葉(ことば)づかいであなたのことがわかる」。[口語訳 / マタイによる福音書 26:73]
(잠시 후, 거기에 서 있던 사람들이 가까이 다가와서 베드로에게 말했다. "틀림없이 당신도 그들과 한패다. 말씨에서 당신을 알 수 있다.")[마태복

음 26:73]

[2]よろしくない : 좋지 않다. 「宜(よろ)しい」의 부정으로 좋다고는 결코 말할 수 없는 모양을 나타내는 표현. 대부분의 경우, 노골적으로 「悪(わる)い ; 나쁘다」고 말하는 것을 피하기 위해 대용 표현으로 사용된다.[4]

[例]身銭(みぜに)を切(き)って相手(あいて)の歓心(かんしん)を買(か)うのは<u>よろしくない</u>。

((남 또는 공적인 일에) 자기 돈을 들여 상대의 환심을 사는 것은 좋지 않다.)

こういう空気(くうき)で参考人(さんこうにん)質疑(しつぎ)をするのは、あまり<u>よろしくない</u>。

(이런 분위기에서 참고인 질의를 하는 것은 별로 좋지 않다.)

だから、仕事(しごと)だけにのめり込(こ)むのははなはだ<u>よろしくない</u>。

(따라서 일에만 빠져 드는 것은 상당히 안 좋다.)

それを避(さ)けて、ただ単(たん)に頼(たよ)りない学者(がくしゃ)に任(まか)せて時間(じかん)を過(す)ごすのは<u>よろしくない</u>。

(그것을 피하고 그냥 단지 미덥지 못한 학자에게 맡기고 시간을 보내는 것은 옳지 않다.)[5]

---

彼(かれ)は答(こた)えた、[1]わたしを治(なお)して下(くだ)さった方(かた)が、床(とこ)を取(と)りあげて歩(ある)けと、[2]わたしに言(い)われました」。
[ヨハネによる福音書 5:11]
(그는 대답했다. 나를 낫게 해 주신 분이 자리를 걷어 들고 걸어라, 고 제게 말씀하셨습니다.[5:11])

---

4) 李成圭(2019a) 『일본어 구어역 마가복음의 언어학적 분석Ⅱ』 시간의물레. pp. 26-27에서 인용.
5) 李成圭(2019a) 『일본어 구어역 마가복음의 언어학적 분석Ⅱ』 시간의물레. pp. 26-27에서 인용.

[1]わたしを治(なお)して下(くだ)さった方(かた)が : 나를 낫게 해 주신 분이.「治(なお)して下(くだ)さった」는「治(なお)す」에 수수표현「～て下(くだ)さる」의 과거인「～て下(くだ)さった」가 접속된 것으로 같은 유형의 예를 들면 다음과 같다.

[例]主(しゅ)が裁(さば)きの時(とき)を猶予(ゆうよ)し、待(ま)っていて下(くだ)さったからこそ、私(わたし)たちは主(しゅ)と出会(であ)い、主(しゅ)による救(すく)いの道(みち)を歩(あゆ)むことができるのです。

(주께서 심판할 때를 유예하고 기다리고 계셨기 때문에 우리는 주를 만나서 주에 의한 구원으로의 길을 걸을 수 있습니다.)

その時(とき)に聴(き)いて下(くだ)さったY先生(せんせい)がなぜか気(き)に入(い)って下(くだ)さって、今回(こんかい)、日曜(にちよう)礼拝(れいはい)の説教者(せっきょうしゃ)として正式(せいしき)に招(まね)いて下(くだ)さったという次第(しだい)である。

(그 때 들으신 Y선생님께서 왠지 마음에 드셔서 이번에 일요 예배의 설교자로서 정식으로 초대해 주셨다고 하는 것이 경위입니다.)

[2]わたしに言(い)われました : 제게 말씀하셨습니다.「言(い)われました」는「言(い)う」의 레루형 경어「言(い)われる」가 대화문에서 정녕체로 쓰인 것이다.

[例]今(いま)田中(たなか)委員(いいん)が言(い)われましたように、在日(ざいにち)外国人(がいこくじん)の皆(みな)さんが日本(にほん)の今日(こんにち)までの発展(はってん)の中(なか)で大(おお)きく寄与(きよ)して来(こ)られたことも事実(じじつ)でありますし。

(지금 다나카 위원께서 말씀하신 바와 같이 재일 외국인 여러분께서 일본의 현재까지의 발전 속에서 크게 기여해 오신 것도 사실이고.)

お答(こた)えいたします。ただいま委員(いいん)が言(い)われました日米(にちべい)地位(ちい)協定(きょうてい)の下(もと)での刑事裁判(けいじさいばん)手続(てつづ)きに関(かん)する日米(にちべい)交渉(こうしょう)の結果(けっか)でございます。

(답변 드리겠습니다. 지금 위원께서 말씀하신 일미 지위 협정 하에서의 형사재판 수속에 관한 일미 교섭의 결과입니다.)

こういう体制(たいせい)というものを、今(いま)この教訓(きょうくん)、先(さき)ほど長官(ちょうかん)が言(い)われましたようなそういう示唆(しさ)を一(ひと)つの基盤(きばん)としてさらに強化(きょうか)をしていく必要(ひつよう)があるだろう。

(이런 체제라는 것을 지금 이 교훈, 조금 전에 장관께서 말씀하신 그런 시사를 하나의 기반으로서 더욱 강화를 해 나갈 필요가 있을 것이다.)

> 彼(かれ)らは尋(たず)ねた、「取(と)り上(あ)げて歩(ある)けと言(い)った人(ひと)は、[1]だれか」。[ヨハネによる福音書 5:12]
> (그들은 물었다. "(자리를) 걸어 가지고 걸어라! 고 말한 사람은 누구냐?"[5:12])

[1]だれか : 누구냐? 본 절은 [彼(かれ)らは「取(と)り上(あ)げて歩(ある)けと言(い)った人(ひと)は、だれか」尋(たず)ねた。; 그들은 걸어 가지고 걸어라! 고 말한 사람은 누구냐? 라고 물었다」에서 문의 구성 요소가 도치된 것이다.

> しかし、この癒(いや)された人(ひと)は、[1]それがだれであるか知(し)らなかった。群衆(ぐんしゅう)がその場(ば)にいたので、[2]イエスはそっと出(で)て行(い)かれたからである。[ヨハネによる福音書 5:13]
> (그러나 병이 나은 이 사람은, 그 사람이 누구인지 몰랐다. 군중이 그 자리에 있었기 때문에 예수께서 슬며시 나가셨기 때문이다.[5:13])

[1]それがだれであるか知(し)らなかった : 그 사람이 누구인지 몰랐다.「それ」는 사물을 나타내는 지시대명사인데 여기에서는 인대명사(人代名詞)로 쓰이고 있다. [例]彼(かれ)は麻薬(まやく)に手(て)を出(だ)す人間(にんげん)は、たとえそれが誰

(だれ)であろうとも断(だん)じて信用(しんよう)しない。

(그는 마약에 손을 대는 사람은 설령 그게 누구라고 하더라도 결단코 신용하지 않는다.)

こんな近(ちか)くで殺人犯(さつじんはん)を見(み)ていながら、それが誰(だれ)であるのかを確定(かくてい)できないというなら、まず犯人(はんにん)は彼女(かのじょ)たちの知(し)らない男(おとこ)― 少(すく)なくとも、その企画(きかく)会議(かいぎ)に参加(さんか)した四人(よにん)の誰(だれ)かではない、と判断(はんだん)すべきじゃないのか」朝比奈(あさひな)が言(い)うと、平田(ひらた)もうなずいた。

(이렇게 가까운 데에서 살인범을 보고 있으면서도 그 사람이 누구인지를 확정할 수 없다고 한다면, 먼저 범인은 그녀들이 모르는 남자 – 적어도 이 기획 회의에 참가한 4명 중의 누군가가 아니라고 판단해야 하지 않을까」 아사히나가 말하자, 히라타도 고개를 끄덕였다.)

[2]イエスはそっと出(で)て行(い)かれたからである : 예수께서 슬며시 나가셨기 때문이다. 「そっと」는 한국어의 「살짝 / 가만히 / 몰래」에 해당하는 양태부사이다. 그리고 「出(で)て行(い)かれる」는 「出(で)て行(い)く」의 レル형 경어이다.

[例]そっと歩(ある)く。

(가만히 걷다.)

そっと抜(ぬ)け出(で)る。

(몰래 빠져 나오다.)

そっと忍(しの)び寄(よ)る。

(살짝 다가가다.)

そっと事(こと)を運(はこ)びはじめる。

(몰래 가만히 일을 진행시키기 시작하다.)

しばらくそっとしておいた方(ほう)がいいんないですか。

(잠시 그대로 가만히 내버려 두는 것이 좋지 않습니까?)

その後(のち)、イエスは宮(みや)でその人(ひと)に出会(であ)ったので、彼(かれ)に言(い)われた、「[1]ごらん、あなたはよくなった。[2]もう罪(つみ)を犯(おか)してはいけない。何(なに)かもっと悪(わる)いことが、あなたの身(み)に起(お)こるかも知(し)れないから」。[ヨハネによる福音書 5:14]
(그 후, 예수께서 성전에서 그 사람을 우연히 만나서, 그에게 말씀하셨다. "그것 봐라! 너는 좋아졌다. 이제 죄를 지어서는 안 된다. 무엇인가 더 나쁜 일이 네 신상에 일어날지도 모르니까."[5:14])

[1]ごらん、あなたはよくなった : 그것 봐라! 너는 좋아졌다. 「ごらん[御覧]」은 「ごらんなさい」의 축약형인데 본 절에서는 「그것 봐라!」에 상당하는 뜻으로 쓰이고 있다.

   [例]お母(かあ)さん、早(はや)くごらんよ。

     (엄마, 빨리 와서 봐!)

   それ、ごらん、壊(こわ)れちゃったじゃないか。

     (그것 봐! 깨졌잖아?)

   こっちへ来(き)てごらん。

     (여기 와서 보렴.)

[2]もう罪(つみ)を犯(おか)してはいけない : 이제 죄를 지어서는 안 된다. 「罪(つみ)を犯(おか)す ; 죄를 범하다 / 죄를 짓다」에 금지를 나타내는 「～てはいけない」가 접속된 것이다.

   [例]そのとき、ユダヤにいる人々(ひとびと)は山(やま)へ逃(に)げよ。市中(しちゅう)にいる者(もの)は、そこから出(で)て行(い)くがよい。また、田舎(いなか)にいる者(もの)は市内(しない)に入(はい)ってはいけない。[口語訳 / ルカによる福音書 21:21]

     (그때, 유대에 있는 사람들은 산으로 도망가라. 도시 안에 있는 사람들은 거기에서 나가라. 또 시골에 있는 사람들은 시내에 들어와서는 안 된다.)

     [누가복음 21:21]

悪(あく)に負(ま)けてはいけない。かえって、善(ぜん)をもって悪(あく)に勝(か)ちなさい。[口語訳 / ローマ人への手紙 12:21]

(악에게 져서는 안 된다. 오히려 선으로 악에 이겨라.)[로마서 12:21]

だから、だれも人間(にんげん)を誇(ほこ)ってはいけない。すべては、あなたがたのものなのである。[口語訳 / コリント人への第一の手紙 3:21]

(그러므로 누구든지 사람을 자랑해서는 안 된다. 모든 것이 너희 것이기 때문이다.)[고린도전서 3:21]

彼(かれ)は出(で)て行(い)って、[1]自分(じぶん)を癒(いや)したのはイエスと、ユダヤ人(じん)たちに告(つ)げた。[ヨハネによる福音書 5:15]
(그는 나가서 자기를 고친 사람은 예수라고 유대인들에게 알렸다.)

[1]自分(じぶん)を癒(いや)したのはイエスと : 자기를 고친 사람은 예수라고. 「癒(いや)す」는 타동사로 「낫게 하다 / 고치다」의 뜻을 나타내는데 타 번역본에서는 어떻게 표현하고 있는지 살펴보자.

[例]直(なお)してくれた人(ひと)はイエスであると、[塚本訳1963]
    (고쳐 준 사람은 예수라고,)

    自分(じぶん)を直(なお)してくれた方(かた)はイエスだと、[新改訳1970]
    (자기를 고쳐 준 분은 예수라고,)

    彼(かれ)をいやしたのはイエスであると、[前田訳1978]
    (그를 고친 이는 예수라고,)

    自分(じぶん)をいやしたのはイエスだと、[新共同訳1987]
    (자신을 고친 이는 예수라고,)

    自分(じぶん)を元気(げんき)にしたのはイエスだと、[岩波翻訳委員会訳1995]
    (자신을 건강하게 해 준 사람은 예수라고,)

이상과 같이 [고치다]라는 행위에 대해 「直(なお)す」「いやす」「元気(げんき)にする」가 쓰이고 있다.

> [1]そのため、ユダヤ人(じん)たちは、安息日(あんそくにち)にこのようなことをしたと言(い)って、[2]イエスを責(せ)めた。[ヨハネによる福音書 5:16]
> (그 때문에, 유대인들은 안식일에 이와 같은 일을 했다고 하여 예수를 비난했다.[5:16])

[1]そのため、ユダヤ人(じん)たちは、安息日(あんそくにち)にこのようなことをしたと言(い)って、: 그 때문에, 유대인들은 안식일에 이와 같은 일을 했다고 하여.

「そのため」는 지시 연체사 「その」에 원인이나 목적으로 쓰이는 형식명사 「為(ため)」가 결합되어 연어(連語:れんご)가 된 것인데, 본 절에서는 「그 때문에」와 같은 원인·이유를 나타내는 접속사로 기능하고 있다.

「それで；그래서」「そのため；그 때문에」「その結果(けっか)；그 결과」는 주로 전문(前文)에서 원인·이유를 서술하고, 후문(後文)에서 결과로서의 사실을 나타내는 경우에 쓴다. 문말(文末) 제한(制限)이 있어, 후문에는 화자의 판단, 의지, 의뢰, 명령 등과 같이 화자의 의지를 나타내는 문이 오면 부자연스러운 경우가 있다.

[例]そのため、私(わたし)は大変(たいへん)疲(つか)れました。
 (그 때문에 나는 몹시 피곤합니다.)
 そのため、大勢(おおぜい)の人(ひと)が亡(な)くなった。
 (그 때문에 많은 사람들이 죽었다.)
 寝過(ねす)ごしてしまった。そのため、汽車(きしゃ)に乗(の)り遅(おく)れた。
 (늦잠을 자고 말았다. 그 때문에 기차를 타지 못했다.)
 連日(れんじつ)、真夏日(まなつび)が続(つづ)いた。そのため、アイスの売(う)り上(あ)げも上々(じょうじょう)だった。

(연일, 한 여름날(최고 기온이 30도를 넘는 여름날)이 계속되고 있었다. 그 때문에 아이스 매상도 더할 나위 없이 좋았다.)

今年(ことし)は夏(なつ)が寒(さむ)かった。そのため、米(こめ)が不作(ふさく)だった。

(올해는 여름이 추웠다. 그 때문에 쌀이 흉작이었다.)

[2]イエスを責(せ)めた : 예수를 비난했다.

「責(せ)める」는 ①「잘못 등을 {비난하다・나무라다・책하다}」」②「괴롭히다・고통을 주다」 등의 뜻을 나타내는데, 본 절에서는 ①의 의미로 해석해 둔다. 그리고 타 번역본에서는 「責(せ)める」 대신에 다음과 같이 「迫害(はくがい)する ; 박해하다」로 표현한 경우도 있다.

[例]イエスを迫害(はくがい)しはじめた。[塚本訳1963]

(예수를 박해하기 시작했다.)

イエスを迫害(はくがい)した。[新改訳1970]

(예수를 박해했다.)

イエスを迫害(はくがい)しはじめた。[前田訳1978]

(예수를 박해하기 시작했다.)

イエスを迫害(はくがい)し始(はじ)めた。[新共同訳1987]

(예수를 박해하기 시작했다.)

---

そこで、[1]イエスは彼(かれ)らに答(こた)えられた、[2]わたしの父(ちち)は今(いま)に至(いた)るまで働(はたら)いておられる。わたしも働(はたら)くのである」。[ヨハネによる福音書5:17]

(그러자, 예수께서는 그들에게 대답하셨다. 내 아버지께서는 지금에 이르기까지 일을 하고 계신다. 그래서 나도 일하는 것이다.[5:17])

[1]イエスは彼(かれ)らに答(こた)えられた : 예수께서는 그들에게 대답하셨다. 「答(こた)えられた」는 「答(こた)える」의 레루형 경어 「答(こた)えられる」의 과거로 <イエス>

를 높이는 데에 사용되고 있다.

[例]一人(ひとり)の律法(りっぽう)学者(がくしゃ)が来(き)て、彼(かれ)らが互(たが)いに論(ろん)じ合(あ)っているのを聞(き)き、またイエスが巧(たく)みに答(こた)えられたのを認(みと)めて、イエスに質問(しつもん)した、「すべての戒(いまし)めの中(なか)で、どれが第一(だいいち)のものですか」。[口語訳/マルコによる福音書 12:28]

(율법학자 중에서 한 사람이 와서 그들이 서로 토론하는 것을 듣고 또한 예수께서 능숙하게 대답하시는 것을 인정하고 예수에게 질문했다. "모든 계명 중에서 어느 것이 가장 중요합니까?")[마가복음 12:28])[6]

그리고 구어역 신약성서에서는 「答(こた)えられる」보다 경의도가 높은 ナル형 경어인 「お答(こた)えになる」도 <イエス>에 관해 쓰이고 있다.

[例]ピラトはイエスに尋(たず)ねた、「あなたがユダヤ人(じん)の王(おう)であるか」。イエスは「そのとおりである」とお答(こた)えになった。[口語訳/ルカによる福音書 23:3]

(빌라도가 예수에게 물었다. "네가 유대인의 왕이냐?" 예수께서 "말한 그대로이다."라고 대답하셨다.)[누가복음 23:3]

[2]わたしの父(ちち)は今(いま)に至(いた)るまで働(はたら)いておられる : 내 아버지께서는 지금에 이르기까지 일을 하고 계신다. 「働(はたら)いておられる」는 「働(はたら)いている」의 レル형 경어로 <神(かみ)>를 높이는 데에 쓰이고 있다. <神(かみ)>를 높이는 데에 사용되는 「~ておられる」의 예를 들면 다음과 같다.

[例]その日(ひ)、その時(とき)は、だれも知(し)らない。天(てん)の御使(みつかい)たちも、また子(こ)も知(し)らない、ただ父(ちち)だけが知(し)っておられる。[口語訳/マタイによる福音書 24:36]

---

6) 李成圭(2019c)『일본어 구어역 마가복음의 언어학적 분석Ⅲ』시간의물레. p. 179에서 인용.

(그 날, 그 때는 아무도 모른다. 하늘의 천사들도 모르고, 그리고 아들도 모른다. 오직 아버지만 알고 계신다.)[마태복음 24:36]

彼(かれ)らに言(い)われた、「時期(じき)や場合(ばあい)は、父(ちち)がご自分(じぶん)の権威(けんい)によって定(さだ)めておられるのであって、あなたがたの知(し)る限(かぎ)りではない。[口語訳 / 使徒行伝 1:7]
(그들에게 말씀하셨다. "시기나 경우는 아버지께서 당신의 권한으로 정하고 계신 것이니, 너희가 알 바가 아니다.)[사도행전 1:7]

神(かみ)は、このような無知(むち)の時代(じだい)を、これまでは見過(みす)ごしにされていたが、今(いま)はどこにおる人(ひと)でも、みな悔(く)い改(あらた)めなければならないことを命(めい)じておられる。[口語訳 / 使徒行伝 17:30]
(하나님께서는 이와 같은 무지의 시대를 지금까지는 그냥 지나치셨지만, 지금은 어디에 있는 사람이든 모두 회개하지 않으면 안 된다고 명하고 계십니다.)[사도행전 17:30]

[1]このためにユダヤ人(じん)たちは、ますますイエスを殺(ころ)そうと計(はか)るようになった。それは、[2]イエスが安息日(あんそくにち)を破(やぶ)られたばかりではなく、神(かみ)を自分(じぶん)の父(ちち)と呼(よ)んで、[3]自分(じぶん)を神(かみ)と等(ひと)しいものとされたからである。[ヨハネによる福音書 5:18]
(이 때문에 유대인들은 더욱더 예수를 죽이려고 꾀하게 되었다. 그것은 예수께서 안식일을 어기셨을 뿐만 아니라, 하나님을 자기 아버지라고 불러 자신을 하나님과 같은 것으로 하셨기 때문이다.[5:18])

[1]このためにユダヤ人(じん)たちは、ますますイエスを殺(ころ)そうと計(はか)るようにな

った;이 때문에 유대인들은 더욱더 예수를 죽이려고 꾀하게 되었다.「このために」는 지시사「この」에「~ために」가 결합되어 접속사로 전성된 것인데, 본 절에서는「이 때문에」와 같이 원인·이유의 뜻으로 쓰이고 있다.

[예]このため、さらに万全(ばんぜん)を期(き)すために、校舎(こうしゃ)内部(ないぶ)の奉安所(ほうあんじょ)は金庫型(きんこがた)へ改(あらた)められた。

(이 때문에 더욱 만전을 기하기 위해 교사 내부의 봉안소는 금고형으로 바뀌었다.)

このため、この路線(ろせん)の実現(じつげん)方法(ほうほう)についても意見(いけん)が分裂(ぶんれつ)するようになった。

(이 때문에 이 노선의 실현 방법에 관해서도 의견이 분열하게 되었다.)

大規模(だいきぼ)な地滑(じすべ)りや山腹崩壊(さんぷくほうかい)が発生(はっせい)すると、多量(たりょう)の土砂(どさ)が急激(きゅうげき)にダム湖(こ)に流入(りゅうにゅう)します。このためにに、ダムから大量(たいりょう)の水(みず)があふれ出(で)て、ダム下流(かりゅう)に大洪水(だいこうずい)を引(ひ)き起(お)こすことになります。

(대규모의 산사태[땅의 일부가 사면(斜面)에 따라서 차차 미끄러져 가는 현상]나 산복붕괴가 발생하면, 다량의 토사가 급격히 댐 호수로 유입합니다. 이 때문에 댐에서 다량의 물이 넘쳐 나와 댐 하류에 큰 홍수를 일으키게 됩니다.)

[2] イエスが安息日(あんそくにち)を破(やぶ)られたばかりではなく: 예수께서 안식일을 어기셨을 뿐만 아니라.「破(やぶ)られる」는「破(やぶ)る;깨다/어기다」의 레루형 경어로 <イエス>를 높이는 데에 쓰이고 있다. 타 번역본에서의 번역 실태를 살펴보자.

[예] 安息日(あんそくにち)を破(やぶ)るばかりでなく、[塚本訳1963]

(안식일을 어길 뿐만 아니라,)

安息日(あんそくにち)を破(やぶ)っておられただけでなく、[新改訳1970]

(안식을 어기고 계셨을 뿐만 아니라,)

　　安息日(あんそくにち)を破(やぶ)ったばかりでなく、[前田訳1978]

　　(안식일을 어겼을 뿐만 아니라,)

　　安息日(あんそくにち)を破(やぶ)るだけでなく、[新共同訳1987]

　　(안식일을 어길 뿐만 아니라,)

　　安息日(あんそくにち)を破(やぶ)っていたばかりか、[岩波翻訳委員会訳1995]

　　(안식일을 어기고 있었을 뿐만 아니라,)

「破(やぶ)っている」의 경어인「破(やぶ)っておられる」가 [新改訳1970]에서 쓰이고 있을 뿐, 나머지 번역본에서는「破(やぶ)る」나「破(やぶ)った」그리고「破(やぶ)っていた」와 같이 비경칭으로 쓰이고 있다. 이 점은「破(やぶ)る」에 내재된 부정적인 의미를 경어로 하는 것에 대한 위화감이 작용했을 것으로 해석된다.

[3]自分(じぶん)を神(かみ)と等(ひと)しいものとされたからである : 자신을 하나님과 같은 것으로 하셨기 때문이다.「神(かみ)と等(ひと)しいものとされた」는「神(かみ)と等(ひと)しいものとする」의 レル형 경어「神(かみ)と等(ひと)しいものとされる」의 과거로 <イエス>를 높이는 데에 사용되고 있다. 구어역 신약성서에서「～とされる」가 경어로 쓰인 예를 살펴보면 다음과 같다.

　　[例]また、神(かみ)がイエスを死人(しにん)の中(なか)から蘇(よみがえ)らせて、いつまでも朽(く)ち果(は)てることのないものとされたことについては、『わたしは、ダビデに約束(やくそく)した確(たし)かな聖(せい)なる祝福(しゅくふく)を、あなたがたに授(さず)けよう』と言(い)われた。[口語訳 / 使徒行伝 13:34]

　　(또 하나님께서 예수를 죽은 자 가운데서 살리시고, 언제까지나 썩지 않는 것으로 하신 것에 관해서는 '나는 다윗에게 약속한 확실하고 거룩한 축복을, 너희에게 주겠다.'고 말씀하셨다.)[사도행전 13:34]

　　神(かみ)はこのキリストを立(た)てて、その血(ち)による、信仰(しんこう)をもって

受(う)くべき贖(あがな)いの供(そな)え物(もの)とされた。それは神(かみ)の義(ぎ)を示(しめ)すためであった。すなわち、今(いま)までに犯(おか)された罪(つみ)を、神(かみ)は忍耐(にんたい)をもって見逃(みのが)しておられた。[口語訳 / ローマ人への手紙 3:25]

(하나님께서는 이 그리스도를 세워 그 피에 의한 신앙으로 받아야 할 속죄의 제물로 하셨다. 그것은 하나님의 의를 보이기 위해서이었다. 즉, 지금까지 범해진 죄를 하나님께서는 인내로서 눈감아 주고 계셨다.)[로마서 3:25]

## 〚20〛[ヨハネによる福音書 5:19 - 5:30]

さて、イエスは彼(かれ)らに答(こた)えて言(い)われた、「よくよくあなたがたに言(い)っておく。子(こ)は[1]父(ちち)のなさることを見(み)てする以外(いがい)に、自分(じぶん)からは何事(なにごと)もすることができない。[2]父(ちち)のなさることであればすべて、子(こ)もそのとおりにするのである。[ヨハネによる福音書 5:19]
(그런데 예수께서는 그들에게 대답하여 말씀하셨다. "분명히 말해 두겠다. 아들은 아버지께서 하시는 것을 보고 하는 것 이외에 자기가 직접 어떤 일도 할 수가 없다. 아버지께서 하시는 일이면 모두 아들도 그대로 하는 것이다."[5:19])

[1]父(ちち)のなさること : 아버지께서 하시는 일. 「なさる」는 「する」의 특정형 경어로 レル형 경어 「される」보다 경의도가 높은데 본 절에서는 <父(ちち)=神(かみ)>를 높이는 데에 사용되고 있다. 같은 유형의 예를 들어보자.
　[例]あなたがためいめいも、もし心(こころ)から兄弟(きょうだい)をゆるさないならば、わ

たしの天(てん)の父(ちち)もまたあなたがたに対(たい)して、そのようになさるであろう」。[口語訳 / マタイによる福音書 18:35]

(너희가 각각 만일 진심으로 형제를 용서하지 않는다면, 내 하늘 아버지께서도 또 너희에게 대해 그와 같이 하실 것이다."[마태복음 18:35]

だから、神(かみ)はそのあわれもうと思(おも)う者(もの)をあわれみ、かたくなにしようと思(おも)う者(もの)を、かたくなになさるのである。[口語訳 / ローマ人への手紙 9:18]

(그러므로 하나님께서는 그 긍휼하게 생각하는 사람을 불쌍히 여기시고, 완고하게 하려고 생각하는 사람을 완고하게 하십니다.)[로마서 9:18]

[2]父(ちち)のなさることであれば : 아버지께서 하시는 일이면.「~であれば」는 단정의 조동사「~だ」의 문장체인「~である」의 가정형이다.

[例]もし平安(へいあん)を受(う)けるにふさわしい家(いえ)であれば、あなたがたの祈(いの)る平安(へいあん)はその家(いえ)に来(く)るであろう。もしふさわしくなければ、その平安(へいあん)はあなたがたに帰(かえ)って来(く)るであろう。[口語訳 / マタイによる福音書 10:13]

(만일 평안을 받기에 적합한 집이라면, 너희가 비는 평안은 그 집에 올 것이다. 만일 적합하지 않으면 그 평안은 너희에게 돌아올 것이다.)[마태복음 10:13]

もし子(こ)であれば、相続人(そうぞくにん)でもある。神(かみ)の相続人(そうぞくにん)であって、キリストと栄光(えいこう)を共(とも)にするために苦難(くなん)をも共(とも)にしている以上(いじょう)、キリストと共同(きょうどう)の相続人(そうぞくにん)なのである。[口語訳 / ローマ人への手紙 8:17]

(만일 자녀이면, 상속자이기도 한다. 하나님의 상속자이고 그리스도와 영

광을 함께 하기 위해 고난도 함께 하고 있는 이상, 그리스도와 공동의 상속자인 것이다.)[로마서 8:17]

[1]なぜなら、父(ちち)は子(こ)を愛(あい)して、みずからなさることは、[2]すべて子(こ)にお示(しめ)しになるからである。そして、それよりもなお大(おお)きなわざを、お示(しめ)しになるであろう。あなたがたが、[3]それによって不思議(ふしぎ)に思(おも)うためである。[ヨハネによる福音書 5:20]
(왜냐하면 아버지께서는 아들을 사랑해서 자신이 하시는 것은 모두 아들에게 보여주시기 때문이다. 그리고 그것보다도 더 큰 일을 보여주실 것이다. 너희가 그것에 의해 이상하게 생각하기 때문이다.[5:20])

[1]なぜなら、父(ちち)は子(こ)を愛(あい)して、: 왜냐하면 아버지께서는 아들을 사랑해서.「なぜなら」는 접속사로서 앞에서 서술한 것의 원인·이유를 설명할 때 쓰이는 접속사로 한국어의「왜냐하면」의 대응한다. 같은 유형의 접속사로는「なぜかというと·そのわけは·なんとなれば·なぜならば」등이 있다.

[例] 今(いま)は公表(こうひょう)できない。なぜなら、まだ討議(とうぎ)の段階(だんかい)だから。
(지금 공표할 수 없다. 왜냐하면, 아직 토의 단계이니까.)

なぜかというと、こういう人(ひと)は一緒(いっしょ)にいるととても楽(たの)しい。
(왜냐하면 이런 사람은 함께 있으면 무척 즐겁다.)

そのわけは、加藤(かとう)博士(はかせ)と岡(おか)博士(はかせ)が研究(けんきゅう)に使(つか)った品種(ひんしゅ)の違(ちが)いにありそうである。
(그 이유는, 가토 박사와 오카 박사가 연구에 사용한 품종의 차이에 있는 것 같다.)

時価(じか)会計的(かいけいてき)な概念(がいねん)で言(い)えば、この二人(ふたり)、仮(かり)にA氏(し)、B氏(し)の金融(きんゆう)資産額(しさんがく)に遜色

(そんしょく)はない。なんとなれば、二人(ふたり)とも九千万円(きゅうせんまんえん)の同額(どうがく)であるからである。

(시가 회계적인 개념으로 말하면 이 두 사람, 잠정적으로 A씨, B씨의 금융 자산액에 손색은 없다. 왜냐하면 두 사람 모두 9,000만 엔의 동액이기 때문이다.)

この世界(せかい)[外界(がいかい)]には意味(いみ)がない。なぜならば、世界(せかい)は意味(いみ)を必要(ひつよう)としないのだから。

(이 세계[외계]에는 의미가 없다. 왜냐하면 세계는 의미를 필요로 하지 않기 때문이다.)

[2] すべて子(こ)にお示(しめ)しになるからである : 모두 아들에게 보여주시기 때문이다. 「お示(しめ)しになる」는 「示(しめ)す」의 ナル형 경어인데, 본 절에서는 <神(かみ)>를 높이는 데에 사용되고 있다. 같은 유형의 예를 살펴보자.

[例] 弟子(でし)たちは出(で)て行(い)って、至(いた)る所(ところ)で福音(ふくいん)を宣(の)べ伝(つた)えた。主(しゅ)も彼(かれ)らと共(とも)に働(はたら)き、御言(みことば)に伴(ともな)うしるしをもって、その確(たし)かなことをお示(しめ)しになった。
[口語訳 / マルコによる福音書 16:20]

(제자들은 나가서 곳곳에서 복음을 전파했다. 주께서도 그들과 함께 일하고, 말씀에 따르는 표적으로 그 확실함을 보여주셨다.)[마가복음 16:20][7]

ペテロは彼(かれ)らに言(い)った、「あなたがたが知(し)っているとおり、ユダヤ人(じん)が他国(たこく)の人(ひと)と交際(こうさい)したり、出入(でい)りしたりすることは、禁(きん)じられています。ところが、神(かみ)は、どんな人間(にんげん)をも清(きよ)くないとか、汚(けが)れているとか言(い)ってはならないと、わたしにお示(しめ)しになりました。[口語訳 / 使徒行伝 10:28]

(베드로는 그들에게 말했다. "너희가 알고 있는 바와 같이 유대인이 다른

---

[7] 李成圭(2020b)『일본어 구어역 마가복음의 언어학적 분석Ⅳ』시간의물레. p. 259에서 인용.

나라 사람과 교제하거나 왕래하거나 하는 것은 금지되어 있습니다. 그런데 하나님께서는 어떤 사람도 깨끗하지 않다든가 정결하지 않다든가 말해서는 안 된다고 내게 보여주셨습니다.) [사도행전 10:28]

[3] それによって不思議(ふしぎ)に思(おも)うためである : 그것에 의해 이상하게 생각하기 때문이다.

「それによって」는 「それ」에 복합조사 「～によって ; ～에 의해」가 결합한 것으로 원인·이유를 나타내는 접속사의 기능을 하는데, 「그것에 의해」「그로 인해」에 상당하는 뜻을 나타낸다.

[例] そして、それによって、世界(せかい)が部分的(ぶぶんてき)に変(か)わっていきます。

(그리고 그것에 의해 세계가 부분적으로 바뀌게 됩니다.)

先(さき)にも述(の)べたように、在庫(ざいこ)管理(かんり)をコンピュータ化(か)する。それによって、当然(とうぜん)ながら、職場(しょくば)を追(お)われる人(ひと)が出(で)てくる。

(앞에서도 서술한 바와 같이 재고 관리를 컴퓨터화한다. 그것에 의해 당연하지만, 직장에서 쫓겨나는 사람이 나온다.)

すなわち、父(ちち)が死人(しにん)を起(おこ)して[1]命(いのち)をお与(あた)えになるように、子(こ)もまた、[2]その心(こころ)に適(かな)う人々(ひとびと)に命(いのち)を与(あた)えるであろう。[ヨハネによる福音書 5:21]
(즉 아버지가 죽은 자를 일으켜서 생명을 주시는 것과 같이 아들도 또한 그 마음에 드는 사람들에게 생명을 줄 것이다.[5:21])

[1] 命(いのち)をお与(あた)えになるように : 생명을 주시는 것과 같이. 「お与(あた)えになる」는 「与(あた)える」의 ナル형 경어로 본 절에서는 <父(ちち)=神(かみ)>를 높

이는 데에 쓰이고 있는데 구어역 신약성서에서는 <イエス=신적 예수>를 대우하는 경우에도 사용되고 있다.

[例]彼(かれ)は大(おお)いなる者(もの)となり、いと高(たか)き者(もの)の子(こ)と、称(とな)えられるでしょう。そして、主(しゅ)なる神(かみ)は彼(かれ)に父(ちち)ダビデの王座(おうざ)をお与(あた)えになり、[口語訳/ルカによる福音書 1:32]

(그는 위대한 사람이 되고 가장 높으신 분의 아들이라고 불릴 것입니다. 그리고 주이신 하나님께서는 그에게 선조 다윗의 왕좌를 주시고,)[누가복음 1:32]

夜(よ)が明(あ)けると、弟子(でし)たちを呼(よ)び寄(よ)せ、その中(なか)から十二人(じゅうににん)を選(えら)び出(だ)し、これに使徒(しと)という名(な)をお与(あた)えになった。[口語訳/ルカによる福音書 6:13]

(날이 밝자, 제자들을 불러 모아, 그 중에서 12명을 골라내어 이들에게 사도라는 이름을 주셨다.)[누가복음 6:13]

[2] その心(こころ)に適(かな)う : 그 마음에 들다. 「心(こころ)に適(かな)う」는 「気(き)に入(い)る ; 마음에 들다」「満足(まんぞく)に思(おも)う ; 만족스럽게 생각하다」의 뜻을 나타내는 관용어구이다.

[例]やっと心(こころ)に適(かな)う人(ひと)が見(み)つかった。

(겨우 마음에 드는 사람을 찾았다.)

若手(わかて)作陶家(さくとうか)の作品展(さくひんてん)で心(こころ)に適(かな)う器(うつわ)に出会(であ)った。

(신진 도예가 작품전에서 마음에 드는 그릇을 만났다.)

お心(こころ)に適(かな)うように努力(どりょく)します。

(마음에 드시도록 노력하겠습니다.)

その宿(やど)は、宿泊客(しゅくはくきゃく)が少(すく)なく、浴槽(よくそう)も広(ひ

ろ)くきれいで、私(わたし)の心(こころ)に適(かな)いました。
(그 여관은 숙박객이 적고, 욕조도 넓고 깨끗해서 내 마음에 들었습니다.)
新(あたら)しく越(こ)してきた山(やま)の中(なか)の景色(けしき)やその土地(とち)の人々(ひとびと)の穏(おだ)やかな生活(せいかつ)は、私(わたし)の心(こころ)に適(かな)うもので、ここに決(き)めてよかったと思(おも)いました。
(새로 이사해 온 산 속의 경치나 그 지역 사람들의 온화한 생활은 내 마음에 드는 것으로 여기로 정하기를 잘 했다고 생각했습니다.)

父(ちち)はだれをも裁(さば)かない。[1]裁(さば)きのことはすべて、[2]子(こ)に委(ゆだ)ねられたからである。[ヨハネによる福音書 5:22]
(아버지께서는 아무도 심판하시지 않는다. 심판에 관한 것은 모두 아들에게 맡기셨기 때문이다.[5:22])

[1]裁(さば)きのことはすべて : 심판에 관한 것은 모두. 「裁(さば)き」는 「裁(さば)く」의 연용형이 전성명사화한 것이다.

[例]あなたがたによく言(い)っておく。裁(さば)きの日(ひ)には、ソドム、ゴモラの地(ち)の方(ほう)が、その町(まち)よりは耐(た)えやすいであろう。[口語訳 / マタイによる福音書]
(너희에게 분명히 말해 둔다. 심판의 날에는 소돔, 고모라 땅이 그 도시보다는 견디기가 쉬울 것이다.)[마태복음 10:15]

わたしたちは、神(かみ)の裁(さば)きが、このような事(こと)を行(おこな)う者(もの)どもの上(うえ)に正(ただ)しく下(くだ)ることを、知(し)っている。[口語訳 / ローマ人への手紙 2:2]
(우리는, 하나님의 심판이 이와 같은 일을 행하는 사람들 위에 올바르게 내려오는 것을 알고 있다.)[로마서 2:2]

[2]子(こ)に委(ゆだ)ねられたからである : 아들에게 맡기셨기 때문이다.「委(ゆだ)ねられた」는「委(ゆだ)ねる」의 레루형 경어「委(ゆだ)ねられる」의 과거로 <父(ちち)=神(かみ)>를 높이는 데에 쓰이고 있다.

[例]すなわち、神(かみ)はキリストにおいて世(よ)をご自分(じぶん)に和解(わかい)させ、その罪過(ざいか)の責任(せきにん)をこれに負(お)わせることをしないで、わたしたちに和解(わかい)の福音(ふくいん)を委(ゆだ)ねられたのである。[口語訳 / コリント人への第二の手紙 5:19]

(즉 하나님께서 그리스도 안에서 세상을 당신과 화해시키고 그 죄과의 책임을 여기에 지게 하지 않고, 우리에게 화해의 복음을 맡기신 것이다.)[고린도후서 5:19]

それで、わたしの父(ちち)が国(くに)の支配(しはい)をわたしに委(ゆだ)ねてくださったように、わたしもそれをあなたがたにゆだね、[口語訳 / ルカによる福音書 22:29]

(그래서 내 아버지께서 나라의 지배를 내게 맡겨 주신 것과 같이, 나도 그것을 너희에게 맡기고,)[누가복음 22:29]

それは、[1]すべての人(ひと)が父(ちち)を敬(うやま)うと同様(どうよう)に、子(こ)を敬(うやま)うためである。子(こ)を敬(うやま)わない者(もの)は、[2]子(こ)を遣(つか)わされた父(ちち)をも敬(うやま)わない。[ヨハネによる福音書 5:23]
(그것은 모든 사람들이 아버지를 존경하는 것과 마찬가지로 아들을 존경하게 하기 위해서이다. 아들을 존경하지 않는 사람은 아들을 보내신 아버지도 존경하지 않는다.[5:23])

[1]すべての人(ひと)が父(ちち)を敬(うやま)うと同様(どうよう)に : 모든 사람들이 아버지를 존경하는 것과 마찬가지로.「同様(どうよう)だ」는「같다」「마찬가지다」의

뜻을 나타내는 형용동사인데, 본 절의 「～と同様(どうよう)に；～와 마찬가지로 / ～와 똑같이」의 예를 들면 다음과 같다.

[예]母(はは)も父(ちち)と同様(どうよう)に厳(きび)しい。

(어머니도 아버지와 마찬가지로 엄하다.)

自分(じぶん)の賃銀(ちんぎん)をもらって行(い)きなさい。わたしは、この最後(さいご)の者(もの)にもあなたと同様(どうよう)に払(はら)ってやりたいのだ。[口語訳 / マタイによる福音書 20:14]

(자기 임금을 받아 가라. 나는 이 마지막 사람에게도 너와 똑같이 지불해 주고 싶다.)[마태복음 20:14]

それと同様(どうよう)に、主(しゅ)は、福音(ふくいん)を宣(の)べ伝(つた)えている者(もの)たちが福音(ふくいん)によって生活(せいかつ)すべきことを、定(さだ)められたのである。[口語訳 / コリント人への第一の手紙 9:14]

(그것과 마찬가지로 주께서는 복음을 전파하고 있는 사람들이 복음에 의해 생활해야만 하는 것을 결정하신 것이다.)[고린도전서 9:14]

[2]子(こ)を遣(つか)わされた父(ちち)をも敬(うやま)わない : 아들을 보내신 아버지도 존경하지 않는다. 「遣(つか)わされた」는 「遣(つか)わす」의 レル형 경어 「遣(つか)わされる」의 과거로 <父(ちち)>에 관해 쓰이고 있다.

「父(ちち)をも」에서 「父(ちち)を」는 동작의 대상을 나타내고, 그것에 부조사 「～も」가 접속된 것인데 한국어에서는 이때의 목적격 조사 「～を」는 번역에 반영되지 않는다.

[예]あなたを訴(うった)えて、下着(したぎ)を取(と)ろうとする者(もの)には、上着(うわぎ)をも与(あた)えなさい。[口語訳 / マタイによる福音書 5:40]

(너를 고소하여 속옷을 가지려고 하는 사람에게는, 겉옷도 주어라.)[마태복음 5:40]

43

また小(ちい)さい魚(うお)が少(すこ)しばかりあったので、祝福(しゅくふく)して、それをも人々(ひとびと)に配(くば)るようにと言(い)われた。[口語訳 / マルコによる福音書 8:7]

(또 작은 물고기가 약간 있어서 축복하고 그것도 사람들에게 나누어 주라고 말씀하셨다.)[마가복음 8:7][8]

わたしたちは皆(みな)、多(おお)くの過(あやま)ちを犯(おか)すものである。もし、言葉(ことば)の上(うえ)で過(あやま)ちのない人(ひと)があれば、そういう人(ひと)は、全身(ぜんしん)をも制御(せいぎょ)することのできる完全(かんぜん)な人(ひと)である。[口語訳 / ヤコブの手紙 3:2]

(우리는 모두 많은 잘못을 범하는 법이다. 만일 말을 하면서 잘못이 없는 사람이 있다면, 그런 사람은 전신도 제어할 수 있는 완전한 사람이다.)[야고보서 3:2]

よくよくあなたがたに言(い)っておく。わたしの言葉(ことば)を聞(き)いて、わたしを遣(つか)わされた方(かた)を信(しん)じる者(もの)は、永遠(えいえん)の命(いのち)を受(う)け、[1]また裁(さば)かれることがなく、[2]死(し)から命(いのち)に移(うつ)っているのである。[ヨハネによる福音書 5:24]

(분명히 말해 두겠다. 내 말을 듣고 나를 보내신 분을 믿는 사람은 영원한 생명을 받고 또한 심판받지 않고 죽음에서 생명으로 옮겨진다.[5:24])

[1]また裁(さば)かれることがなく、: 심판받지 않고. 「裁(さば)かれる」는 「裁(さば)く」의 수동으로 「裁(さば)かれることがなく」를 직역하면 「심판받는 일이 없고」인데, 여기에서는 「심판받지 않고」와 같이 동사의 부정으로 번역해 둔다.

---

8) 李成圭(2019a)『일본어 구어역 마가복음의 언어학적 분석Ⅱ』시간의물레. p. 135에서 인용.

[例]これらの神々(かみがみ)は特定(とくてい)の集団(しゅうだん)や地域(ちいき)を越(こ)えて信仰(しんこう)されることがなく、また諸島(しょとう)の外(ほか)に名(な)を知(し)られることもなかった。
(이들 신들은 특정 집단이나 지역을 넘어 신앙되지 않고 또 제도 밖에 이름이 알려지지도 않았다.)
そのため当人(とうにん)によってもまた第三者(だいさんしゃ)によってもめったに使(つか)われることがなく、当人(とうにん)を特定(とくてい)するのが困難(こんなん)なときに最後(さいご)の手段(しゅだん)として用(もち)いられる。
(그 때문에 본인에 의해서도 또 제3자에 의해서도 좀처럼 쓰이지 않고 본인을 특정하는 것이 곤란한 때에 마지막 수단으로서 사용된다.)

キリストの復活(ふっかつ)をあらかじめ知(し)って、『彼(かれ)は黄泉(よみ)に捨(す)て置(お)かれることがなく、またその肉体(にくたい)が朽(く)ち果(は)てることもない』と語(かた)ったのである。[口語訳 / 使徒行伝 2:31]
(그리스도의 부활을 미리 알고, '그는 지옥에 방치되지 않고 또 그의 육체가 썩지도 않는다.'고 이야기했던 것이다.)[사도행전 2:31]

ヒラデルヒヤにある教会(きょうかい)の御使(みつかい)に、こう書(か)き送(おく)りなさい。『聖(せい)なる者(もの)、真(まこと)なる者(もの)、ダビデの鍵(かぎ)を持(も)つ者(もの)、開(ひら)けばだれにも閉(と)じられることがなく、閉(と)じればだれにも開(ひら)かれることのない者(もの)が、次(つぎ)のように 言(い)われる。[口語訳 / ヨハネの黙示録 3:7]
(빌라델비아에 있는 교회의 천사에게 이렇게 써서 보내라. '거룩하신 사람, 참된 사람, 다윗의 열쇠를 가지고 있는 사람, 열면 누구에게도 닫히지 않고, 닫으면 누구에게도 열리지 않는 사람이 다음과 같이 말씀하신다.) [요한계시록 3:7]

[2]死(し)から命(いのち)に移(うつ)っているのである : 죽음에서 생명으로 옮겨진다. 본 절에서는 「移(うつ)っている」를 「옮겨진다」와 같이 미래에 있어서의 결과의 상태로 해석해 두는데, 타 번역본에서는 다음과 같이 현 시점에서의 완료로 해석하는 입장도 있다.

[例] その人(ひと)はもはや死(し)から命(いのち)に移(うつ)っているのである。[塚本訳 1963]

(그 사람은 이미 죽음에서 생명으로 옮겨졌다.)

死(し)から命(いのち)へと〔すでに〕移(うつ)ってしまっている。[岩波翻訳委員会訳1995]

(죽음에서 생명으로 이미 옮겨지고 말았다.)

よくよくあなたがたに言(い)っておく。死(し)んだ人(ひと)たちが、[1]神(かみ)の子(こ)の声(こえ)を聞(き)く時(とき)が来(く)る。[2]今(いま)すでに来(き)ている。そして聞(き)く人(ひと)は生(い)きるであろう。[ヨハネによる福音書 5:25]

(분명히 너희에게 말해 둔다. 죽은 사람들이 하나님의 아들의 소리를 들을 때가 온다. 지금 이미 와 있다. 그리고 듣는 사람은 살 것이다.[5:25])

[1]神(かみ)の子(こ)の声(こえ)を聞(き)く時(とき)が来(く)る : 하나님의 아들의 소리를 들을 때가 온다. 「来(く)る」와 같은 동사의 ル형은 「来(き)た」와 같은 과거와 대립하는 형식으로 비과거(현재나 미래)를 나타내는데, 본 절의 「来(く)る」는 미래를 나타내는 용법으로 쓰이고 있다.

[例] 今日(きょう)の夕方(ゆうがた)に街(まち)に行(い)く。

(오늘 저녁때 시내에 가겠다.)

デザインが気(き)に入(い)れば買(か)う。

(디자인이 마음에 들면 사겠다.)

食(た)べられさえすれば、どんな味(あじ)だってかまわないんだよ。お前(まえ)たちに、それがわかるかな。ムリかな。しかしな、いつか来(く)る。きっと来(く)る…。
(먹을 수만 있다면 무슨 맛이라도 상관없어. 너희는 그것을 알까? 무리일까? 그러나 언젠가 온다. 틀림없이 온다.)

[2] 今(いま)すでに来(き)ている : 지금 이미 와 있다. 「来(き)ている」와 같이 「~ている」가 「もう(이미)・すでに(이미)・もうとっくに(이미 오래 전에)」와 같은 시간 부사와 같이 쓰이게 되면 완료의 의미를 나타낸다.

[例] 急(いそ)ぎましょう。きっともう始(はじ)まっている。
(서두릅시다. 틀림없이 이미 시작했다.)
戦争(せんそう)はもう終(お)わっているんですか。
(전쟁은 이미 끝났습니까?)
親(おや)離(ばな)れの準備(じゅんび)は、もうとっくに完了(かんりょう)している。
(아이가 부모를 떠날 준비는 이미 오래 전에 완료했다.)
人(ひと)の意識(いしき)はどうあれ、社会(しゃかい)全体(ぜんたい)で介護(かいご)を考(かんが)えざるを得(え)ない時代(じだい)は、すでに来(き)ているのです。
(남의 의식은 어찌 되었든, 사회 전체에서 개호를 생각하지 않으면 안 되는 시대는 이미 와 있습니다.)
大当(おおあ)たりの抽選(ちゅうせん)・判定(はんてい)は一瞬(いっしゅん)で行(おこ)なわれ、"保留(ほりゅう)ランプが点灯(てんとう)したときにはすでに結果(けっか)は出(で)ている"のです。
(일등으로 당첨되는 추첨・판정은 순식간에 이루어지고 "보류 램프가 점등한 순간 이미 결과는 나온" 것입니다.)

그리고 완료는 「もう~た」로도 표현할 수 있다.
[例] 調査(ちょうさ)結果(けっか)はもう{出(で)た・出(で)ている}。
(조사 결과는 이미 {나왔다・나와 있다}.)

日本語(にほんご)はもうある程度(ていど){習(なら)った・習(なら)っている}。
(일본어는 이미 어느 정도 {배웠다・배웠다}.)

> それは、[1]父(ちち)がご自分(じぶん)のうちに[2]生命(せいめい)をお持(も)ちになっていると同様(どうよう)に、子(こ)にもまた、自分(じぶん)のうちに[3]生命(せいめい)を持(も)つことをお許(ゆる)しになったからである。[ヨハネによる福音書 5:26]
> (그것은 아버지가 자기 안에 생명을 가지고 계신 것과 마찬가지로, 아들에게도 또 그 안에 생명을 갖는 것을 허락하셨기 때문이다.[5:26])

[1]父(ちち)がご自分(じぶん)のうちに : 아버지가 자기 안에. 「ご自分(じぶん)」은 「自分(じぶん)」에 존경의 접두사 「ご」가 접속된 것으로 본 절에서는 <父(ちち)=神(かみ)>를 높이고 있다.

1. <神(かみ)>를 높이는 경우.

    [例]しかし、聖書(せいしょ)に書(か)いてあるとおり、「目(め)がまだ見(み)ず、耳(みみ)がまだ聞(き)かず、人(ひと)の心(こころ)に思(おも)い浮(うか)びもしなかったことを、神(かみ)は、ご自分(じぶん)を愛(あい)する者(もの)たちのために備(そな)えられた」のである。[口語訳/コリント人への第一の手紙 2:9]
    (그러나 성서에 쓰여 있는 대로 "눈이 아직 보이지 않고, 귀가 아직 듣지 못하고, 사람의 마음에 떠오르지도 않은 것을 하나님께서는 자기를 사랑하는 사람들을 위해 마련하신" 것이다.)[고린도전서 2:9]

2. <イエス>를 높이는 경우.

    [例]いつもの場所(ばしょ)に着(つ)いてから、彼(かれ)らに言(い)われた、「誘惑(ゆうわく)に陥(おちい)らないように祈(いの)りなさい」。[口語訳/ルカによる福音書 22:40]

(늘 가는 곳에 도착하고 나서, 그들에게 말씀하셨다. "유혹에 빠지지 않도록 기도해라.")[누가복음 22:40]

そしてご自分(じぶん)は、石(いし)を投(な)げて届(とど)くほど離(はな)れたところへ退(しりぞ)き、跪(ひざまず)いて、祈(いの)って言(い)われた、[口語訳 / ルカによる福音書 22:41]
(그리고 자신께서는 돌을 던져서 닿을 정도로 떨어진 곳으로 물러나서 무릎을 꿇고 기도하며 말씀하셨다.) [누가복음 22:41]

[2]生命(せいめい)をお持(も)ちになっている : 생명을 가지고 계시다.「お持(も)ちになっている」는「持(も)っている」의 ナル형 경어로 <父(ちち)=神(かみ)>를 높이는 데에 쓰이고 있다.

[例]今日(こんにち)皆(みな)さんがお持(も)ちになっている土地(とち)はすべて国土(こくど)といって国(くに)のものであり天皇陛下(てんのうへいか)のものです。
(오늘날 여러분께서 가지고 계신 토지는 모두 국토라고 해서 국가의 것이고 천황폐하의 것입니다.)

ピンクではないが、見方(みかた)によってはピンクに見(み)えなくもない紫色(むらさきいろ)のポルシェをお持(も)ちになっている父兄(ふけい)の方(かた)がいたのです。
(핑크는 아니지만, 보기에 따라서는 핑크로 안 보이는 것도 아닌 자주색의 포르셰를 가지고 계신 학부형 분이 있었습니다.)

[3]生命(せいめい)を持(も)つことをお許(ゆる)しになったからである : 생명을 갖는 것을 허락하셨기 때문이다. 「お許(ゆる)しになった」는「許(ゆる)す」의 ナル형 경어의 과거로 <父(ちち)=神(かみ)>를 높이는 데에 쓰이고 있다.

[例]だいたい、タバコという代物(しろもの)を主(しゅ)がお許(ゆる)しになったことなど一度(いちど)だってないよ。それなのに聖職者(せいしょくしゃ)すら、タバコに汚

染(おせん)されてきたじゃあないか。

(본시 담배라는 물건을 주께서 허락하신 것 등은 한 번이라도 없어. 그럼에도 성직자들조차 담배에 오염되었지 않느냐?)

僧(そう)は女犯(にょぼん)を禁(きん)じられていた筈(はず)である。女(おんな)と係(かか)わりを持(も)つことは不倫(ふりん)ではないのか。仏(ほとけ)がお許(ゆる)しになったものを神(かみ)が拒(こば)む理由(りゆう)はない。

(중은 여범(중이 사음계(邪淫戒)를 범하는 것)이 금지되어 있었을 것이다. 여자와 관계를 맺는 것은 불륜이 아닌가? 부처님이 허락하신 것을 하나님이 거부할 이유는 없다.)

そして子(こ)は人(ひと)の子(こ)であるから、[1]子(こ)に裁(さば)きを行(おこな)う権威(けんい)をお与(あた)えになった。[ヨハネによる福音書 5:27]
(그리고 아들은 인자이기 때문에 아들에게 심판을 행한 권한을 주셨다.[5:27])

[1]子(こ)に裁(さば)きを行(おこな)う権威(けんい)をお与(あた)えになった : 아들에게 심판을 행할 권한을 주셨다. 「お与(あた)えになった」는 「与(あた)える」의 ナル형 경어 「お与(あた)えになる」의 과거로 예를 살펴보면 다음과 같다.

[例]最(もっと)も大切(たいせつ)ことは、自分(じぶん)の使命(しめい)、すなわち主(しゅ)イエスが私(わたし)にお与(あた)えになった働(はたら)きを全(まっと)うすることです。

(가장 중요한 것은 자기의 사명, 즉 주 예수가 내게 주신 일을 다 하는 것입니다.)

今(いま)みなさんの前(まえ)にいるのは、素晴(すば)らしい才能(さいのう)を持(も)った女性(じょせい)です。神(かみ)が彼女(かのじょ)に才能(さいのう)をお与(あた)えになったのです。

(지금 여러분 앞에 있는 것은 멋진 재능을 가지고 있는 여성입니다. 하나님께서 그녀에게 재능을 주신 것입니다.)

すなわち、彼(かれ)の名(な)を信(しん)じる人々(ひとびと)には、神(かみ)の子供(こども)とされる権利(けんり)をお与(あた)えになった。イエス・キリストを受(う)け入(い)れるか、受(う)け入(い)れないかはあなたの自由(じゆう)です。

(즉 그의 이름을 믿는 사람들에게는 하나님의 아이가 되는 권리를 주셨다. 예수 그리스도를 받아들일 것인가 받아들이지 않을 것인가는 당신의 자유입니다.)

> [1]このことを驚(おどろ)くには及(およ)ばない。墓(はか)の中(なか)にいる者(もの)たちがみな神(かみ)の子(こ)の声(こえ)を聞(き)き、[ヨハネによる福音書 5:28]
> (이 사실을 놀랠 것까지는 없다. 무덤 속에 있는 사람들이 모두 하나님의 아들의 소리를 듣고,[5:28])

[1]このことを驚(おどろ)くには及(およ)ばない : 이 사실을 놀랠 것까지는 없다. 「〜には及(およ)ばない」는 연어(連語 : れんご)로서 명사나 동사에 접속되어「〜할 필요는 없다 / 〜할 것까지는 없다」에 상당하는 뜻을 나타낸다.

[例]だが、それでもなお心配(しんぱい)するには及(およ)ばない。

(하지만 그래도 더 걱정할 필요는 없다.)

そして、そもそも「不可能(ふかのう)な旅(たび)」であるならば、それを成功(せいこう)とか失敗(しっぱい)とか形容(けいよう)するには及(およ)ばない。

(그리고 대저「불가능한 여행」이라면, 그것을 성공이라든가 실패라든가 형용할 필요는 없다.)

するとイエスは言(い)われた、「彼(かれ)らが出(で)かけて行(い)くには及(およ)ばない。あなたがたの手(て)で食物(しょくもつ)をやりなさい」。[口語訳 / マタイに

よる福音書 14:16]
(그러자 예수께서 말씀하셨다."그들이 나갈 필요가 없다. 너희의 손으로 먹을 것을 주어라.")[마태복음 14:16]

> 善(ぜん)を行(おこな)った人々(ひとびと)は、[1]生命(せいめい)を受(う)けるために蘇(よみがえ)り、悪(あく)を行(おこな)った人々(ひとびと)は、[2]裁(さば)きを受(う)けるために蘇(よみがえ)って、[3]それぞれ出(で)て来(く)る時(とき)が来(く)るであろう。[ヨハネによる福音書 5:29]
> (선을 행한 사람들은 생명을 받기 위해 부활하고, 악을 행한 사람들은 심판을 받기 위해 부활하여 각자 나올 때가 올 것이다.)

[1]生命(せいめい)を受(う)けるために蘇(よみがえ)り、: 생명을 받기 위해 부활하고. 「生命(せいめい)を受(う)けるために」의 「〜ために」는 목적을 나타내는 용법으로 쓰인 것이며 후문에 단순 연결하기 위해 「蘇(よみがえ)り、」와 같이 연용중지법이 쓰이고 있다.

  [例] あの方(かた)は蘇(よみがえ)り、われわれを迎(むか)えにおいでになる。
     (그 분은 부활해서 우리를 맞이하러 오신다.)
     魂(たましい)はそれによって常(つね)に蘇(よみがえ)り、新(あたら)しい感動(かんどう)を、新(あたら)しい生(い)き生(い)きとした観念(かんねん)や新(あたら)しい刺激的(しげきてき)なイメージを、受(う)け入(い)れるようになる。
     (영혼은 그것에 의해 항상 부활하고 새로운 감동을 새롭고 생생한 관념이나 새로운 자극적인 이미지를 받아들이게 된다.)

[2]裁(さば)きを受(う)けるために蘇(よみがえ)って、: 심판을 받기 위해 부활하여. 「裁(さば)きを受(う)けるために」의 「〜ために」도 앞의 대구 형식과 마찬가지로 목적을 나타내고 「蘇(よみがえ)って」와 같이 접속법으로 문을 전개하고 있다.

  [例] 「主(しゅ)は、ほんとうに蘇(よみがえ)って、シモンに現(あらわ)れなさった」と言

(い)っていた。[口語訳 / ルカによる福音書 24:34]

("주께서 정말로 부활하고 시몬에게 나타나셨다."고 말했다.)[누가복음 24:34]

すなわち、キリストが苦難(くなん)を受(う)けること、また、死人(しにん)の中(なか)から最初(さいしょ)に蘇(よみがえ)って、この国民(こくみん)と異邦人(いほうじん)とに、光(ひかり)を宣(の)べ伝(つた)えるに至(いた)ることを、証(あか)ししたのです」。[口語訳 / 使徒行伝 26:23]

(즉 그리스도가 고난을 받는 것과 그리고 죽은 사람 가운데서 가장 먼저 부활해서 이 백성과 이방인에게 빛을 전파하게 되는 것을 증언한 것입니다.)[사도행전 26:23]

[3]それぞれ出(で)て来(く)る時(とき)が来(く)るであろう：각자 나올 때가 올 것이다. 「それぞれ」는「(제)각기 / 각각 / 각자」의 뜻을 나타내고, 유의어에는「銘々(めいめい)・各々(おのおの)」등이 있다.

[例]それぞれの人(ひと)に、それぞれの桜(さくら)の見方(みかた)があるものだと感心(かんしん)した。

(각각의 사람에게 각자 벚꽃을 보는 방식이 있는 것이구나 하고 감탄했다.)

いつものメンバーをまずはぼくが招待(しょうたい)し、それぞれの意見(いけん)をきくという形式(けいしき)を取(と)ることにした。

(여느 때의 멤버를 먼저 내가 초대하고 각자의 의견을 듣는다는 형식을 취하기로 했다.)

六十歳(ろくじゅっさい)から六十四歳(ろくじゅうよんさい)までの方(かた)が就職(しゅうしょく)いたしますと、それぞれ金額(きんがく)に応(おう)じて年金(ねんきん)の支給額(しきゅうがく)が減(へ)ることになっているわけです。

(60세부터 64세까지의 분이 취직하면 각각 금액에 따라 연금의 지급액이 줄어들게 되는 셈입니다.)

> わたしは、[1]自分(じぶん)からは何事(なにごと)もすることができない。[2]ただ聞(き)くままに裁(さば)くのである。そして、わたしのこの裁(さば)きは正(ただ)しい。それは、[3]わたし自身(じしん)の考(かんが)えでするのではなく、[4]わたしを遣(つか)わされた方(かた)の、御旨(みむね)を求(もと)めているからである。[ヨハネによる福音書 5:30]
> (나는 내 스스로는 아무것도 할 수 없다. 단지 [아버지로부터] 듣는 대로 심판한다. 그리고 내가 하는 이 심판은 올바르다. 그것은 내 자신의 생각으로 하는 것이 아니라, 나를 보내신 분의 뜻을 청하고 있기 때문이다.[5:30])

[1]自分(じぶん)からは何事(なにごと)もすることができない : 나는 내 스스로는 아무것도 할 수 없다. 「自分(じぶん)からは」는 「자신으로서는 / 내 스스로는」의 뜻으로 기점이나 출발점을 나타내는 「〜から」가 동작주를 나타내는 용법으로 쓰이고 있다.

[예] 人間(にんげん)というものは、自分(じぶん)からはなかなかありのままの姿(すがた)になることはできないものだ。
(인간이라는 것은 자기 스스로는 좀처럼 있는 그대로의 모습이 될 수는 없는 법이다.)

これはおかしいじゃないですかという声(こえ)は、自分(じぶん)からは絶対(ぜったい)に出(だ)さない。
(이것은 우습지 않느냐고 하는 소리는 스스로는 절대로 나오지 않는다.)

せっかく釣(つ)りに付(つ)き合(あ)ってくれたのに、いざ海(うみ)に着(つ)くと、父(ちち)は自分(じぶん)からはなにも話(はな)しかけてこなかった。

> (모처럼 낚시하러 같이 와 주었는데, 막상 바다에 도착하자 아버지는 자기 쪽에서는 말을 걸어오지 않았다.)

[2] ただ聞(き)くままに : 단지 [아버지로부터] 듣는 대로. [아버지로부터]는 내용상 보충하여 번역에 반영한 것이다.

[3] わたし自身(じしん)の考(かんが)えでする : 내 자신의 생각으로 하다. 이때의「する」는「裁(さば)きをする」의 뜻으로 쓰인 것이다.

> [例] まして神(かみ)は、日夜(にちや)叫(さけ)び求(もと)める選民(せんみん)のために、正(ただ)しい裁(さば)きをしてくださらずに長(なが)い間(あいだ)そのままにしておかれることがあろうか。[口語訳 / ルカによる福音書 18:7]
> (하물며 하나님께서 밤낮으로 외치며 구하는 선민을 위해 올바른 심판을 하시지 않고 오랫동안 그대로 내버려 두시겠는가?)[누가복음 18:7]

> 裁判所(さいばんしょ)というのは、もっと公正(こうせい)な裁(さば)きをするところだと思(おも)っておりました。
> (재판소라는 데는 더 공정한 재판을 하는 곳이라고 생각하고 있었습니다.)

[4] わたしを遣(つか)わされた方(かた)の、御旨(みむね)を求(もと)めているからである : 나를 보내신 분의 뜻을 청하고 있기 때문이다.「御旨(みむね)」는「旨(むね)」에 존경의 접두사「御(み)」가 접속된 것으로「わたしを遣(つか)わされた方(かた) ; 나를 보내신 분」, 즉 <父(ちち) ＝ 神(かみ)>를 높이기 위해 사용된 것이다.

> [例] 事実(じじつ)、ダビデは、その時代(じだい)の人々(ひとびと)に神(かみ)のみ旨(むね)にしたがって仕(つか)えたが、やがて眠(ねむ)りにつき、先祖(せんぞ)たちの中(なか)に加(くわ)えられて、ついに朽(く)ち果(は)ててしまった。[口語訳 / 使徒行伝 13:36]
> (사실, 다윗은 그 시대의 사람에게 하나님의 뜻에 따라 섬겼지만, 이윽고 잠들어 선조 속에 더해져 결국 썩고 말았다.)[사도행전 13:36]

《21》 [ヨハネによる福音書 5:31 - 5:47]

> [1]もし、わたしが自分(じぶん)自身(じしん)について証(あか)しをするならば、わたしの証(あか)しは本当(ほんとう)ではない。[ヨハネによる福音書 5:31]
> (만일 내가 자기 자신에 관해 증언을 한다고 하면, 내 증언은 진실이 아니다.[5:31])

[1]もし、わたしが自分(じぶん)自身(じしん)について証(あか)しをするならば : 만일 내가 자기 자신에 관해 증언을 한다고 하면.「証(あか)しをするならば」の「ならば」는 문두의「もし」와 호응하여 가정조건을 나타낸다.

[例]もし彼(かれ)らがアリストテレスを研究(けんきゅう)するならば、どう考(かんが)えるようになるだろうか。
(만일 그들이 아리스토텔레스를 연구한다고 하면 어떻게 생각하게 될 것일까?)

もし、平和(へいわ)への使命(しめい)を自覚(じかく)するならば、口先(くちさき)ではなく、日々(ひび)、実際(じっさい)に何(なに)をするかです。
(만일 평화에 대한 사명을 자각한다고 하면 말로만 아니라 매일 실제로 무엇을 하느냐 입니다.)

しかしもし刹那(せつな)仮説(かせつ)をこの観測(かんそく)問題(もんだい)に適用(てきよう)するならば、この頑強(がんきょう)な難所(なんしょ)を消滅(しょうめつ)させることができるのではないかと思(おも)われる。
(그러나 만일 찰나가설을 이 관측 문제에 적용한다고 하면 이 완강한 험한 곳을 소멸시킬 수 있지 않을까 생각됩니다.)

> わたしについて[1]証(あか)しをする方(かた)はほかにあり、そして、[2]その人(ひと)がする証(あか)しが本当(ほんとう)であることを、わたしは知(し)ってい

> る。[ヨハネによる福音書 5:32]
> (나에 관해 증언을 하는 분은 달리 있고, 그리고 그 사람이 하는 증언이 진실한 것을 나는 알고 있다.[5:32])

[1]証(あか)しをする方(かた)はほかにあり、: 증언을 하는 분이 달리 있고. 본 절에서는 「証(あか)しをする」와 같이 보통체 표현이 쓰이고 있고 또한 「証(あか)しをする方(かた)」에 대해서도 「あり」와 같이 비경칭의 「ある」동사로 표현하고 있다는 점이 특징적이다. 타 번역본에서는 어떻게 표현되고 있는지 살펴보자.

  [例]証明(しょうめい)してくださるお方(かた)はほかにあるのである。[塚本訳1963]

    (증명해 주실 분이 달리 있다.)

    証言(しょうげん)する方(かた)がほかにあるのです。[新改訳1970]

    (증언할 분이 달리 있는 것입니다.)

    証(あかし)する別(べつ)の方(かた)がある。[前田訳1978]

    (증언할 다른 분이 있다.)

    証(あか)しをなさる方(かた)は別(べつ)におられる。[新共同訳1987]

    (증언을 하신 분은 별도로 계시다.)

    証(あか)しする方(かた)がほかにおり、[岩波翻訳委員会訳1995]

    (증언할 분이 달리 있고,)

먼저 [新改訳1970][前田訳1978][岩波翻訳委員会訳1995]에서는 구어역의 「証(あか)しをする」와 같이 비경칭이, [塚本訳1963][新共同訳1987]에서는 「証明(しょうめい)してくださる ; 증명해 주시다」「証(あか)しをなさる ; 증언을 하시다」와 같이 경칭이 사용되고 있다. 그리고 구어역의 「あり、」에 대해서는 [新共同訳1987]의 「おられる」를 제외하고는 비경칭이 쓰이고 있다.

[2]その人(ひと)がする証(あか)し : 그 사람이 하는 증언. 본 절에서는 「その人(ひと)」

와「する」와 같이 비경칭으로 표현하고 있는데, 타 번역본에서는 어떻게 나타나고 있는지 살펴보자.

[例]わたしのことを証明(しょうめい)されるその[方(かた)の]証明(しょうめい) [塚本訳1963]

(나에 관해 증명하실 그 분의 증명.)

その方(かた)のわたしについて証言(しょうげん)される証言(しょうげん) [新改訳1970]

(그 분이 나에 관해 증언하시는 증언.)

わたしについてなされたその証(あかし) [前田訳1978]

(나에 관해 하신 증언.)

その方(かた)がわたしについてなさる証(あか)し [新共同訳1987]

(그 분이 나에 관해 하시는 증언.)

その方(かた)が私(わたし)について証(あか)ししている、その証(あか)し [岩波翻訳委員会訳1995]

(그 분이 나에 관해 증언하고 있는 그 증언.)

구어역의「その人(ひと)」에 대해 [塚本訳1963][新改訳1970]新共同訳1987][岩波翻訳委員会訳1995]에서는「その方(かた)」와 같이 경칭으로 등장하고 있고, 구어역의「する」에 대해서는 [塚本訳1963][新改訳1970][新共同訳1987]에서는「証明(しょうめい)される」「証言(しょうげん)される」「なさる」와 같은 경칭이 쓰이고 있다.

あなたがたはヨハネのもとへ[1]人(ひと)を遣(つか)わしたが、その時(とき)彼(かれ)は真理(しんり)について証(あか)しをした[9]。[ヨハネによる福音書 5:33]

---

9) 塚本訳(1963)에서는「しかし[それは、あなた達(たち)が考(かんが)えるように洗礼者(せんれいしゃ)ヨハネではない。] あなた達(たち)はヨハネに使(つか)いをやり、彼(かれ)は[わたしが真理(しんり)であること]について証明(しょうめい)したが、;그러나 [그것은 너희들이 생각하는 것처럼 세례자 요한은 아니다.] 너희들은 요한에게 사자를 보내, 그는 [내가] 진리[인 것]에 관해 증명했지만.」과 같이 번역하고 있다.

(너희는 요한에게 사람을 보냈지만, 그 때 그는 진리에 관해 증언을 했다.[5:33])

[1]人(ひと)を遣(つか)わしたが、; 사람을 보냈지만. 이 부분에 관해 [塚本訳(1963)] [前田訳1978]에서는「使(つかい)をやり、; 사자를 보내」, [新改訳1970]에서는「人(ひと)をやりましたが、; 사람을 보냈지만」, [新共同訳1987]에서는「人(ひと)を送(おく)ったが、; 사람을 보냈지만」, [岩波翻訳委員会訳1995]에서는「人(ひと)を遣(つか)わし、; 사람을 보내」와 같이 나와 있다.

わたしは人(ひと)から証(あか)しを受(う)けないが、このことを言(い)うのは、[1]あなたがたが救(すく)われるためである。[ヨハネによる福音書 5:34]
(나는 사람으로부터 증언을 받지 않지만, 이 사실을 말하는 것은 너희가 구원받기 위해서다.[5:34])

[1]あなたがたが救(すく)われるためである : 너희가 구원받기 위해서다. 「救(すく)われる」는「救(すく)う」의 수동으로 구어역 신약성서에서 예를 들면 다음과 같다.
[例]またあなたがたは、わたしの名(な)のゆえにすべての人(ひと)に憎(にく)まれるであろう。しかし、最後(さいご)まで耐(た)え忍(しの)ぶ者(もの)は救(すく)われる。[口語訳 / マタイによる福音書 10:22]
(그리고 너희는 내 이름 때문에 모든 사람에게 미움을 받을 것이다. 그러나 끝까지 참고 견디는 사람은 구원을 받는다.)[마태복음 10:22]
道(みち)ばたに落(お)ちたのは、聞(き)いたのち、信(しん)じることも救(すく)われることもないように、悪魔(あくま)によってその心(こころ)から御言(みことば)が奪(うば)い取(と)られる人(ひと)たちのことである。[口語訳 / ルカによる福音書 8:12]
(길가에 떨어지는 것은, 들은 후, 믿지도 못하고 구원받지도 못하는 것처

럼 악마에 의해 그 마음으로부터 말씀을 빼앗겨 버리는 사람들을 말한다.)[누가복음 8:12]

> ヨハネは燃(も)えて輝(かがや)く灯(あかり)であった。あなたがたは、しばらくの間(あいだ)[1]その光(ひかり)を喜(よろこ)び楽(たの)しもうとした。[ヨハネによる福音書 5:35]
> (요한은 타면서 빛나는 등불이었다. 너희는 잠시 동안 그 빛을 기뻐하며 즐기려고 했다.[5:35])

[1]その光(ひかり)を喜(よろこ)び楽(たの)しもうとした : 그 빛을 기뻐하며 즐기려고 했다. 「喜(よろこ)び楽(たの)しもうとした」는 「喜(よろこ)ぶ」의 연용형에 「楽(たの)しむ」가 결합된 복합동사 「喜(よろこ)び楽(たの)しむ」에, 화자의 의지를 나타내는 「〜うとする」의 과거 「〜うとした」가 후접한 것이다. 그런데 복합동사 「喜(よろこ)び楽(たの)しむ」는 사전의 표제어로는 나와 있지 않고, 그 대신 「怡楽(いらく) ; 이락」「歓娯(かんご) ; 환오」「喜楽(きらく) ; 희락」「愉悦(ゆえつ) ; 유열」의 항목에서 「喜(よろこ)び楽(たの)しむこと」라는 설명이 나온다.

「喜(よろこ)び楽(たの)しむ」의 예를 살펴보면 다음과 같다.

[例]これは主(しゅ)の設(もう)けられた日(ひ)であって、われらはこの日(ひ)に喜(よろこ)び楽(たの)しむであろう」[口語訳 / 詩編 118:24]
(이것은 주께서 만드신 날로 우리는 이 날 기뻐하며 즐길 것이다.)[시편 118:24]

ニーチェ『もっと喜(よろこ)び楽(たの)しむことを学(まな)ぶこと、それこそ他人(たにん)を苦(くる)しめたり、苦(くる)しめようと考(かんが)えたりすることを忘(わす)れさせる最善(さいぜん)の方法(ほうほう)である。』
(니체 '더 기뻐하고 즐기는 것을 배우는 것, 그것이야 말로 타인을 괴롭히거나, 괴롭히려고 생각하거나 하는 것을 잊게 하는 최선의 방법이다.')

あたかも一(ひと)つの体(からだ)のように互(たが)いに苦労(くろう)し、悲(かな)しみ、謙遜(けんそん)と忍耐(にんたい)をもって助(たす)け合(あ)い、互(たが)いに喜(よろこ)び楽(たの)しむならば、神(かみ)は私(わたし)たちを賞賛(しょうさん)と栄光(えいこう)をもって祝福(しゅくふく)して下(くだ)さるに違(ちが)いない。
(당신도 하나의 몸처럼 서로 고생하고, 슬퍼하고, 겸손과 인내로 서로 돕고 서로 기뻐하고 즐긴다면, 하나님께서는 우리를 상찬과 영광으로 축복해 주실 것임에 틀림없다.)

しかし、わたしには、ヨハネの証(あか)しよりも、もっと力(ちから)ある証(あか)しがある。[1]父(ちち)がわたしに成就(じょうじゅ)させようとしてお与(あた)えになったわざ、すなわち、今(いま)わたしがしているこのわざが、[2]父(ちち)のわたしを遣(つか)わされたことを証(あか)ししている。[ヨハネによる福音書 5:36]
(그러나 나에게는 요한의 증언보다도 더 힘 있는 증언이 있다. 아버지께서 나에게 성취시키려고 해서 주신 일, 즉 지금 내가 하고 있는 이 일이 아버지께서 나를 보내신 것을 증언하고 있다.[5:36])

[1]父(ちち)がわたしに成就(じょうじゅ)させようとしてお与(あた)えになった : 아버지께서 나에게 성취시키려고 해서 주셨다. 「父(ちち)がわたしに成就(じょうじゅ)させる ; 아버지가 나에게 {성취시키다·완성시키다}」는 사역주가 <父(ちち)>, 피사역주가 <わたし>로 되어 있는 사역구문이다. 그리고 사역문에 화자의 의지를 나타내는 「~ようとする」가 접속하고 있다. 같은 유형의 예를 들면 다음과 같다.
[例]これは、日本(にほん)でもいい音楽(おんがく)を普及(ふきゅう)させようとして作(つく)ったものです。
(이것은 일본에서도 좋은 음악을 보급시키려고 해서 만든 것입니다.)
もちろん。わたしはただ、この娘(むすめ)を脅(おど)して、ここから逃(に)げ出(だ)させようとしただけだ。

(물론 저는 단지 이 여자 아이를 위협해서 여기에서 도망치게 하려고 한 것뿐이다.)

そのころからフランクは作曲家(さっきょくか)になりたいと思(おも)っていたが、せっかちな父親(ちちおや)は、早(はや)くピアニストとして活躍(かつやく)させようとして、パリ音楽院(おんがくいん)を中途(ちゅうと)で退学(たいがく)させてしまった。

(그 무렵부터 프랑크는 작곡가가 되고 싶다고 생각하고 있었지만, 성격이 급한 아버지는 일찍 피아니스트로서 활약시키려고 파리음악원을 중도에서 퇴학시키고 말았습니다.)

経済(けいざい)発展(はってん)理論(りろん)を提示(ていじ)したシュンペータは、経済(けいざい)を絶(た)えず変化(へんか)する制度的(せいどてき)構造(こうぞう)に適応(てきおう)させようとしたのであるから、彼(かれ)は制度(せいど)の変化(へんか)や変革(へんかく)の相(そう)に関心(かんしん)を持(も)っていたと判断(はんだん)することはできる。

(경제 발전 이론을 제시한 슘페터는 경제를 끊임없이 변화하는 제도적 구조에 적응 하려고 한 것이기 때문에 그는 제도 변화나 변혁의 상에 관심을 가지고 있다고 판단할 수 있다.)

[2] 父(ちち)のわたしを遣(つか)わされたことを証(あか)ししている : 아버지께서 나를 보내신 것을 증언하고 있다. 「父(ちち)のわたしを遣(つか)わされた」는 「父(ちち)がわたしを遣(つか)わされた」라는 문을 연체수식절로 만들기 위해 「父(ちち)が」가 「父(ちち)の」로 변형된 것이다. 연체수식절 내에서 「~の」가 주격 역할을 하는 예를 들면 다음과 같다.

[例] 大都市圏(だいとしけん)に住(す)むサラリーマンにとって最(もっと)も頭(あたま)の痛(いた)いのが家賃(やちん)だ。

(대도시권에 사는 샐러리맨으로서 가장 머리가 아픈 것이 집세이다.)

一度(いちど)、スケジュールも何(なに)もない、足(あし)の向(む)くまま気(き)の向(む)くままみたいな旅(たび)をしてみたいですね。

(한 번 스케줄도 아무것도 없는 발이 향하는 대로 마음이 내키는 대로와 같은 여행을 해 보고 싶군요.)

青少年(せいしょうねん)に<u>マンガの与(あた)える影響(えいきょう)</u>は絶大(ぜつだい)だ。
(청소년에게 만화가 주는 영향은 절대적이다.)

ロック史上(しじょう)に<u>彼(かれ)らの残(のこ)した足跡(あしあと)</u>をたどる。
(록 사상 그들이 남긴 발자취를 더듬어 찾다.)

町(まち)の再建(さいけん)に<u>彼(かれ)らの果(は)たした役割(やくわり)</u>は大(おお)きい。
(도시 재건에 그들이 다한 역할은 크다.)

> また、わたしを遣(つか)わされた父(ちち)も、[1]ご自分(じぶん)でわたしについて証(あか)しをされた。あなたがたは、まだ[2]そのみ声(こえ)を聞(き)いたこともなく、[3]そのみ姿(すがた)を見(み)たこともない。[ヨハネによる福音書 5:37]
> (그리고 나를 보내신 아버지께서도 친히 나에 관해 증언을 하셨다. 너희는 아직 그 음성을 들은 바도 없고 그 모습을 본 적도 없다.[5:37])

[1]ご自分(じぶん)でわたしについて証(あか)しをされた : 친히 나에 관해 증언을 하셨다. 「ご自分(じぶん)で」는 「自分(じぶん)で; 직접」에 존경의 접두사 「ご」가 접속된 것이고, 「証(あか)しをされる」는 「証(あか)しをする」의 레루형 경어이다.

[例] さらに神(かみ)も、しるしと不思議(ふしぎ)とさまざまな力(ちから)あるわざにより、また、御旨(みむね)に従(したが)い聖霊(せいれい)を各自(かくじ)に賜(たま)うことによって、<u>証(あか)しをされた</u>のである。[口語訳 / ヘブル人への手紙 2:4]
(게다가 하나님께서도 표적과 이상한 일과 여러 가지 힘 있는 일로, 또 하나님의 뜻에 따라 성령을 각자에게 주심으로써, 증언을 하셨다.)[히브리서 2:4]

[2]そのみ声(こえ)を聞(き)いたこともなく、: 그 음성을 들은 바도 없고.「み声(こえ)」는「声(こえ)」에 경의도가 높은 존경의 접두사「み」가 접속된 것으로 <父(ちち)＝神(かみ)>를 높이는 데에 사용하고 있다.

[3]そのみ姿(すがた)を見(み)たこともない : 그 모습을 본 적도 없다.「み姿(すがた)」는「姿(すがた)」에 존경의 접두사「み」가 접속된 것으로「み声(こえ)」와 마찬가지로 <父(ちち)＝神(かみ)>를 높이는 데에 쓰이고 있는데 일본어의 소유자 경어는 한국어와 대응하지 않는 경우가 많다.

> また、神(かみ)が遣(つか)わされた者(もの)を信(しん)じないから、[1]神(かみ)の御言(みことば)はあなたがたのうちにとどまっていない。[ヨハネによる福音書 5:38]
> (그리고 하나님께서 보내신 사람을 믿지 않으니, 하나님의 말씀은 너희 안에 머물고 있지 않는다.[5:38])

[1]神(かみ)の御言(みことば)はあなたがたのうちにとどまっていない : 하나님의 말씀은 너희 안에 머물고 있지 않는다. 본 절에서는「とどまっていない」와 같이 자동사 표현이 쓰이고 있는데 타 번역본 중에는 다음과 같이 타동표현으로 등장하는 것도 있다.

[例]そのみことばをあなたがたのうちに<u>とどめてもいません</u>。[新改訳1970]
　　(그 말씀을 너희 안에 남기지도 않습니다.)
あなたたちは、自分(じぶん)の内(うち)に父(ちち)のお言葉(ことば)を<u>とどめていない</u>。[新共同訳1987]
(너희는 자신 안에 아버지의 말씀을 남기고 있지 않다.)

あなたがたは、聖書(せいしょ)の中(なか)に永遠(えいえん)の命(いのち)があると思(おも)って調(しら)べているが、この聖書(せいしょ)は、わたしについて証(あか)

しをするものである。[ヨハネによる福音書 5:39]
(너희는 성서 안에 영원한 생명이 있다고 생각하고 조사하고 있지만, 이 성서는 나에 관해 증언을 하는 것이다.[5:39])

→[フランシスコ会訳1984]에서는 본 절에 관해「유대인들은 성서, 특히 율법을 아는 것을 최상의 행복으로 여기고 율법을 생명의 근원으로 생각하고 있었다. 예수는 제자들에게 구약성서가 자신에 관해 말하고 있는 예를 들었다[누가복음 24:27 참조]. 예수의 죽음과 부활 후, 제자들도 항상 구약성서를 예수에 관한 증언의 근원으로 삼았다[사도행전 2:25-2:28, 13:33 참조].[10]」

しかも、あなたがたは、命(いのち)を得(え)るために[1]わたしのもとに来(こ)ようともしない。[ヨハネによる福音書 5:40]
(게다가 너희는 생명을 얻기 위해 나에게 오려고도 하지 않는다.)

[1]わたしのもとに来(こ)ようともしない : 나에게 오려고도 하지 않는다.「来(こ)ようともしない」는「来(く)る」에 화자의 의지를 나타내는「〜ようともしない」가 접속된 것인데 예를 들면 다음과 같다.
[例]しかし、誰(だれ)一人(ひとり)、動(うご)こうともしない。
(그러나 누구 한 사람 움직이려고도 하지 않는다.)
私(わたし)の話(はなし)をろくに聞(き)こうともしないで、目(め)の前(まえ)の彼女(かのじょ)は、イライラとまるで落(お)ち着(つ)かない様子(ようす)です。
(내 이야기를 제대로 들으려고도 하지 않고, 눈앞의 그녀는 조바심으로 마치 안정되지 않는 모습입니다.)
彼(かれ)の立派(りっぱ)な麻(あさ)の着物(きもの)は、汚(よご)れて、よれよれになっていた。入浴(にゅうよく)もせず、着物(きもの)を着替(きが)えようともしな

---

10) フランシスコ会聖書研究所(1984)『新約聖書』サンパウロ. p. 315 주(12)에서 인용하여 번역함.

いのだった。

(그의 멋진 베옷은 더럽고, 구깃구깃해졌다. 목욕도 하지 않고 옷도 갈아 입으려고도 하지 않았다.)

みずからが今(いま)現在(げんざい)置(お)かれている現実(げんじつ)を見(み)ようとはしないし、米国(べいこく)との違(ちが)いを理解(りかい)しようともしない。

(자신이 지금 현재 놓여 있는 현실을 보려고는 하지 않고 미국과의 차이를 이해하려고도 하지 않는다.)

わたしは[1]人(ひと)からの誉(ほまれ)を[2]受(う)けることはしない。[ヨハネによる福音書 5:41]
(나는 사람으로부터의 영예를 받지 않는다.[5:41])

[1]人(ひと)からの誉(ほまれ) : 사람으로부터의 영예.「人(ひと)からの誉(ほま)れ」는 기점을 나타내는「人(ひと)から」에 연체격 조사「〜の」가 접속되어 뒤에 오는 명사를 수식·한정하고 있는 예이다.

[例]私(わたし)は心配性(しんぱいしょう)なので、好(す)きな人(ひと)からの連絡(れんらく)は毎日(まいにち)欲(ほ)しい人(ひと)でした。

(나는 사소한 일에도 고민하며 걱정하는 성격인지라, 좋아하는 사람으로부터의 연락은 매일 원하는 사람이었습니다.)

息子(むすこ)ほど若(わか)い友人(ゆうじん)からの遺産(いさん)は、信子(のぶこ)を複雑(ふくざつ)な気持(きも)ちにしたことだろう。

(아들 정도 젊은 친구로부터의 유산은, 노부코를 복잡한 기분으로 만든 것일까?)

近年(きんねん)の中小企業(ちゅうしょうきぎょう)の取引先(とりひきさき)は企業(きぎょう)からの大量(たいりょう)発注(はっちゅう)だけでなく、個人(こじん)からの少量(しょうりょう)発注(はっちゅう)に対応(たいおう)しているところも多(おお)い。

(근년의 중소기업의 거래처는 기업으로부터의 대량 발주뿐만 아니라, 개인으로부터의 소량 발주에 대응하고 있는 곳도 많다.)

[2]受(う)けることはしない : 받는 것은 하지 않는다. 받지 않는다.「～ことはない」의 형태로 동사의 부정을 나타낸다.

[例]部内(ぶない)の様子(ようす)にあまり詳(くわ)しくなく、部下(ぶか)の部員(ぶいん)とも積極的(せっきょくてき)に話(はな)し合(あ)うことはしない。
(부내의 모습에 그다지 밝지 않고, 부하의 부원과도 적극적으로 서로 이야기하지는 않는다.)

このセラピーでは、過去(かこ)に何(なに)をしたか、それはなぜなのかを問(と)うことはしない。
(이 치료에서는 과거에 무엇을 했는지 그것은 왜인지를 묻는지 않는다.)

だが、そういう不躾(ぶしつけ)な問(と)いにまともに応(おう)じることはしない。むろん、ことばの論理的(ろんりてき)意味(いみ)はわかる。
(그러나 그런 무례한 질문에 제대로 응하지는 않는다. 물론 말의 논리적 의미는 알 수 있다.)

---

しかし、[1]あなたがたのうちには神(かみ)を愛(あい)する愛(あい)がないことを知(し)っている。[ヨハネによる福音書 5:42]
(그러나 너희 마음속에는 하나님을 사랑하는 사랑이 없는 것을 알고 있다.[5:42])

---

[1]あなたがたのうちには神(かみ)を愛(あい)する愛(あい)がない : 너희 마음속에는 하나님을 사랑하는 사랑이 없다.「愛(あい)する愛(あい)」는「사랑하는 사랑」과 같이 동어 반복적인 표현이 쓰이고 있는데, 이에 관해 타 번역본에서는 어떻게 묘사하고 있는지 살펴보자.

[例]あなた達(たち)は、心(こころ)の中(なか)に神(かみ)に対(たい)する愛(あい)を持

(も)たない。[塚本訳1963]

(너희는 마음속에 하나님에 대한 사랑을 가지고 있지 않다.)

あなたがたのうちには、神(かみ)の愛(あい)がありません。[新改訳1970]

(당신들 마음속에는 하나님의 사랑이 없습니다.)

あなた方(がた)の中(なか)に神(かみ)の愛(あい)がないことを。[前田訳1978]

(너희 안에 하나님의 사랑이 없는 것을.)

あなたたちの内(うち)には神(かみ)への愛(あい)がないことを。[新共同訳1987]

(너희 마음속에는 하나님에 대한 사랑이 없는 것을.)

あなたがたのうちには神(かみ)〔へ〕の愛(あい)のない[ことを]。[岩波翻訳委員会訳1995]

(너희 마음속에는 하나님에 대한 사랑이 없는 것을.)

---

[1]わたしは父(ちち)の名(な)[11]によって来(き)たのに、あなたがたはわたしを受(う)け入(い)れない。もし、ほかの人(ひと)[12]が彼(かれ)自身(じしん)の名(な)によって来(く)るならば、その人(ひと)を受(う)け入(い)れるのであろう。[ヨハネによる福音書 5:43]

(나는 아버지의 이름에 의해 왔는데, 너희는 나를 받아들이지 않는다. 만일 다른 사람이 그 자신의 이름에 의해 온다면, 그 사람을 받아들일 것이다.[5:43])

---

[1]わたしは父(ちち)の名(な)によって来(き)たのに : 나는 아버지의 이름에 의해 왔는데. 「父(ちち)の名(な)によって」의 「〜によって」는 복합조사로 여기에서는 원인·이유 또는 자격 등으로 쓰이고 있는데 같은 유형의 예를 살펴보면 다음과 같다.

[例]この方(かた)は、聖霊(せいれい)と火(ひ)とによっておまえたちにバプテスマをお

---

11) 본 절에 2회 등장하는 「名(な)」는, 소위 「이름」이 아니고, 그것에 수반되는 「권위·권능·지위·위격(位格)」 등의 뜻을 나타낸다. フランシスコ会聖書研究所(1984)『新約聖書』サンパウロ. p. 315 주(13)에서 인용하여 번역함.

12) 「ほかの人(ひと)」는 거짓 그리스도 [false Christ]를 가리킨다. フランシスコ会聖書研究所(1984)『新約聖書』サンパウロ. p. 315 주(13)에서 인용하여 번역함.

授(さず)けになるであろう。[口語訳 / マタイによる福音書 3:11]
(이 분은 성령과 불에 의해 너희에게 세례를 주실 것이다.)[마태복음 3:11]

その日(ひ)には、多(おお)くの者(もの)が、わたしに向(む)かって『主(しゅ)よ、主(しゅ)よ、わたしたちはあなたの名(な)によって預言(よげん)したではありませんか。また、あなたの名(な)によって悪霊(あくれい)を追(お)い出(だ)し、あなたの名(な)によって多(おお)くの力(ちから)あるわざを行(おこな)ったではありませんか』と言(い)うであろう。[口語訳 / マタイによる福音書 7:22]
(그 날에는 많은 사람들이 나를 향해 '주님, 주님, 우리가 주님의 이름으로 예언을 한 것이 아닙니까? 또 주님의 이름으로 악령을 내쫓고, 주님의 이름으로 많은 힘 있는 일을 행한 것이 아닙니까?' 라고 말할 것이다.)[마태복음 7:22]

この後(のち)、わたしは、もう一人(ひとり)の御使(みつかい)が、大(おお)いなる権威(けんい)を持(も)って、天(てん)から降(お)りて来(く)るのを見(み)た。地(ち)は彼(かれ)の栄光(えいこう)によって明(あか)るくされた。[口語訳 / ヨハネの黙示録 18:1]
(그 후, 나는 또 한 사람의 천사가 큰 권위를 가지고, 하늘로부터 내려오는 것을 보았다. 땅은 그의 영광으로 밝아졌다.)[요한계시록 18:1]

[1]互(たがい)に誉(ほまれ)を受(う)けながら、ただ一人(ひとり)の神(かみ)からの誉(ほまれ)を求(もと)めようとしないあなたがたは、[2]どうして信(しん)じることができようか。[ヨハネによる福音書 5:44]
(서로 영예를 받으면서 오직 한 사람인 하나님으로부터의 영예를 구하려고 하지 않는 너희는 어찌하여 믿을 수 있을까?[5:44])

[1]互(たがい)に誉(ほまれ)を受(う)けながら、: 서로 영예를 받으면서.「受(う)けながら」

의 「〜ながら」는 문맥상 순접이 아닌 역접의 의미로 쓰이고 있다.

[예]彼(かれ)らは、こうした事(こと)を行(おこな)う者(もの)どもが死(し)に価(あたい)するという神(かみ)の定(さだ)めをよく知(し)りながら、自(みずか)らそれを行(おこな)うばかりではなく、それを行(おこな)う者(もの)どもを是認(ぜにん)さえしている。[口語訳 / ローマ人への手紙 1:32]

(그들은, 이러한 일을 행하는 자들은 죽어야 마땅하다는 하나님의 법규를 잘 알면서도, 스스로 그것을 행할 뿐 아니라, 그것을 행하는 자들을 시인조차 한다.) [로마서 1:32]

姦淫(かんいん)するなと言(い)って、自(みずか)らは姦淫(かんいん)するのか。偶像(ぐうぞう)を忌(い)み嫌(きら)いながら、自(みずか)らは宮(みや)の物(もの)を掠(かす)めるのか。[口語訳 / ローマ人への手紙 2:22]

(간음을 하지 마라 고 하며, 자신은 간음하는 것이냐? 우상을 몹시 싫어하면서도 자신은 성전의 물건을 훔치느냐?)[로마서 2:22]

彼(かれ)は口先(くちさき)では、調子(ちょうし)のいいことを言(い)いながら、仕事(しごと)はいいかげんです。

(그는 말로는 그럴 듯한 이야기를 하면서도 일하는 것은 엉망입니다.)

[2]どうして信(しん)じることができようか : 어찌하여 믿을 수 있을까? 「信(しん)じることができようか」의 「〜ことができようか」는 가능의 「〜ことができる」에 추측·추량의 「〜よう」와 질문의 「〜か」가 접속된 것이다. 같은 유형의 예로는 다음과 같은 것이 있다.

[예]こんな興味津々(きょうみしんしん)たる話(はなし)を、どうして聞(き)き逃(のが)すことができようか。

(이런 흥미진진한 이야기를 어찌하여 빠뜨리고 못 들을 수 있을까?)

どうして華(はな)やかな王宮(おうきゅう)ぐらしを捨(す)てることができようか。

(어찌하여 화려한 왕궁 생활을 버릴 수 있을까?)

彼(かれ)のような体験(たいけん)をした人間(にんげん)が憎悪(ぞうお)もなしにどうして人間(にんげん)を殺(ころ)すことができようか。

(그와 같은 체험을 한 사람이 증오도 없이 어찌하여 사람을 죽일 수 있을까?)

こうした状況(じょうきょう)でシュトラウスは、とりわけ同時代(どうじだい)の音楽(おんがく)に対(たい)する彼(かれ)の関心(かんしん)をどうやって表現(ひょうげん)することができようか。それに自分自身(じぶんじしん)の作品(さくひん)をどうやって演奏(えんそう)することができようか。

(이러한 상황에서 슈트라우스는 특히 동시대의 음악에 대한 그의 관심을 어떻게 표현할 수 있을까? 게다가 자기 자신의 작품을 어떻게 연주할 수 있을까?)

---

わたしがあなたがたのことを父(ちち)に訴(うった)えると、[1]考(かんが)えてはいけない。あなたがたを訴(うった)える者(もの)は、[2]あなたがたが頼(たの)みとしているモーセその人(ひと)である。[ヨハネによる福音書 5:45]

(내가 너희에 관한 것을 아버지에게 고소하리라고 생각해서는 안 된다. 너희를 고소하는 사람은 너희가 의지하고 있는 모세 그 사람이다.[5:45])

---

[1]考(かんが)えてはいけない : 생각해서는 안 된다.「〜てはいけない」는 금지를 나타내는 형식이다.

금지표현을 나타내는 형식에는 크게「〜てはならない・〜てはいけない・〜てはだめだ・〜ては困(こま)る」계열이 있다.

「〜てはいけない」는「〜(する)な」(〜하지 마)」와 같이 어떤 행위를 무조건 금지시키는 경우에도 쓰지만, 한편「그렇게 하는 것은 바람직하지 못하다」와 같은 입장에서 어떤 행위를 인정하지 않으려는 경우에도 쓴다. 그리고 이 형식

은 특히「듣는 사람에 대해서」라는 어감이 강하기 때문에 손윗사람에게 사용하는 것은 피하는 것이 좋다.

금지표현「～てはいけない」의 의미·용법을 구체적으로 살펴보면 다음과 같이 광범위하다.

1. 사회적인 규범에 비추어 보아「그와 같은 행위는 바람직하지 못하다」는 입장에서 어떤 행위를 용인하지 않으려는 경우에도 쓴다.
    [例]寮生(りょうせい)は門限(もんげん)に遅(おく)れてはいけない。
        (기숙사생은 기숙사 마감 시간에 늦어서는 안 된다.)
        お酒(さけ)を飲(の)んで運転(うんてん)してはいけない。
        (술을 마시고 운전해서는 안 된다.)

2.「～ていけない」는「듣는 사람에 대해」라는 어감이 강하기 때문에 경어자 상위자가 하위자에게 어떤 것을 지시할 때 쓴다.
    [例]廊下(ろうか)で走(はし)ったりしてはいけません。[선생님 → 학생]
        (복도에서 달리거나 해서는 안 됩니다.)
        まだ堅(かた)いものを食(た)べてはいけません。[의사 → 환자]
        (아직 딱딱한 것을 먹어서는 안 됩니다.)

3. 화자 자신이 자기를 격려하거나 결의를 다질 때도 쓴다.
    [例]こんなことでへこたれてはいけない。
        (이런 일로 힘이 빠져서는 안 된다.)
        この試合(しあい)は何(なに)があっては負(ま)けてはいけない。
        (이 시합은 무슨 일이 있어도 져선 안 된다.)[13]

---

13) 李成圭·權善和(2006e)『현대일본어 문법연구Ⅳ』시간의물레. pp. 92-94에서 인용.

본 절에 쓰인「考(かんが)えてはいけない」는 [1]의 의미로도 [2]의 의미로도 해석되는데, 타 번역본에서는「～てはならない」가 쓰이는 경우도 있다.

[例]考(かんが)え<u>てはならない</u>。[塚本訳1963]
 (생각해서는 안 된다.)
 思(おも)っ<u>てはなりません</u>。[新改訳1970]
 (생각해서는 안 됩니다.)
 考(かんが)え<u>てはならない</u>。[新共同訳1987]
 (생각해서는 안 된다.)

「～てはいけない」의 [1]의 용법은「～てはならない」의 용법과 근사하기 때문에 이 경우,「～てはいけない」와「～てはならない」의 의미적 차이는 중화된 것으로 판단된다.
 한편, 다음과 같이 무조건 금지의 뜻을 나타내는「～な」로 나와 있는 번역본도 있다.

[例]思(おも)う<u>な</u>。[前田訳1978]
 (생각하지 마.)
 思(おも)い込(こ)む<u>な</u>[岩波翻訳委員会訳1995]
 (꼭 그렇다고 믿지 마.)

이상의 예를 근거로 하면 본 절의「考(かんが)えてはいけない」는 [2]의 용법으로 쓰인 것으로도 이해된다. 그런데 이상의 각 번역본에 나타나는 형식의 차이는「～てはいけない」의 의미·용법이 다기에 걸쳐 있다는 점이 반영된 결과라고 판단하면 자연히 해소된다.

[2]あなたがたが頼(たの)みとしているモーセその人(ひと)である : 너희가 의지하고 있는 모세 그 사람이다. 「頼(たの)み」는 「頼(たの)む」의 연용형이 전성명사화된 것으로 「頼(たの)みとしている」와 같이 쓰여, 「의지하고 있다」에 상당하는 뜻을 나타낸다. 타 번역본에서는 이 부분을 어떻게 표현하고 있는지 살펴보자.

[例]あなたがたが望(のぞ)みをおいているモーセです。[新改訳1970]

(당신들이 희망을 두고 있는 모세입니다.)

あなた方(がた)は彼(かれ)に望(のぞ)みをかけて来(き)た。[前田訳1978]

(너희가 그에게 희망을 기대해왔다.)

あなたがたが望(のぞ)みをかけているモーセである。[岩波翻訳委員会訳1995]

(너희가 희망을 걸고 있는 모세이다.)

あなたたちが頼(たよ)りにしているモーセなのだ。[新共同訳1987]

(너희가 의지로 삼고 있는 모세인 것이다.)

[新改訳1970]에서는, 「望(のぞ)みをおいている」로, [前田訳1978][岩波翻訳委員会訳1995]에서는 「望(のぞ)みをかけて(いる)」로, [新共同訳1987]에서는 「頼(たよ)りにしている」로 나와 있다.

もし、あなたがたがモーセを信(しん)じたならば、わたしをも信(しん)じたであろう。[1]モーセは、わたしについて書(か)いたのである。[ヨハネによる福音書 5:46]

(만일, 너희가 모세를 믿었더라면 나도 믿었을 것이다. 모세는 나에 관해 썼기 때문이다.)

[1]モーセは、わたしについて書(か)いたのである : 모세는 나에 관해 썼기 때문이다. 「書(か)いたのである」의 「~のである」는 본 절의 전반부에 관해 그 이유나 근거를 설명하기 위해 쓰인 것으로 타 번역본에서는 다음과 같이 묘사되고 있다.

[例]モーセはわたしのことを書(か)いているのだから。[塚本訳1963]

　(모세는 나에 관해 쓰고 있으니까.)

モーセが書(か)いたのはわたしのことだからです。[新改訳1970]

　(모세가 쓴 것은 나에 관해서이기 때문입니다.)

このわたしについて彼(かれ)は書(か)いたからである。[前田訳1978]

　(바로 나에 관해 그는 썼기 때문이다.)

モーセは、わたしについて書(か)いているからである。[新共同訳1987]

　(모세는 나에 관해 쓰고 있기 때문이다.)

彼(かれ)は私(わたし)について書(か)いたのだからである。[岩波翻訳委員会訳1995]

　(그는 나에 관해 썼기 때문이다.)

[塚本訳1963]에서는「〜のだから」, [新改訳1970][前田訳1978]에서는「〜からです」, [新共同訳1987][岩波翻訳委員会訳1995]에서는「〜からである」와 같이 원인·이유를 나타내는 형식으로 문을 종지하고 있다.

> [1]しかし、[2]モーセの書(か)いたものを信(しん)じないならば、どうしてわたしの言葉(ことば)を信(しん)じるだろうか」。[ヨハネによる福音書 5:47]
> (그러나 모세가 쓴 것을 믿지 않으니, 어찌 내 말을 믿을 수 있겠느냐?)

[1]본 절은 반어법적 형식을 취하고 있다. 즉,「모세가 쓴 것을 믿지 않으면, 어찌 내 말을 믿을 까[믿을 수 있을까]?」는「모세가 쓴 것을 믿지 않으니, 어찌 내 말을 믿을 수 있겠느냐?」에 상당하는 뜻을 나타낸다. 이 점은 타 번역본의 기술에서도 찾아볼 수 있다.

[例]しかし彼(かれ)の書(か)いたものを信(しん)じないなら、どうしてこのわたしの言葉(ことば)を信(しん)ずることができようか。[塚本訳1963]

　(그러나 그가 쓴 것을 믿지 않는다면 어찌 바로 내 말을 믿을 수 있을까?)

しかし、あなたがたがモーセの書(しょ)を信(しん)じないのであれば、どうしてわたしのことばを信(しん)じるでしょう。[新改訳1970]

(그러나 당신들이 모세서를 믿지 않는다고 한다면 어찌 내 말을 믿겠습니까?)

もしあなた方(がた)が彼(かれ)の書(か)きものを信(しん)じなければ、どうしてわたしのことばを信(しん)じよう」。[前田訳1978]

(만일 너희가 그가 쓴 것을 믿지 않으면, 어찌 내 말을 믿을 것인가?)

しかし、モーセの書(か)いたことを信(しん)じないのであれば、どうしてわたしが語(かた)ることを信(しん)じることができようか。」[新共同訳1987]

(그러나 모세가 쓴 것을 믿지 않는다고 하면, 어찌 내가 말하는 것을 믿을 수 있을까?)

彼(かれ)の文字(もじ)を信(しん)じなかったなら、どうして私(わたし)の言葉(ことば)を信(しん)じることになるだろうか」。[岩波翻訳委員会訳1995]

(그의 글을 믿지 않는다면 어찌 내 말을 믿게 될 것인가?)

[2]モーセの書(か)いたもの : 모세가 쓴 것. 이것은「モーセの書(しょ)」를 가리키는데, 이에 관해서는 다음과 같은 설명이 있다.「민간에 유포된 [グリモワール(Grimoire) ; 마법서(주술서)]로서 무시할 수 없는 서책이「모세 제6서, 제7서」 및「모세 제8, 9, 10의 서(書)」일 것이다.「구약성서」의 모두의 5서는「모세 5서」라고 불리는데, 실은 모세는 이 밖에도 5권의 저서를 남겼다는 것이다. 즉 그는 십계에 대응한 10권의 서책을 남겼다고 한다. 이들 10권의 저서 중에서 절반의 5서(五書)는 율법에 관해 언급한 서책이고, 이것이「구약성서」의 모두에 수록되어 있는 것이다. 남은 5서(五書)는 모세가 행한 마술에 관해 언급한 실천의 서책이라고 … 한다.」[14]

---

14) http://www5e.biglobe.ne.jp/~occultyo/jujutsu/mosesnosyo.htm에서 인용하여 적의 번역함.

# ヨハネによる福音書
## - 第6章 -

《22》 [ヨハネによる福音書 6:1 - 6:15]

> その後(のち)、イエスはガリラヤの海(うみ)、すなわち、[1]テベリヤ湖(こ)の向(む)こう岸(ぎし)へ渡(わた)られた。[ヨハネによる福音書 6:1]
> (그 후, 예수께서는 갈릴리 바다, 즉 디베랴호[디베랴 바다] 건너편으로 건너가셨다.[6:1])

[1]テベリヤ湖(こ)の向(む)こう岸(ぎし)へ渡(わた)られた : 디베랴호[디베랴 바다] 건너편으로 건너가셨다. 「渡(わた)られる」는 「渡(わた)る」의 레루형 경어로 구어역 신약성서에서는 다음의 예를 포함하여 2회 등장한다.

  [例] イエスがまた舟(ふね)で向(む)こう岸(ぎし)へ渡(わた)られると、大(おお)ぜいの群衆(ぐんしゅう)がみもとに集(あつ)まって来(き)た。イエスは海(うみ)べにおられた。[口語訳 / マルコによる福音書 5:21]
  (예수께서 다시 배로 바다 건너편으로 건너가시자, 많은 군중이 예수가 계신 곳으로 모여들었다. 예수께서는 바닷가에 계셨다.)[15][마가복음 5:21]

---

15) 李成圭 (2018c) 『일본어 구어역 마가복음의 언어학적 분석 1』 시간의물레. p. 206에서 인용.

> すると、大(おお)ぜいの群衆(ぐんしゅう)がイエスに付(つ)いてきた。[1]病人(びょうにん)たちになさっていたしるしを見(み)たからである。[ヨハネによる福音書 6:2]
> (그러자, 많은 군중이 예수를 따라왔다. 병자들에게 하신 표적을 보았기 때문이다.[6:2])

[1]病人(びょうにん)たちになさっていたしるし : 병자들에게 하신 표적. 「なさっていた」의 「なさる」는 「する」의 특정형 경어로 レル형 경어 「される」보다 경의도가 높기 때문에 구어역 신약성서에서는 <神(かみ)[하나님]> 또는 <신적 예수>에 대해 쓰이고 있다.

1. <神(かみ)>에 관한 경우.

    [例]「アバ、父(ちち)よ、あなたには、できないことはありません。どうか、この杯(さかずき)をわたしから取(と)りのけてください。しかし、わたしの思(おも)いではなく、みこころのままになさってください」。[口語訳 / マルコによる福音書 14:36]
    ("아빠, 아버지여, 아버지께서는 할 수 없는 일이 없습니다. 부디 이 잔을 제게서 치워 주십시오. 그러나 제 생각이 아니라 아버지의 생각대로 하십시오.")[마가복음 14:36][16]

2. <イエス>에 관한 경우.

    [例]エルサレムから、イドマヤから、更(さら)にヨルダンの向(む)こうから、ツロ、シドンのあたりからも、夥(おびただ)しい群衆(ぐんしゅう)が、そのなさっていることを聞(き)いて、みもとに来(き)た。[口語訳 / マルコによる福音書 3:8]
    (예루살렘에서, 이두매에서, 나아가 요단강 건너편에서, 두로와 시돈 주변에서도 많은 군중이 예수께서 하시고 있는 것을 듣고 예수가 계신

---

16) 李成圭 (2020b) 『일본어 구어역 마가복음의 언어학적 분석Ⅳ』 시간의물레. p. 83에서 인용.

곳으로 왔다.)[마가복음 3:8][17)]

> イエスは山(やま)に登(のぼ)って、弟子(でし)たちと一緒(いっしょ)に[1]そこで座(ざ)に着(つ)かれた。[ヨハネによる福音書 6:3]
> (예수께서 산에 올라가서 제자들과 함께 거기에서 자리에 앉으셨다.[6:3])

[1]そこで座(ざ)に着(つ)かれた : 거기에서 자리에 앉으셨다. 「座(ざ)に着(つ)かれる」는 「座(ざ)に着(つ)く」의 레루형 경어로 예를 들면 다음과 같다.

  [例]イエスはこの群衆(ぐんしゅう)を見(み)て、山(やま)に登(のぼ)り、座(ざ)に着(つ)かれると、弟子(でし)たちがみもとに近寄(ちかよ)って来(き)た。[口語訳 / マタイによる福音書 5:1]
  (예수께서 이 군중을 보고 산에 올라가 자리에 앉으시자, 제자들이 곁에 가까이 다가왔다.)[마태복음 5:1]

  御子(みこ)は神(かみ)の栄光(えいこう)の輝(かがや)きであり、神(かみ)の本質(ほんしつ)の真(しん)の姿(すがた)であって、その力(ちから)ある言葉(ことば)をもって万物(ばんぶつ)を保(たも)っておられる。そして罪(つみ)の清(きよ)めのわざをなし終(お)えてから、いと高(たか)き所(ところ)にいます大能者(たいのうしゃ)の右(みぎ)に、座(ざ)に着(つ)かれたのである。[口語訳 / ヘブル人への手紙 1:3]
  (아들은 하나님의 영광의 빛이며, 하나님의 본질의 참된 모습이고, 그 힘 있는 말로서 만물을 보존하고 계신다. 그리고 죄를 깨끗하게 하는 일을 다 끝내고 나서, 가장 높은 곳에 계시는 대능자의 오른쪽에 앉으신 것이다.)
  [히브리서 1:3]

---

17) 李成圭(2018c)『일본어 구어역 마가복음의 언어학적 분석Ⅰ』시간의물레. p. 121에서 인용.

> [1]時(とき)に、ユダヤ人(じん)の祭(まつり)である[2]過越(すぎこし)が間近(まぢか)になっていた。[ヨハネによる福音書 6:4]
> (때 마침, 유대인의 축제인 유월절이 바로 가까이 다가왔다.)

[1]時(とき)に : 때마침. 그 때.「時(とき)に」는 ①「때마침·그 때」의 뜻을 나타내거나, ②「그런데」의 뜻으로 화제로 바꿀 때 쓴다.

**1.「때마침 / 그 때」**

[例]時(とき)に、群衆(ぐんしゅう)はイエスを囲(かこ)んで座(すわ)っていたが、「ごらんなさい。あなたの母上(ははうえ)と兄弟(きょうだい)、姉妹(しまい)たちが、外(そと)であなたを尋(たず)ねておられます」と言(い)った。[口語訳 / マルコによる福音書 3:32]

(그 때, 군중이 예수를 둘러싸고 앉아 있었는데 "보십시오. 선생님의 어머님과 형제, 자매 분들이 밖에서 선생님을 찾고 계십니다."라고 말했다.)[18][마가복음 3:32]

**2.「그런데」**

「ときに[時に]」는 회화체에서 화제를 바꿀 때 쓰인다. =「ところで」「さて」

[例]ときに、あの件(けん)はどうなっていますか。

(그런데 그 건은 어떻게 되었습니까?)

よく降(ふ)りますね。ときに、研究(けんきゅう)のほうはうまく進(すす)んでいますか。

(비가 많이 오네요. 그런데 연구는 잘 진행되고 있습니까?)

先日(せんじつ)はお世話(せわ)さまでした。時(とき)に、彼(かれ)の新(あたら)しい住所(じゅうしょ)をご存(ぞん)じですか。

---

18) 李成圭(2018c)『일본어 구어역 마가복음의 언어학적 분석Ⅰ』시간의물레. p. 141에서 인용.

(지난번에는 고마웠어요. 그런데 그 사람 새 주소를 아십니까?)

[2]過越(すぎこし)が間近(まぢか)になっていた : 유월절이 바로 가까이 다가왔다. 「間近(まぢか)」는 형용동사성과 명사성을 겸비하고 있고 시간이나 거리가 아주 가까운 것을 나타내는데, 같은 의미 분야에서「間近(まぢか)い」와 같은 형용사도 존재한다.

[例]間近(まぢか)で見(み)ると、さほど美(うつく)しくない。
(가까이에서 보니 그다지 아름답지 않다.)
目的地(もくてきち)も間近(まぢか)だ。
(목적지도 눈앞에 있다.)
さあ、もうゴールは間近(まぢか)です。
(자 이제 골은 눈앞에 있습니다.)
それは定年(ていねん)も間近(まぢか)になった、ある休日(きゅうじつ)の出来事(できごと)からだった。
(그것은 정년도 가까이 다가온 어느 휴일의 사건으로부터이었다.)
本書(ほんしょ)で述(の)べたとおり、五月(ごがつ)はカラスのヒナの巣立(すだ)ちが間近(まぢか)な時期(じき)です。
(본서에서 서술한 바와 같이 5월은 까마귀의 새끼가 보금자리를 떠나는 것이 가까운 시기입니다.)
社内(しゃない)放送(ほうそう)がハノーファー到着(とうちゃく)の間近(まぢか)いことを告(つ)げる。
(사내 방송이 하노버 도착이 가까운 것을 알린다.)
戦(たたか)いの前日(ぜんじつ)、オスマン朝(ちょう)軍(ぐん)の到着(とうちゃく)が間近(まぢか)いのを知(し)ったサファヴィー朝(ちょう)の陣営(じんえい)では、軍議(ぐんぎ)が開(ひら)かれていた。
(전투 전날, 오스만제국의 군대의 도착이 가까운 것을 안 사파비조의 진

영에서는 군의(軍議)가 열리고 있었다.)

> イエスは目(め)をあげ、[1]大(おお)ぜいの群衆(ぐんしゅう)が自分(じぶん)の方(ほう)に集(あつ)まって来(く)るのを見(み)て、ピリポに言(い)われた、「どこからパンを買(か)って来(き)て、[2]この人々(ひとびと)に食(た)べさせようか」。[ヨハネによる福音書 6:5]
> (예수께서 눈을 들어 많은 군중이 자기 쪽에 모여드는 것을 보고, 빌립에게 말씀하셨다. "어디에서 빵을 사가지고 와서 이 사람들을 먹일 것인가?[6:5])

[1]大(おお)ぜいの群衆(ぐんしゅう)が自分(じぶん)の方(ほう)に集(あつ)まって来(く)る : 많은 군중이 자기 쪽에 모여들다. 「集(あつ)まって来(く)る」는 「集(あつ)まる」에 접속조사 「て」를 매개로 하여 「来(く)る」가 접속된 것.

　[例]それから、イエスを大祭司(だいさいし)のところに連(つ)れて行(い)くと、祭司長(さいしちょう)、長老(ちょうろう)、律法(りっぽう)学者(がくしゃ)たちがみな集(あつ)まって来(き)た。[口語訳 / マルコによる福音書 14:53]
　(그리고 나서 예수를 대제사장에게 끌고 가자, 대제사장, 장로, 율법학자들이 모두 모여들었다.)[19] [마가복음 14:53]

[2]この人々(ひとびと)に食(た)べさせようか : 이 사람들을 먹일 것인가? 「食(た)べさせようか」는 「食(た)べる」의 사역 「食(た)べさせる」의 미연형에 추측·추량의 「～よう」가 접속되고 그 전체에 의문의 「～か」가 접속된 것이다.

　[例]彼(かれ)が認(みと)めてくれないのなら、姿(すがた)をくらまし、現実(げんじつ)を受(う)け入(い)れさせようか。
　(그가 인정해 주지 않는다면, 모습을 감추고 현실을 받아들이게 할 것인가?)

---

19) 李成圭(2020b)『일본어 구어역 마가복음의 언어학적 분석Ⅳ』시간의물레. p. 106에서 인용.

もうじき夏休(なつやす)みも終(お)わってしまう。気(き)ばかりが焦(あせ)った。どうやって春子(はるこ)を弟子(でし)入(い)りさせようか。
(이제 곧 여름방학도 끝나고 만다. 마음만 조급해졌다. 어떻게 하루코를 제자로 입문시킬까?)

毎日(まいにち)ヘリコプターをチャーターして送(おく)り迎(むか)えすると言(い)って、彼(かれ)を安心(あんしん)させようか。
(매일 헬리콥터를 전세내서 송영하겠다고 해서 그를 안심시킬까?)

これは[1]ピリポを試(ため)そうとして言(い)われたのであって、ご自分(じぶん)ではしようとすることを、[2]よくご承知(しょうち)であった。[ヨハネによる福音書 6:6]
(이것은 빌립을 시험하려고 말씀하신 것으로, 예수 자신께서는 하려고 하는 일을 잘 알고 계셨다.[6:6])

[1]ピリポを試(ため)そうとして言(い)われたのであって、: 빌립을 시험하려고 말씀하신 것으로.「試(ため)そうとして」는「試(ため)す」에 화자의 의지를 나타내는「～うとする」가 접속된 것으로 같은 유형의 예를 들면 다음과 같다.

[例] それは、多(おお)くの人(ひと)をいやされたので、病苦(びょうく)に悩(なや)む者(もの)は皆(みな)イエスにさわろうとして、押(お)し寄(よ)せて来(き)たからである。[口語訳 / マルコによる福音書 3:10]
(그것은 [예수께서] 많은 사람들을 고쳐 주셨기에 병고에 시달리는 사람은 모두 예수에게 손을 대려고 몰려들어 왔기 때문이다.)[마가복음 3:10][20]

しかし、イエスはさわった者(もの)を見(み)つけようとして、見回(みまわ)しておられた。[口語訳 / マルコによる福音書 5:32]

---

20) 李成圭(2018c)『일본어 구어역 마가복음의 언어학적 분석Ⅰ』시간의물레. p. 124에서 인용.

(그러나 예수께서는 자기 옷에 손을 댄 사람을 찾으려고 둘러보고 계셨다.)[마가복음 5:32][21]

[2] よくご承知(しょうち)であった : 잘 알고 계셨다. 「ご承知(しょうち)である」는 명사술어문에 의한 존경표현으로 본 절에서는 「承知(しょうち)しておられる ; 알고 계시다」와 같은 동작의 진행의 뜻으로 쓰이고 있다. 이하, 「ご承知(しょうち)だ」의 예를 들면 다음과 같다.

[例] パウロは言(い)った、「わたしは今(いま)、カイザルの法廷(ほうてい)に立(た)っています。わたしはこの法廷(ほうてい)で裁判(さいばん)されるべきです。よくご承知(しょうち)のとおり、わたしはユダヤ人(じん)たちに、何(なに)も悪(わる)いことをしてはいません。[口語訳 / 使徒行伝 25:10]

(바울이 말했다. "나는 지금 황제의 법정에 서 있습니다. 나는 이 법정에서 재판받아야 합니다. 잘 아시다시피, 나는 유대 사람에게 아무것도 나쁜 짓을 하지는 않았습니다.)[사도행전 25:10]

激(はげ)しい争論(そうろん)があった後(のち)、ペテロが立(た)って言(い)った、「兄弟(きょうだい)たちよ、ご承知(しょうち)のとおり、異邦人(いほうじん)がわたしの口(くち)から福音(ふくいん)の言葉(ことば)を聞(き)いて信(しん)じるように、神(かみ)は初(はじ)めのころに、諸君(しょくん)の中(なか)からわたしをお選(えら)びになったのである。[口語訳 / 使徒行伝 15:7]

(격렬한 쟁론이 있은 후, 베드로가 일어나서 말했다. "형제들이여, 아시다시피, 이방인이 내 입을 통해 복음의 말씀을 듣고 믿도록, 하나님께서는 일찍이 제군 중에서 나를 택하신 것이다.) [사도행전 15:7]

この男(おとこ)がその職人(しょくにん)たちや、同類(どうるい)の仕事(しごと)をし

---

21) 李成圭(2018c) 『일본어 구어역 마가복음의 언어학적 분석Ⅰ』 시간의물레. p. 220에서 인용.

ていた者(もの)たちを集(あつ)めて言(い)った、「諸君(しょくん)、われわれがこの仕事(しごと)で、金(かね)もうけをしていることは、ご承知(しょうち)のとおりだ。[口語訳 / 使徒行伝 19:25]
(이 남자가 그 장인들과 이런 일을 하고 있는 사람들을 모아 놓고 말했다. "제군, 우리가 이 일로 돈을 벌고 있는 것은 알고 계신 그대로이다.) [사도행전 19:25]

すると、ピリポはイエスに答(こた)えた、「二百デナリのパンがあっても、[1]銘々(めいめい)が[2]少(すこ)しずつ[3][4]いただくにも足(た)りますまい」。[ヨハネによる福音書 6:7]
(그러자, 빌립은 예수에게 대답했다. "2백 데나리온 어치 빵이 있어도 각자가 조금씩 먹기에도 충분치 않을 것입니다."[6:7])

[1]銘々(めいめい) :「銘々(めいめい)」는「めんめん(面面)」의 음변화(音変化)로「각자 / 제각기」의 뜻을 나타낸다.

[例]銘々(めいめい)が意見(いけん)を述(の)べる。

(각자 의견을 말하다.)

菓子(かし)を銘々(めいめい)に分(わ)ける。

(과자를 각각 나누다.)

進路(しんろ)は銘々(めいめい)違(ちが)う。

(진로는 제각기 다르다.)

みんなを解散(かいさん)させ、めいめいで何(なに)か食(た)べる物(もの)を買(か)いに、周(まわ)りの部落(ぶらく)や村々(むらむら)へ行(い)かせてください」。[口語訳 / マルコによる福音書 6:36]

(사람들을 전부 해산시켜 각자 무엇인가 먹을 것을 사러 주위 취락이나

마을 등에 가게 하십시오.)[마가복음 6:36][22]

[2] 少(すこ)しずついただく: 조금씩 먹다.「いただく」는 ①「もらう ; 받다」의 겸양어I, 또는 ②「食(た)べる ; 먹다·飲(の)む ; 마시다」의 겸양어II로 쓰이는데 본 절에서는 ②의 용법으로 해석해 둔다.

[例]すると、女(おんな)は答(こた)えて言(い)った、「主(しゅ)よ、[2]お言葉(ことば)どおりです。でも、食卓(しょくたく)の下(した)にいる小犬(こいぬ)も、子供(こども)たちのパンくずは、[3]いただきます」。[口語訳 / マルコによる福音書 7:28]
(그러자, 여자는 대답하여 말했다. "주여, 지당하신 말씀이십니다. 하지만 식탁 밑에 있는 강아지도 아이들의 빵 부스러기는 받아먹습니다.")[마가복음 7:28][23]

[3] いただくにも足(た)りますまい : 먹기에도 충분치 않을 것입니다.「足(た)りる ; 충분하다 / 족하다」는 4단활용의「足(た)る」에서 전화(転化)되어 근세부터 江戸(えど)에서 사용된 것이다.

1.「〜に足(た)る」「〜に足(た)りる」의 형태로 쓰이면「〜할 수 있다」「〜할 만한 가치가 있다」「〜하기에 충분하다」에 상당하는 뜻을 나타낸다.
 ①「〜に足(た)る」
  [例]彼(かれ)は今度(こんど)の数学(すうがく)オリンピックで十分(じゅうぶん)満足(まんぞく)に足(た)る成績(せいせき)を取(と)った。
  (그는 이번 수학 올림픽에서 충분히 만족할 만한 성적을 얻었다.)
  山本(やまもと)さんは信頼(しんらい)するに足(た)る人物(じんぶつ)です。
  (야모모토 씨는 신뢰할 만한 인물입니다.)

---

22) 이성규(2019a)『일본어 구어역 마가복음의 언어학적 분석II』시간의물레. pp. 47-48에서 인용.
23) 이성규(2019a)『일본어 구어역 마가복음의 언어학적 분석II』시간의물레. p. 107에서 인용.

彼(かれ)は大学(だいがく)の代表(だいひょう)として推薦(すいせん)するに足(た)る有望(ゆうぼう)な学生(がくせい)だ。

(그는 대학의 대표로서 추천하기에 충분한 유망한 학생이다.)

②「〜に足(た)りる」

[例]「凶器(きょうき)」とは、人(ひと)を殺傷(さっしょう)するに足(た)りる道具(どうぐ)を言(い)います。

(「흉기」란, 사람을 살상하기에 충분한 도구를 말합니다.)

数人(すうにん)の共謀(きょうぼう)によるものであると疑(うたが)うに足(た)りる状況(じょうきょう)があることを要(よう)しない。

(여러 명의 공모에 의한 것이라고 의심할 만한 상황이 있는 것을 필요로 하지 않는다.)

その他(た)、原告(げんこく)会社(かいしゃ)の主張(しゅちょう)はこれを認(みと)めるに足(た)りる証拠(しょうこ)がない。

(그 밖에 원고 회사의 주장은 이것을 인정하기에 충분한 증거가 없다.)

2.「〜に足(た)らない」「〜に足(た)りない」로 쓰이면,「〜할 수 없다」「〜할 만한 가치가 없다」「〜하기에 충분치 않다」에 상당하는 뜻을 나타낸다.

①「〜に足(た)らない」

[例]しかし、これだけでは返済(へんさい)の資金(しきん)に足(た)らない。

(그러나, 이것만으로는 변제 자금에 충분치 않다.)

我(わ)が国(くに)に固有(こゆう)の古代(こだい)文字(もじ)があったという説(せつ)はありはするが、信(しん)ずるに足(た)らない。

(우리나라에 고유의 고대 문자가 있었다고 하는 설은 있기는 하지만, 믿을 수 없다.)

神(かみ)の御前(みまえ)においても偉大(いだい)な聖徒(せいと)たちは、自

分(じぶん)たちを一番(いちばん)取(と)るに足(た)らない者(もの)と考(かん)がえている人達(ひとたち)です。
(하나님의 앞에서도 위대한 성도들은 자신들을 가장 하찮은 사람이라고 생각하고 있는 사람들입니다.)

②「～に足(た)りない」
[例] 人(ひと)の能力(のうりょく)というものは偉大(いだい)であるが、人(ひと)ひとりの力(ちから)など取(と)るに足(た)りない。
(사람의 능력이라는 것은 위대하지만, 한 사람 한 사람의 힘 등은 하찮을 것 없다.)
明晰(めいせき)で、理想(りそう)に燃(も)えている彼(かれ)にとって、彼(かれ)らはみな名僧(めいそう)ではなく、俗(ぞく)であり、師(し)とするに足(た)りない。
(명석하고 이상에 불타고 있는 그로서는 그들은 모두 명승도 아니고 속되고 스승으로 삼을 만한 가치가 없다.)
産業(さんぎょう)の大部分(だいぶぶん)が国営(こくえい)に近(ちか)かったとすれば、官吏(かんり)の数(かず)が多(おお)すぎることも怪(あや)しむに足(た)りない。
(산업의 대부분이 국영에 가까웠다고 한다면 관리의 수가 너무 많은 것도 이상한 것도 아니다.)

[4] いただくにも足(た)りますまい : 먹기에도 충분치 않을 것입니다.
「～まい」는 ①부정의지. ②부정추측을 나타내는 조동사인데, 본 절에서는 「足(た)りますまい」와 같이 동사의 정녕체에 접속되어 부정추측의 용법으로 쓰이고 있다.

**1. 부정의지를 나타내는 경우.**

[例] それだっても、まさかうちの本(ほん)を読(よ)ますわけにもいきますまい。

(그것다고 하더라도 설마 우리 책을 읽히게 할 수는 없다.)

聖徒(せいと)たちに教(おし)える前(まえ)に、私(わたし)自身(じしん)道徳学(どうどくがく)についてしっかり勉強(べんきょう)しなければなりますまい。

(성도들에게 가르치기 전에 나 자신 도덕학에 관해 확실히 공부하지 않으면 안 되겠다.)

この高名(こうみょう)な巨匠(きょしょう)のことばの最(もっと)も大切(たいせつ)な点(てん)は兄貴(あにき)も先刻(せんこく)御承知(ごしょうち)のことと思(おも)いますから、その時(とき)の会談(かいだん)の全部(ぜんぶ)をここに書(か)くようなことは致(いた)しますまい。

(이 고명한 거장의 말의 가장 중요한 점은 형도 이미 알고 계실 것이라고 생각해서 그 때의 회담의 전부를 여기에 쓰는 그런 것은 하지 않겠습니다.)

**2. 부정추측을 나타내는 경우.**

[例] とはいえ、それは陛下(へいか)もお許(ゆる)しになりますまい。

(그렇다고 하더라도 그것은 폐하께서도 허락하시지 않을 것입니다.)

仮(かり)に恒久(こうきゅう)減税(げんぜい)を実施(じっし)しなかったとしても、いずれ遠(とお)からず再改正(さいかいせい)は避(さ)けられますまい。

(가령 항구 감세를 실시하지 않았다고 해서 언젠가 머지않아 재개정은 피할 수 없을 것입니다.)

今後(こんご)とも、これはもう通産省(つうさんしょう)だけが責(せ)めを負(お)うものでもございますまい。

(앞으로도 이것은 이제 통산성만이 책임을 질 것은 아닐 것입니다.)

> [1]弟子(でし)の一人(ひとり)、シモン・ペテロの兄弟(きょうだい)アンデレが イエスに言(い)った、[ヨハネによる福音書 6:8]
> (제자 중의 한 사람, 시몬 베드로의 형제 안드레가 예수에게 말했다.[6:8])

[1]弟子(でし)の一人(ひとり)、シモン・ペテロの兄弟(きょうだい)アンデレ : 제자 중의 한 사람, 시몬 베드로의 형제 안드레.「弟子(でし)の一人(ひとり) ; 제자 중의 한 사람」과「シモン・ペテロの兄弟(きょうだい)アンデレ ; 시몬 베드로의 형제 안드레」는 동일 인물을 가리키는 것으로 명사적 성분을 나열함으로써 동격 관계를 나타내고 있다. 타 번역본의 서술 방식을 살펴보자.

[例]弟子(でし)のひとりシモン・ペテロの兄弟(きょうだい)アンデレ [新改訳1970]

　　(제자 중의 한 사람 시몬 베드로의 형제 안드레.)

　　彼(かれ)の弟子(でし)の一人(ひとり)、シモン・ペトロの兄弟(きょうだい)アンドレアス [岩波翻訳委員会訳1995]

　　(그 제자 중의 한 사람 시몬 베드로의 형제 안드레.)

　　弟子(でし)の一人(ひとり)で、シモン・ペテロの兄弟(きょうだい)のアンデレ [塚本訳1963]

　　(제자 중의 한 사람으로 시몬 베드로의 형제 안드레.)

　　弟子(でし)のひとりで、シモン・ペテロの兄弟(きょうだい)アンデレ [前田訳1978]

　　(제자 중의 한 사람으로 시몬 베드로의 형제 안드레.)

　　弟子(でし)の一人(ひとり)で、シモン・ペテロの兄弟(きょうだい)アンデレ [新共同訳1987]

　　(제자 중의 한 사람으로 시몬 베드로의 형제 안드레.)

[新改訳1970][岩波翻訳委員会訳1995]에서는 구어역과 마찬가지로 명사적 성분을 단순 나열하고 있고, [塚本訳1963][前田訳1978][新共同訳1987]에서는

「[弟子の一人]で、[シモン・ペトロの兄弟アンデレ]」와 같이 명사술어의 연용 중지법을 이용하여 동격 관계를 나타내고 있다.

> 「ここに、大麦(おおむぎ)のパン五つと、魚(さかな)二匹(にひき)とを持(も)っている子供(こども)がいます。しかし、[1]こんなに大勢(おおぜい)の人(ひと)では、[2]それが何(なに)になりましょう」。[ヨハネによる福音書 6:9]
> ("여기에 보리빵 5개와 물고기 2마리를 가지고 있는 어린이가 있습니다. 그러나 사람이 이렇게 많아서는 그것이 무슨 소용이 있을까요?"[6:9])

[1]こんなに大勢(おおぜい)の人(ひと) : 이렇게 많은 사람. 「こんなに」가 「大勢(おおぜい)の」를 수식하고 그 전체가 뒤에 오는 「人(ひと)」를 수식·한정하고 있다. 지시 부사 「こんなに」가 뒤에 오는 명사적 성분 – 후속 성분은 그 전체가 연체수식절이나 연용수식절을 구성하고 있지만 - 을 수식하는 예를 들면 다음과 같다.

[例] 袋(ふくろ)の中(なか)にこんなにたくさんの馬鈴薯(じゃがいも)があった。
  (봉지 안에 이렇게 많은 감자가 있었다.)
  こんなに多(おお)くの人(ひと)が飢餓(きが)が原因(げんいん)で亡(な)くなっているのか。
  (이렇게 많은 사람이 기아가 원인으로 죽었을까?)
  こんなに大勢(おおぜい)の人(ひと)の中(なか)では決(き)まって自信(じしん)がなくなる。
  (사람이 이렇게 많으면 의례히 자신이 없어진다.)
  こんなに大勢(おおぜい)が相手(あいて)ではとてもかなわない。
  (이렇게 상대가 많으면 도저히 이길 수 없다.)
  こんなに夜(よる)遅(おそ)く街(まち)をうろついてはいけない。

(이렇게 밤늦게 거리를 서성거려서는 안 된다.)

こんなに朝(あさ)早(はや)くどこへお出(で)かけですか。

(이렇게 아침 일찍 어디에 나가십니까?)

[2]それが何(なに)になりましょう: 그것이 무슨 소용이 있을까요?「何(なに)になりましょう」의「ましょう」는 제안이나 권유가 아니라 추측·추량의 용법으로 쓰인 것으로 같은 유형의 예를 들면 다음과 같다.

[例]ですから、三日目(みっかめ)まで墓(はか)の番(ばん)をするように、指図(さしず)をして下(くだ)さい。そうしないと、弟子(でし)たちが来(き)て彼(かれ)を盗(ぬす)み出(だ)し、『イエスは死人(しにん)の中(なか)から、蘇(よみがえ)った』と、民衆(みんしゅう)に言(い)いふらすかも知(し)れません。そうなると、みんなが前(まえ)よりも、もっとひどく騙(だま)されることになりましょう」。[口語訳 / マタイによる福音書 27:64]

(그러니 사흘째 되는 날까지 무덤을 지키라고 지시를 해 주십시오. 그렇지 않으면 제자들이 와서 그를 훔쳐내서 '예수는 죽은 자 가운데에서 부활했다' 하고 민중에게 말을 퍼뜨릴지도 모릅니다. 그렇게 되면, 모두가 전보다도 더 심하게 속게 되겠지요.)[마태복음 27:64]

今(いま)はご存(ぞん)じなくとも、そのうちどなたかに尋(たず)ねてお分(わ)かりになりましょう。

(지금은 모르셔도 가까운 시일 내에 누군가에 물어 아실 수 있겠지요.)

その用(よう)のなくなった肉体(にくたい)のまわりに在世中(ざいせいちゅう)の所有物(しょゆうぶつ)や装飾品(そうしょくひん)を並(なら)べてみたところで何(なに)になりましょう。

(그 쓸모가 없어진 육체 주위에 생존 중의 소유물이나 장식품을 나열해 보았자 무슨 소용이 되겠습니까?)

心(こころ)の貧(まず)しきものになりましょう、そうなれば誰(だれ)に侮辱(ぶじょ

く)されても堪(こら)える事(こと)が出来(でき)ましょう。

(마음이 가난한 자가 됩시다. 그렇게 되면 누구에게 모욕을 받아도 참을 수 있을 것입니다.)

> イエスは「[1]人々(ひとびと)を座(すわ)らせなさい」と言(い)われた。その場所(ばしょ)には草(くさ)が多(おお)かった。そこに座(すわ)った男(おとこ)の数(かず)は[2]五千人(ごせんにん)ほどであった。[ヨハネによる福音書 6:10]
> (예수께서는 "사람들을 앉혀라!"라고 말씀하셨다. 그 장소에는 풀이 많았다. 거기에 앉은 남자 수는 5천 명 정도였다.)

[1]人々(ひとびと)を座(すわ)らせなさい : 사람들을 앉혀라. 「座(すわ)らせなさい」는 「座(すわ)る」의 사역 「座(すわ)らせる」에 부드러운 명령을 나타내는 「〜なさい」가 접속된 것이다.

[例]そして民(たみ)のほかの者(もの)はすべて自分(じぶん)の家(いえ)に帰(かえ)らせなさい。

(그리고 백성 이외의 사람들은 모두 자기 집으로 돌아가게 하여라.)

奥(おく)さんが参(まい)ってしまったらどうしようもないから、今(いま)のうちに少(すこ)し体(からだ)を休(やす)ませなさい。

(부인이 쇠약해졌으면 어떻게 할 수도 없으니 지금은 잠시 몸을 쉬게 해요.)

高山君(たかやまくん)、すべての部署(ぶしょ)の責任者(せきにんしゃ)を今日(きょう)の3時(さんじ)に集合(しゅうごう)させなさい。全員(ぜんいん)です。

(다카야마 군, 모든 부서의 책임자를 오늘 3시에 집합시키세요. 전원입니다.)

怒(いか)りは、なるべく早(はや)く過(す)ぎ去(さ)らせなさい。なぜなら、あなたが腹(はら)を立(た)てることは、悪魔(あくま)に強力(きょうりょく)な足場(あしば)を与(あた)えることになるからです。

(분노를 되도록 빨리 지나가게 해요. 왜냐하면 당신이 화를 내는 것은 악

마에게 강력한 디딜 곳을 마련해 주게 되기 때문입니다.)

[2]五千人(ごせんにん)ほどであった : 5천 명 정도였다.「ほど」는 부조사로서 대략적인 분량이나 정도를 나타내는데, 본 절에서는 수량사 뒤에 접속되어 쓰이고 있다.

[例]その集会(しゅうかい)には100人(ひゃくにん)ほど集(あつ)まりました。
　　(그 집회에는 100명 정도 모였습니다.)
　　かぜをひいて10日(とおか)ほど会社(かいしゃ)を休(やす)みました。
　　(감기에 걸려서 열흘 정도 회사를 쉬었습니다.)
　　ヒマラヤには富士山(ふじさん)の2倍(にばい)ほど高(たか)い山(やま)がたくさんあります。
　　(히말라야에는 후지산의 두 배 정도 높은 산이 많이 있습니다.)
　　十人(じゅうにん)ほどの人(ひと)が並(なら)んでいました。
　　(사람들이 10명 정도 줄을 서 있었습니다.)
　　すみませんが、千円(せんえん)ほど貸(か)してくださいませんか。
　　(미안하지만, 천 엔 정도 빌려 주시지 않겠습니까?)[24]

そこで、イエスはパンを取(と)り、感謝(かんしゃ)してから、[1]座(すわ)っている人々(ひとびと)に分(わ)け与(あた)え、また、魚(さかな)をも同様(どうよう)にして、[2]彼(かれ)らの望(のぞ)むだけ分(わ)け与(あた)えられた。[ヨハネによる福音書6:11]
(그래서 예수께서는 빵을 들어 감사드리고 나서 앉아 있는 사람들에게 나누어 주고, 또 물고기도 마찬가지로 해서 그들이 원하는 만큼 나누어 주셨다.[6:11])

[1]座(すわ)っている人々(ひとびと)に分(わ)け与(あた)え、: 앉아 있는 사람들에게 나

---

24) 李成圭等著(1996)『홍익나가누마 일본어1 해설서』홍익미디어. P. 82에서 인용.

누어 주고.「分(わ)け与(あた)え、」는「分(わ)ける」의 연용형에「与(あた)える」가 결합된 복합동사「分(わ)け与(あた)える」의 연용중지법으로 전후 2문을 단순 연결시키는 용법으로 쓰이고 있다. 구어역 신약성서에서「分(わ)け与(あた)える」의 예를 들면 다음과 같다.

[例] 資産(しさん)や持(も)ち物(もの)を売(う)っては、必要(ひつよう)に応(おう)じてみんなの者(もの)に分(わ)け与(あた)えた。[口語訳 / 使徒行伝 2:45]

(자산과 소유물을 팔아서는, 필요에 따라 모든 사람에게 나누어 주었다.) [사도행전 2:45]

わたしは、あなたがたに会(あ)うことを熱望(ねつぼう)している。あなたがたに霊(れい)の賜物(たまもの)を幾分(いくぶん)でも分(わ)け与(あた)えて、力(ちから)づけたいからである。[口語訳 / ローマ人への手紙 1:11]

(나는 너희를 만나는 것을 열망하고 있다. 너희에게 영적인 선물을 얼마간 나누어 주어, 힘을 길러 주고 싶기 때문이다.)[로마서 1:11]

盗(ぬす)んだ者(もの)は、今後(こんご)、盗(ぬす)んではならない。むしろ、貧(まず)しい人々(ひとびと)に分(わ)け与(あた)えるようになるために、自分(じぶん)の手(て)で正当(せいとう)な働(はたら)きをしなさい。[口語訳 / エペソ人への手紙 4:28]

(도둑질을 한 사람은 앞으로 도둑질을 해서는 안 된다. 오히려 가난한 사람들에게 나누어 주도록 되기 위해 자기의 손으로 정당한 일을 해라.)[에베소서 4:28]

[2] 彼(かれ)らの望(のぞ)むだけ分(わ)け与(あた)えられた : 그들이 원하는 만큼 나누어 주셨다.「望(のぞ)むだけ」의「〜だけ」는「〜ほど」「〜くらい」와 마찬가지로 분량·정도·한도를 나타내는 용법으로 쓰이고 있다.

[例]走(はし)れるだけ走(はし)ってみよう。
(달릴 수 있는 만큼 달려 보자.)
どれだけの人(ひと)が苦(くる)しんでいるか。
(어느 정도의 사람들이 괴로워하고 있는가?)

すると、思慮(しりょ)深(ぶか)い女(おんな)たちは答(こた)えて言(い)った、『わたしたちとあなたがたとに足(た)りるだけは、多分(たぶん)ないでしょう。店(みせ)に行(い)って、あなたがたの分(ぶん)をお買(か)いになる方(ほう)がよいでしょう』。
[口語訳/マタイによる福音書 25:9]
(그러자, 사려 깊은 여자들이 대답하여 말했다. '우리와 당신들에게 충분한 만큼은 아마 없을 것입니다. 가게에 가서 여러분 것을 사시는 것이 좋겠지요.')[마태복음 25:9]

그리고「分(わ)け与(あた)えられる」는「分(わ)け与(あた)える」의 레루형 경어로 구어역 신약성서에서 예를 들면 다음과 같다.

[例]わたしは、自分(じぶん)に与(あた)えられた恵(めぐ)みによって、あなたがた一人(ひとり)びとりに言(い)う。思(おも)うべき限度(げんど)を越(こ)えて思(おも)い上(あ)がることなく、むしろ、神(かみ)が各自(かくじ)に分(わ)け与(あた)えられた信仰(しんこう)の量(はか)りにしたがって、慎(つつし)み深(ぶか)く思(おも)うべきである。[口語訳/ローマ人への手紙 12:3]
(나는 내가 받은 은혜에 의해, 너희 한 사람 한 사람에게 말한다. 마땅히 생각해야 하는 한도를 넘어 잘난 체하지 말고, 오히려 하나님께서 각자에게 나누어 주신 믿음의 분량에 따라 조신하게 생각해야 한다.)[로마서 12:3]

すべてこれらのものは、一(ひと)つの同(おな)じ御霊(みたま)の働(はたら)きであ

って、御霊(みたま)は思(おも)いのままに、それらを各自(かくじ)に分(わ)け与(あた)えられるのである。[口語訳/コリント人への第一の手紙 12:11]
(이 모든 것은 하나의 같은 성령의 작용이며 성령은 생각하는 대로 그것을 각자에게 나누어 주시는 것이다.)[고린도전서 12:11]

人々(ひとびと)が[1]十分(じゅうぶん)に食(た)べた後(のち)、イエスは弟子(でし)たちに言(い)われた、「[2]少(すこ)しでも無駄(むだ)にならないように、パンくずのあまりを集(あつ)めなさい」。[ヨハネによる福音書 6:12]
(사람들이 충분히 먹은 다음, 예수께서는 제자들에게 말씀하셨다. "조금이라도 버리지 않도록 빵 부스러기 남은 것을 모아라."[6:12])

[1]十分(じゅうぶん)に食(た)べた後(のち)、: 충분히 먹은 다음. 「十分(じゅうぶん)に」는 형용동사 「十分(じゅうぶん)だ」의 연용형으로 예를 들면 다음과 같다.

[例]当然(とうぜん)、リストラを進(すす)めようとしている会社側(かいしゃがわ)はこのことを十分(じゅうぶん)に承知(しょうち)している。
(당연히 구조조정을 진행하려고 하는 회사 측은 이 점을 충분히 알고 있다.)
外食(がいしょく)を考(かんが)えるのは、子供(こども)がスプーンやフォークを十分(じゅうぶん)に使(つか)いこなせるようになった、と判断(はんだん)できてからにしたいものです。
(외식을 생각하는 것은 아이가 스푼이나 포크를 충분히 자유자재로 사용할 수 있게 되었다, 고 판단할 수 있게 되고 나서 했으면 합니다.)
このため、企業(きぎょう)年金(ねんきん)の財政(ざいせい)状況(じょうきょう)や健全性(けんぜんせい)には、十分(じゅうぶん)に注意(ちゅうい)を払(はら)う必要(ひつよう)があります。
(이 때문에 기업연금 재정 상황이나 건전성에는 충분히 주의할 필요가 있습니다.)

きのこ狩(が)りや山遊(やまあそ)びの際(さい)は十分(じゅうぶん)に注意(ちゅうい)してください。

(버섯 따기나 산에서 놀 때는 충분히 주의하기 바랍니다.)

그리고「十分(じゅうぶん)」은 부사로서도 사용된다.

[例]そのためにも皆(みな)さん、火(ひ)の元(もと)には十分(じゅうぶん)注意(ちゅうい)してください。

(그 때문에도 여러분, 불기가 있는 곳에는 충분히 주의하기 바랍니다.)

私(わたし)は、そのことは十分(じゅうぶん)承知(しょうち)しながら、それでもやるべきことはやりますと申(もう)し上(あ)げました。

(저는 그 일은 충분히 알면서도 그래도 할 일은 하겠습니다, 라고 말씀드렸습니다.)

また、移行期(いこうき)においては市場(しじょう)関係者(かんけいしゃ)の予測(よそく)可能性(かのうせい)を高(たか)めるため適切(てきせつ)な配慮(はいりょ)を行(おこな)うこととしており、国債(こくさい)市場(しじょう)の安定性(あんていせい)を損(そこ)なうことのないよう十分(じゅうぶん)配慮(はいりょ)いたします。

(그리고 이행기에 있어서는 시장 관계자의 예측 가능성을 높이기 위해 적절한 배려를 행하고 있고 국채 시장의 안전성을 훼손하는 일이 없도록 충분히 배려하겠습니다.)

[2] 少(すこ)しでも無駄(むだ)にならないように、: 조금이라도 낭비가 되지 않도록. 조금이라도 버리지 않도록.「無駄(むだ)にならないように」는「無駄(むだ)になる ; 낭비가 되다 / 헛되이 되다」의 부정「無駄(むだ)にならない」에 목적을 나타내는「~ように」가 접속되어「낭비가 되지 않도록 / 버리지 않도록」에 상당하는 뜻을 나타낸다. 여기에서「~に[と]ならないように」의 예를 들면 다음과 같다.

[例]駐車場(ちゅうしゃじょう)のないところは、周(まわ)りの迷惑(めいわく)にならないよ

うに、徒歩(とほ)、自転車(じてんしゃ)等(など)でお越(こ)しください。
(주차장이 없는 곳은 주위의 폐가 되지 않도록 도보, 자전거 등으로 오시기 바랍니다.)

親(おや)が障害(しょうがい)にならないように、または親(おや)の障害(しょうがい)にならないように、親(おや)と自分(じぶん)の魂(たましい)の透明度(とうめいど)を同(おな)じレベルに保(たも)てるようにしてください。
(부모가 장애가 되지 않도록, 또는 부모의 장애가 되지 않도록 부모와 자신의 영혼의 투명도를 같은 레벨에 유지할 수 있도록 해 주십시오.)

「成田離婚(なりたりこん)」とならないように、「結婚(けっこん)したい相手(あいて)とは、少(すく)なくとも三(さん)~四日(よっか)以上(いじょう)の旅行(りょこう)を、婚前(こんぜん)にしてみるべきだよ」と。
(「나리타 이혼」이 되지 않도록「결혼하고 싶은 상대와는 적어도 3~4일 이상의 여행을 혼전에 해 봐야 해요.」라고.)
[成田離婚(なりたりこん)은 막 결혼한 남녀가 신혼여행을 계기로 이혼해 버리는 것을 가리키며 사용된, 1990년대 후반의 신조어이다. 현재 말하는 「スピード離婚(りこん) ; 스피드 이혼」의 하나.]

国民(こくみん)全体(ぜんたい)の負担(ふたん)が過大(かだい)とならないように、総合的(そうごうてき)な医療費(いりょうひ)適正化(てきせいか)対策(たいさく)を強力(きょうりょく)に推(お)し進(すす)めるということをいたしまして、医療費(いりょうひ)の伸(の)びというものも国民(こくみん)所得(しょとく)の伸(の)びの範囲内(はんいない)におさめたいということを考(かんが)えておるわけでございます。
(국민 전체의 부담이 과대하게 되지 않도록 종합적인 의료비 적정화 대책을 강력하게 추진한다는 것을 해서, 의료비의 증가라는 것도 국민 소득의 증가 범위 내에 수용하고 싶다는 것을 생각하고 있습니다.)

そして「無駄(むだ)」는 「도움이 안 되는 것 / 쓸데없는 것 / 효과나 효용이 없

는 것」의 뜻을 지니고 있는데, 명사성과 형용동사성을 겸비하고 있다.

**1. 명사적 용법**

[例]時間(じかん)の無駄(むだ)だ。

(시간의 낭비다.)

出費(しゅっぴ)の無駄(むだ)を省(はぶ)きましょう。

(비용의 낭비를 줄입시다.)

全体(ぜんたい)での整合性(せいごうせい)を保(たも)ちつつも無駄(むだ)のない分類(ぶんるい)体系(たいけい)となるように、分類(ぶんるい)体系(たいけい)の改正(かいせい)を支援(しえん)する。

(전체에서의 정합성을 유지하면서도 낭비가 없는 분류 체계가 되도록 분류 체계의 개정을 지원한다.)

役(やく)に立(た)たない、無駄(むだ)の多(おお)い、あるいは、つまらない仕事(しごと)を行(おこな)う。

(도움이 안 되는, 낭비가 많은 혹은 쓸데없는 일을 행한다.)

システムの有用性(ゆうようせい)調査(ちょうさ)のアンケートのため、無駄(むだ)の少(すく)ない質問票(しつもんひょう)を生成(せいせい)する。

(시스템 유용성 조사 설문조사를 위해 허비가 없는 질문 표를 생성한다.)

**2. 형용동사적 용법**

[例]無駄(むだ)な {努力(どりょく)·捜索(そうさく)·試(こころ)み·時間(じかん)·反復(はんぷく)·文句(もんく)·言葉(ことば)·費用(ひよう)·議論(ぎろん)·抵抗(ていこう)·行為(こうい)·考(かんが)え事(ごと)·死(し)に方(かた)}

({헛된·쓸데없는} {노력·수색·시도·시간·반복·문구·말·비용·토론·저항·행위·생각·죽음}

それは無駄(むだ)なことです。

(그것은 쓸데없는 일이다.)

無駄(むだ)な論争(ろんそう)はするな。

(쓸데없는 논쟁을 하지 마라.)

無駄(むだ)な電力(でんりょく)消費(しょうひ)を抑(おさ)える。

(쓸데없는 전력 낭비를 억제하다.)

彼(かれ)を説得(せっとく)しようとしても無駄(むだ)なことだ。

(그를 설득하려고 해도 헛된 일이다.)

時間(じかん)を無駄(むだ)にするな。

(시간을 낭비하지 마라.)

無駄(むだ)に金(かね)を費(つい)やす。

(헛되이 손을 쓰다.)

すべてが無駄(むだ)に終(お)わってしまった。

(모든 것이 보람 없이 끝나고 말았다.)

そこで彼(かれ)らが集(あつ)めると、[1]五(いつ)つの大麦(おおむぎ)のパンを[2]食(た)べて残(のこ)ったパンくずは、十二(じゅうに)の籠(かご)にいっぱいになった。[ヨハネによる福音書 6:13]
(그래서 그들이 모으니, 보리빵 다섯 개를 먹고 남은 빵 부스러기는 열두 바구니에 가득 찼다.[6:13])

[1] 五(いつ)つの大麦(おおむぎ)のパン : 다섯 개의 보리빵. 보리빵 다섯 개. 수량사 구문 중에서 [수량사＋の＋명사]와 형태로 쓰이고 있다.

[2] 食(た)べて残(のこ)ったパンくず : 먹고 남은 빵 부스러기. 본 절에서는 「食(た)べて残(のこ)る」와 같이 접속조사 「～て」를 이용하여 전후 동사를 연결시키고 있는데, 이 부분을 타 번역본에서는 복합동사 「食(た)べ残(のこ)す ; 먹다(가) 남기다」[塚本訳1963]이나, 전성명사 「食(た)べ残(のこ)し ; 먹다(가) 남기는 것 또는

음식」[前田訳1978][岩波翻訳委員会訳1995)]으로 표현하는 경우도 있다.

1. 「食(た)べ残(のこ)す」: 한국어의 「먹다(가) 남기다」에 해당하는 복합동사에는 「食(た)べ残(のこ)す」가 있다.

   [例]量(りょう)が多(おお)すぎて食(た)べ残(のこ)す。

   (양이 너무 많아 먹다가 남기다.)

   あらかじめ、食(た)べられる量(りょう)しか取らないので、食(た)べ残(のこ)すこともない。

   (미리 먹을 수 있는 양밖에 담지 않기 때문에 먹다가 남기는 일도 없다.)

   作(つく)った料理(りょうり)を食(た)べ残(のこ)すことがもったいないのです。

   (만든 음식을 먹다가 남기는 것이 아깝습니다.)

   毎回(まいかい)行(い)くようなお店(みせ)なら、自分(じぶん)でコントロールするのが普通(ふつう)だと思(おも)います。初(はじ)めてのお店(みせ)だと、あまりに量(りょう)が多(おお)くて食(た)べ残(のこ)すことはたまにあります。今(いま)では食(た)べ残(のこ)すことは殆(ほと)んどありませんし、食(た)べ物(もの)の有難(ありがた)さや作(つく)って下(くだ)さった方々(かたがた)への感謝(かんしゃ)もしています。

   (매번 가는 그런 가게라면 스스로 컨트롤하는 것이 보통이라고 생각합니다. 처음 가는 가게라면, 너무 양이 많아서 먹다가 남기는 일은 가끔 있습니다. 지금은 먹다가 남기는 일은 거의 없고, 음식의 고마움과 만들어 주신 분들에 대한 감사함도 표시하고 있습니다.)

2. 「食(た)べ残(のこ)し」: 그리고 다음과 같이 「食(た)べ残(のこ)す」의 연용형 「食(た)べ残(のこ)し」는 다음과 같이 전성명사로 쓰인다.

   [例]買(か)いすぎ、作(つく)りすぎに注意(ちゅうい)して、食(た)べ残(のこ)しのない適量(てきりょう)を心(こころ)がけましょう。

(너무 많이 사거나 너무 많이 만드는 것에 주의해서 먹다가 남기는 일이 없는 적량에 항상 유의합시다.)

明(あき)らかに自分(じぶん)や子供(こども)の食(た)べ残(のこ)しなら食(た)べられます。でも、姑(しゅうとめ)は自分(じぶん)の食(た)べ残(のこ)しなども一緒(いっしょ)に入(い)れて持(も)って帰(かえ)れと言(い)います。

(분명히 나나 아이가 먹고 남은 것이라면 먹을 수 있습니다. 하지만 시어머니는 자기가 먹고 남은 것 등도 함께 넣어 가지고 가라고 합니다.)

長野県(ながのけん)では、食品(しょくひん)ロスの削減(さくげん)を目指(めざ)し、飲食店(いんしょくてん)や宿泊(しゅくはく)事業者(じぎょうしゃ)の皆様(みなさま)にもご協力(きょうりょく)いただき「食(た)べ残(のこ)しを減(へ)らそう県民(けんみん)運動(うんどう)」を実施(じっし)しています。

(나가노현에서는 식품 낭비 삭감을 목표로 음식점이나 숙박 사업자의 여러분에게도 협력을 받아 「먹다가 남는 것을 줄이자, 현민 운동」을 실시하고 있습니다.)

---

人々(ひとびと)はイエスのなさったこのしるしを見(み)て、「ほんとうに、[1]この人(ひと)こそ世(よ)に[2][3]来(き)たるべき預言者(よげんしゃ)である」と言(い)った。[ヨハネによる福音書 6:14]
(사람들은 예수께서 하신 표적을 보고, "정말 이 사람이야 말로 다음 세상에 오기로 되어 있는 예언자이다."라고 말했다.[6:14]

---

[1]この人(ひと)こそ : 이 사람이야 말로. 「こそ」는 어떤 사물을 다른 것과 구별하여 특히 내세우는 데에 쓰는 계조사(係助詞)로 「〜야 말로」「〜만은」에 상당하는 뜻을 나타낸다.

[例]今度(こんど)こそ負(ま)けないよ。
 (이번이야 말로 지지 않겠다.)

そうした人こそ優(すぐ)れた仕事(しごと)をするとしていますが、私(わたし)もそうだと思(おも)います。

(그런 사람이야 말로 뛰어난 일을 한다고 하고 있습니다만, 저도 그렇다고 생각합니다.)

逆(ぎゃく)に、「絶対(ぜったい)おかしくないのだ」と考(かんが)えている人(ひと)こそ、「頭(あたま)がおかしい」のである。

(거꾸로「절대로 우습지 않다」고 생각하고 있는 사람이야 말로「머리가 이상 한」것이다.)

私(わたし)の方(ほう)こそいやな思(おも)いをさせて悪(わる)かった。やはりこんなパーティになど来(く)るべきではなかったな。

(나야 말로 기분을 나쁘게 해서 미안하다. 역시 이런 파티 등에 와서는 안 되는 것이었다.)

ある日(ひ)、薄暗(うすぐら)い図書館(としょかん)の書庫(しょこ)で「まぎれもなく内側(うちがわ)から光(ひか)り輝(かがや)いている女性(じょせい)」に出会(であ)い、この人(ひと)こそ妻(つま)にすべきだと直感(ちょっかん)する。

(어느 날, 어둑어둑한 도서관의 서고에서「틀림없이 안쪽에서 빛나고 광채 나는 여성」을 우연히 만나, 이 사람이야 말로 처로 삼아야 한다고 직감 한다.)

[2] 来(きた)る:「来(きた)る」는 동사「来(きた)る」의 연체형에서 전성된 연체사(連体詞)로 월일이나 행사 등을 나타내는 단위 앞에 붙어「오는」「이 다음의」의 뜻을 나타낸다.

[例] 来(き)たる六月(ろくがつ)七日(なのか)プレーンナンを半額(はんがく)で販売(はんばい)いたします!

(오는 6월 7일 플레인 난(Plain Nan)을 반액에 판매합니다!)

このたび落成(らくせい)の運(はこ)びと相成(あいな)り、来(き)たる三月(さんがつ)十日(とおか)[土曜日(どようび)] 午後(ごご)一時(いちじ)より本社(ほんしゃ)

一階(いっかい)ロビーにて落成(らくせい)祝賀(しゅくが)式典(しきてん)を催(もよお)すことにいたしました。

(이번에 준공하게 되어, 오는 3월 10일[토요일] 오후 1시부터 본사 1층 로비에서 준공 축하 식전을 개최하기로 했습니다.)

来(き)たる3月(さんがつ)10日(とおか)に、紀尾井(きおい)フォーラムにて、企業(きぎょう)改革(かいかく)課題(かだい)について、企業(きぎょう)のトップの方々(かたがた)と討論(とうろん)、セッションを行(おこな)う「白熱(はくねつ) 教室(きょうしつ)」第一回(だいいっかい)を開催(かいさい)します。

(오는 3월 10일에 기오이 포럼에서 기업 개혁 과제에 관해 기업 톱 분들과 토론섹션을 행하는「백열 교실」제1회를 개최합니다.)

[3] 来(き)たるべき預言者(よげんしゃ)である : 오기로 되어 있는 예언자이다.「来(きた)るべき」는 연체사「来(きた)る」에 당위성을 나타내는「べき」가 결합된 연체사로「가까운 시일 내에 와야 할」「다음에 오는」「요 다음의」에 상당하는 뜻을 나타낸다.

[예] 万物(ばんぶつ)の主(しゅ)なるキリストは「聖霊(せいれい)が来(き)たるべきことを教(おし)えてくれる」ことを約束(やくそく)されたのである。

(만물의 주이신 그리스도는「성령이 가까운 시일 내에 올 것을 가르쳐 주」는 것을 약속하셨다.)

九日(ここのか)の試合後(しあいご)には「思(おも)い切(き)りホームランを狙(ねら)っていく」と語(かた)った清原(きよはら)はこの日(ひ)は休養(きゅうよう)し、来(き)たるべき日(ひ)に備(そな)えた。

(9일 시합 후에는「마음껏 홈런을 노리겠다.」고 말한 기요하라는 이 날은 휴식을 취하고 다가올 날에 대비했다.)

フランスで来(き)たるべき革命(かくめい)のために人(ひと)びとを啓蒙(けいもう)した偉大(いだい)な人物(じんぶつ)たちは、みずからきわめて革命的(かくめいてき)に行動(こうどう)した。

(프랑스에서 장차 일어날 혁명을 위해 사람들을 계몽한 위대한 인물들은 직접 극히 혁명적으로 행동했다.)

> イエスは人々(ひとびと)が来(き)て、[1]自分(じぶん)をとらえて王(おう)にしようとしていると知(し)って、ただ一人(ひとり)、また[2]山(やま)に退(しりぞ)かれた。[ヨハネによる福音書 6:15]
> (예수께서는 사람들이 와서 자기를 붙잡아 왕으로 삼으려고 한다는 것을 알고, 단지 혼자서 다시 산으로 물러나셨다.[6:15])

[1]自分(じぶん)をとらえて王(おう)にしようとしていると知(し)って、: 자기를 붙잡아 왕으로 삼으려고 한다는 것을 알고.「王(おう)にしようとしている」는「王(おう)にする ; 왕으로 하다[삼다]」의 미연형에 화자의 의지를 나타내는「〜ようとする」가 결합된 것에 다시 동작의 진행을 나타내는 애스펙트 형식인「〜ている」가 접속된 것이다.

[例]これに対(たい)して、トヨタはＧＭと提携(ていけい)して独自(どくじ)路線(ろせん)を行(い)こうとしている。
(이것에 대해 도요타는 ＧＭ과 제휴해서 독자 노선을 가려고 하고 있다.)
すべての者(もの)が、彼(かれ)を捕(つか)まえるか殺(ころ)そうとしている。
(모든 사람이 그를 잡을지 죽이려고 하고 있다.)
先進国(せんしんこく)は消費(しょうひ)を縮小(しゅくしょう)し、発展途上国(はってんとじょうこく)は先進国(せんしんこく)になろうとしている。
(선진국은 소비를 축소하고 발전도상국은 선진국이 되려고 하고 있다.
しかしそれを無視(むし)して、彼(かれ)らはまだやろうとしている。もしも森(もり)や川(かわ)や海(うみ)を殺(ころ)したら自分(じぶん)たちも消(き)えてしまう。
(그러나 그것을 무시해서 그들은 아직 하려고 하고 있다. 만일 숲이나 강이나 바다를 죽이면 자신들은 사라져 버린다.)

背景(はいけい)やいきさつは知(し)らないままに、その視点(してん)でいろいろな事象(じしょう)を見(み)ようとしている。

(배경이나 경위를 모르는 채, 그 시점에서 여러 가지 사상을 보려고 하고 있다.)

要(よう)するに、何者(なにもの)かが、あなたの会社(かいしゃ)のネットワークを不正規(ふせいき)に利用(りよう)しようとしている。

(요컨대 어떤 사람인지 당신 회사 네트워크를 부정규적으로 이용하려고 하고 있다.)

[2] 山(やま)に退(しりぞ)かれた : 산으로 물러나셨다. 「退(しりぞ)かれた」는 「退(しりぞ)く」의 レル형 경어 「退(しりぞ)かれる」의 과거인데, 구어역 신약성서에서 예를 들면 다음과 같다.

[例] さて、イエスはヨハネが捕(とら)えられたと聞(き)いて、ガリラヤへ退(しりぞ)かれた。[口語訳/マタイによる福音書 4:12]

(그런데 예수께서, 요한이 잡혔다고 하는 말을 듣고, 갈릴리로 물러가셨다.)[마태복음 4:12]

それから、イエスは弟子(でし)たちと共(とも)に海(うみ)べに退(しりぞ)かれたが、ガリラヤから来(き)た夥(おびただ)しい群衆(ぐんしゅう)がついて行(い)った。またユダヤから、[口語訳/マルコによる福音書 3:7]

(그리고 나서 예수는 제자들과 함께 바닷가로 물러나셨지만, 갈릴리에서 온 수 많은 군중이 따라왔다. 그리고 유대에서,)[마가복음 3:7][25]

---

25) 李成圭(2018c)『일본어 구어역 마가복음의 언어학적 분석Ⅰ』시간의물레. p. 120에서 인용.

《23》[ヨハネによる福音書 6:16 - 6:21]

夕方(ゆうがた)になったとき、[1]弟子(でし)たちは海(うみ)べに下(くだ)り、[ヨハネによる福音書 6:16]
(저녁때가 되었을 때, 제자들은 바닷가에 내려가서,[6:16])

[1]弟子(でし)たちは海(うみ)べに下(くだ)り、: 제자들은 바닷가에 내려가서. 타 번역본에서 이 부분을 어떻게 묘사하고 있는지 살펴보자.

[例]弟子(でし)たちは湖(みずうみ)の岸(きし)に下(くだ)って、[塚本訳1963]
(제자들은 호숫가에 내려가서,)

弟子(でし)たちは湖(みずうみ)に下(くだ)り、[前田訳1978]
(제자들은 호수에 내려가서,)

弟子(でし)たちは湖畔(こはん)へ下(お)りて行(い)った。[新共同訳1987]
(제자들은 호반에 내려갔다.)

弟子(でし)たちは湖畔(こはん)に降(お)りて行(い)った。[新改訳1970]
(제자들은 호반에 내려갔다.)

弟子(でし)たちは海辺(うみべ)に降(お)りて行(い)った。[岩波翻訳委員会訳1995]
(제자들은 바닷가에 내려갔다.)

舟(ふね)に乗(の)って海(うみ)を渡(わた)り、[1]向(む)こう岸(ぎし)のカペナウムに行(い)きかけた。すでに暗(くら)くなっていたのに、[2]イエスはまだ彼(かれ)らのところにおいでにならなかった。[ヨハネによる福音書 6:17]
(배를 타고 바다를 건너 건너편 바닷가에 있는 가버나움으로 가려고 했다. 이미 어두워졌는데도 예수께서는 그들이 있는 곳에 오시지 않았다.)

[1]向(む)こう岸(ぎし)のカペナウムに行(い)きかけた : 건너편 바닷가에 있는 가버나움으로 가려고 했다. 「行(い)きかける」는 「行(い)く」에 시동(始動)을 나타내는 「かける」가 결합된 복합동사로 한국어의 ①「가려고 하다」, ②「마침 지나려하다」의 뜻을 나타내는데 본 절에서는 ①의 의미로 쓰이고 있다.

[例]彼女(かのじょ)は立(た)ち上(あ)がるとドアのところに行(い)きかけた。

(그녀는 일어나자 문 쪽으로 가려고 했다.)

水(みず)を飲(の)もうと思(おも)って台所(だいどころ)に行(い)きかけたところで、また電話(でんわ)のベルが鳴(な)った。

(물을 마시려고 생각해서 부엌에 막 가려고 했을 때, 다시 전화벨이 울렸다.)

それから先生(せんせい)たちに向(む)かって「さよなら」と挨拶(あいさつ)をし、いったん教室(きょうしつ)を出(で)て行(い)きかけた。と、くるっと踵(かかと)を返(かえ)してふたりの先生(せんせい)たちの前(まえ)に戻(もど)ってきた。

(그리고 선생님을 향해,「안녕히 계세요」라고 인사를 하고, 일단 교실을 나와 가려고 했다. 그러다가 휙 되돌아서서 선생님 두 사람 앞에 돌아왔다.)

[2]イエスはまだ彼(かれ)らのところにおいでにならなかった : 예수께서는 그들이 있는 곳에 오시지 않았다. 「おいでにならなかった」는 「いる・行(い)く・来(く)る」의 특정형 경어 「おいでになる」의 부정 과거로 본 절에서는 「来(く)る」의 경어로 쓰이고 있다. 구어역 신약성서에서 같은 용법으로 쓰이는 「おいでになる」의 예를 들면 다음과 같다.

[例]またオリブ山(やま)で座(すわ)っておられると、弟子(でし)たちが、ひそかにみもとに来(き)て言(い)った、「どうぞお話(はな)しください。いつ、そんなことが起(お)るのでしょうか。あなたがまたおいでになる時(とき)や、世(よ)の終(おわ)りには、どんな前兆(ぜんちょう)がありますか」。[口語訳 / マタイによる福音書 24:3]

(그리고 올리브 산에 앉아 계시자, 제자들이 슬며시 예수께 와서 말했다. "부디 말씀해 주십시오. 언제 그런 일들이 일어나겠습니까? 다시 오시는 때와 세상의 종말에는 어떤 징조가 있습니까?")[마태복음 24:3]

彼(かれ)は宣(の)べ伝(つた)えて言(い)った、「わたしよりも力(ちから)のある方(かた)が、後(あと)から おいでになる。わたしはかがんで、そのくつのひもを解(と)く値(ね)うちもない。[口語訳 / マルコによる福音書 1:7]
(그는 선포하며 말했다. "나보다도 능력이 있는 분께서 나중에 오신다. 나는 몸을 굽혀 신발 끈을 풀 자격도 없다.)[마가복음 1:7][26]

しきりに願(ねが)って言(い)った、「わたしの幼(おさな)い娘(むすめ)が死(し)にかかっています。どうぞ、その子(こ)がなおって助(たす)かりますように、おいでになって、手(て)をおいてやってください」。[口語訳 / マルコによる福音書 5:23]
(계속 간청하며 말했다. "제 어린 딸이 막 죽어가고 있습니다. 부디 이 아이가 병에서 나아서 살아나도록, 오셔서 손을 얹어 주십시오.") [마가복음 5:23][27]

[1]その上(うえ)、強(つよ)い風(かぜ)が吹(ふ)いてきて、[2]海(うみ)は荒(あ)れ出(だ)した。[ヨハネによる福音書 6:18]
(게다가 강한 바람이 불어오고, 바다는 거칠어지기 시작했다.[6:18])

[1]その上(うえ)、強(つよ)い風(かぜ)が吹(ふ)いてきて : 게다가 강한 바람이 불어오고. 「その上(うえ)」는 「더구나 / 게다가 / 또한」에 상당하는 뜻을 나타내는 접속사이다.

[例]道(みち)に迷(まよ)い、その上(うえ)、あたりは暗(くら)くなってきた。
(길을 잃고 게다가, 주위는 어두워졌다.)
あの選手(せんしゅ)は守備(しゅび)もいいし、その上(うえ)、足(あし)も速(はや)い。

---

26) 李成圭(2018c)『일본어 구어역 마가복음의 언어학적 분석Ⅰ』시간의물레. p. 16에서 인용.
27) 李成圭(2018c)『일본어 구어역 마가복음의 언어학적 분석Ⅰ』시간의물레. p. 207에서 인용.

(그 선수는 수비도 좋고 게다가 발도 빠르다.)

ごちそうになり、その上(うえ)、お土産(みやげ)まで頂(いただ)いて恐縮(きょうしゅく)です。

(식사 대접을 잘 받았는데 게다가 선물까지 주셔서 몸 둘 바를 모르겠습니다.)

既(すで)に三度(さんど)の手術(しゅじゅつ)をしています。その上(うえ)、血液(けつえき)の病気(びょうき)も持(も)っているので、体力(たいりょく)が回復(かいふく)しても血小板(けっしょうばん)が正常値(せいじょうち)にならないと危険(きけん)です。

(이미 세 번 수술을 했습니다. 게다가 혈액병도 가지고 있어, 체력이 회복해도 혈소판이 정상치가 되지 않으면 위험입니다.)

[2]海(うみ)は荒(あ)れ出(だ)した : 바다는 거칠어지기 시작했다.「荒(あ)れ出(だ)した」는「荒(あ)れる ; 날씨・바다・분위기 등이 사나워지다[거세어지다. 험악해지다]」의 연용형에 개시상을 나타내는 후항동사「出(だ)す」가 결합한 복합동사「荒(あ)れ出(だ)す」의 과거이다.「~出す」에 의한 개시상은「갑자기 예기치 않은 새로운 사태가 발생하다」고 하는 의미를 나타낸다.

[例]日本海(にほんかい)が荒(あ)れ出(だ)すのはいつごろからですか。

   (동해(일본해)가 거칠어지기 시작하는 것은 언제쯤부터입니까?)


그리고 타 번역본에서는「荒(あ)れ始(はじ)める」와 같이「荒(あ)れる」에 개시상을 나타내는「始(はじ)める」가 접속된 형태도 보인다.「~始(はじ)める」에 의한 개시상은「개시→ 지속→ 종료」라는 일련의 과정 중에서 제 1단계라는 의미를 나타낸다.

[例]湖(みずうみ)は荒(あ)れ始(はじ)めた。[新共同訳1987]

   (호수는 거칠어지기 시작했다.)

湖(みずうみ)は吹(ふ)きまくる強風(きょうふう)に荒(あ)れ始(はじ)めた。[新改訳1970]

(호수는 마구 세차게 불어 대는 강풍에 거칠어지기 시작했다.)

ロス、雨(あめ)になるわ。海(うみ)が荒(あ)れ始(はじ)めてるし、そういえばいやに暑(あつ)かったね。

(로스, 비가 와. 바다가 거칠어지기 시작했고 그러고 보니 무척 덥네.)

---

[1]四、五十丁(しごじゅっちょう)[2]漕(こ)ぎ出(だ)したとき、イエスが海(うみ)の上(うえ)を歩(ある)いて[3]舟(ふね)に近(ちか)づいて来(こ)られるのを見(み)て、彼(かれ)らは恐(おそ)れた。[ヨハネによる福音書 6:19]
(4, 6킬로미터[5, 6킬로미터 / 4, 5킬로미터] 배를 저어 나갔을 때, 예수께서 바다 위를 걸어 배에 가까이 오시는 것을 보고 그들은 두려워했다.[6:19])

---

[1]四、五十丁(しごじゅっちょう) : 4, 6킬로미터[5, 6킬로미터 / 4, 5킬로미터]. 町[丁](ちょう)는 거리의 단위로「一丁(いっちょう)」는 60間(ろくじゅっけん)으로 약 109미터이다. 따라서 四十丁(しじゅっちょう)는 4,360미터이고, 五十丁(ごじゅっちょう)는 6,540미터가 된다.

　한편, 타 번역본을 살펴보면, 이 부분의 거리 단위가 다르게 나타난다.

[例]二十五(にじゅうご)か三十(さんじゅっ)スタデオ[五キロか六キロ] [塚本訳1963]
　　(5, 6킬로미터)

　　二十五(にじゅうご)か三十(さんじゅっ)スタデオ [前田訳1978]
　　(5, 6킬로미터)

　　二十五(にじゅうご)ないし三十(さんじゅっ)スタディオン [新共同訳1987]
　　(5, 6킬로미터)

　　二十五(にじゅうご)から三十(さんじゅっ)スタディオン [岩波翻訳委員会訳1995]
　　(5, 6킬로미터)

　　四(し)、五(ご)キロメートル [新改訳1970]

(4, 5킬로미터)

「스타디온 : スタディオン(ギリシア語 : στάδιον, ラテン語 : stadion)」는 고대 그리스 및 로마에서 사용되었던 거리 단위이다. 신약성서에서도 그리스어로 사용되고 있는 단위이다. 복수형은 「スタディア」이다.[28] 그리고 1스타디온이 약 185미터라는 것에 근거할 경우, 25에서 30스타디온은 대략 5, 6킬로미터에 상당한다.

[2] 漕(こ)ぎ出(だ)したとき、: 배를 저어 나갔을 때. 「漕(こ)ぎ出(だ)した」는 「漕(こ)ぐ」의 연용형에 공간상을 나타내는 「出(だ)す」가 결합한 복합동사 「漕(こ)ぎ出(だ)す」의 과거형이다. 「漕(こ)ぎ出(だ)す」는 ①「배를 저어 나가다」, ②「배를 젓기 시작하다」의 뜻을 나타내는데 여기에서는 ①의 용법으로 해석해 둔다.

[例] 一人(ひとり)で舟(ふね)を漕(こ)ぎ出(だ)した。
    (혼자서 배를 저어 나갔다.)
    男(おとこ)たちは小舟(こぶね)で、沖(おき)へ向(む)かって漕(こ)ぎ出(だ)した。
    (남자들은 작은 배로 먼 바다를 향해 저어 나갔다.)

[3] 舟(ふね)に近(ちか)づいて来(こ)られる : 배에 가까이 오시다. 「近(ちか)づいて来(こ)られる」는 「近(ちか)づいて来(く)る」의 レル형 경어이다.

[例] 人々(ひとびと)がこれらの言葉(ことば)を聞(き)いているときに、イエスはなお一(ひと)つの譬(たとえ)をお話(はな)しになった。それはエルサレムに近(ちか)づいて来(こ)られたし、また人々(ひとびと)が神(かみ)の国(くに)はたちまち現(あらわ)れると思(おも)っていたためである。[口語訳 / ルカによる福音書 19:11]
    (사람들이 이 말씀을 듣고 있을 때에, 예수께서 다시 비유를 하나 이야기하셨다. 그것은 예루살렘에 가까이 오셨고, 또 사람들이 하나님의 나라가 당장 나타날 것이라고 생각하고 있었기 때문이다.)[누가복음 19:11]

---

28) https://ja.wikipedia.org/wiki/%E3%82%B9%E3%82%BF%E3%83%87%E3%82%A3%E3%82%AA%E3%83%B3에서 인용하여 번역함.

そこへ白衣(はくい)に身(み)を包(つつ)まれた男性(だんせい)の天使(てんし)が近(ちか)づいて来(こ)られた。
(거기에 백의로 몸을 두른 남자 천사가 가까이 오셨다.)

すると、イエスは彼(かれ)らに言(い)われた、「[1]わたしだ、恐(おそ)れることはない」。[ヨハネによる福音書 6:20]
(그러자 예수께서는 그들에게 말씀하셨다. "나다. 두려워하지 마라."[6:20])

[1]わたしだ、恐(おそ)れることはない : 나다. 두려워하지 마라. 「わたしだ」의 「〜だ」는 보통체 말씨로 경어적 상위자인 예수가 하위자인 제자들에게 사용한 것이고, 「恐(おそ)れることはない」는 「두려워할 필요가 없다 → 두려워하지 마라」와 같이 「〜ことがない」의 부정 명령의 뜻으로 사용된 것이다.

そこで、彼(かれ)らは喜(よろこ)んで[1]イエスを舟(ふね)に迎(むか)えようとした。すると[2]舟(ふね)は、すぐ、彼(かれ)らが行(い)こうとしていた地(ち)に着(つ)いた。[ヨハネによる福音書 6:21]
(그래서 그들은 기뻐서 예수를 배로 맞이하려고 했다. 그러자 배는 금방 그들이 가고자 했던 땅에 도착했다.[6:21])

[1]イエスを舟(ふね)に迎(むか)えようとした : 예수를 배로 맞이하려고 했다. 「迎(むか)えようとした」는 「迎(むか)える」의 미연형에 화자의 의지를 나타내는 「〜ようとする」의 과거인 「〜ようとした」가 접속된 것이다.
[例] 私(わたし)は彼(かれ)に口絵(くちえ)の写真(しゃしん)を見(み)せようとした。
(나는 그에게 권두화의 사진을 보여주려고 했다.)
私(わたし)はたまたまそこに居合(いあ)わせただけだったが、警察官(けいさつか

ん)は私(わたし)まで逮捕(たいほ)しようとした。

(나는 우연히 거기에 있었을 뿐인데, 경찰관은 나까지 체포하려고 했다.)

[2] 舟(ふね)は、すぐ、彼(かれ)らが行(い)こうとしていた地(ち)に着(つ)いた : 배는 금방 그들이 가고자 했던 땅에 도착했다. 「行(い)こうとしていた」는 「行(い)く」의 미연형에 화자의 의지를 나타내는 「〜うとする」가 접속되고 그 전체에 과거 시점에서의 동작의 진행을 나타내는 「〜ていた」가 후접한 것이다.

[例] いましも、通(とお)りかかった一見(いっけん)やくざ風(ふう)の男(おとこ)二人(ふたり)が、小間物(こまもの)の店先(みせさき)で、女性(じょせい)の櫛(くし)を買(か)おうとしていた。

(지금 막 지나가는 일견 야쿠자로 보이는 남자 2명이 여자의 화장 도구 등 자질구레한 물건을 파는 가게 앞에서 여자 빗을 사려고 했다.)

今日(きょう)も面接(めんせつ)に行(い)こうとしていたのですが、暑(あつ)いので、やめることにしたのでございます。

(오늘도 면접에 가려고 했습니다만, 더워서 그만두기로 했습니다.)

私(わたし)は犯(おか)した罪(つみ)と同(おな)じ色(いろ)を吐(は)いて、死(し)のうとしていた。

(나는 내가 저지른 죄와 같은 색을 토하고 죽으려고 했다.)

《24》[ヨハネによる福音書 5:19 - 5:30]

> その翌日(よくじつ)、海(うみ)の向(む)こう岸(ぎし)に立(た)っていた群衆(ぐんしゅう)は、そこに小舟(こぶね)が [1]一艘(いっそう)しかなく、また[2]イエスは弟子(でし)たちと一緒(いっしょ)に小舟(こぶね)にお乗(の)りにならず、ただ[3]弟子(でし)たちだけが船出(ふなで)したのを見(み)た。[ヨハネによる福音書 6:22]
> (그 다음날, 바다 건너편에 서 있던 군중은 거기에 작은 배가 한 척밖에 없고 그리고 예수께서는 제자들과 함께 작은 배를 타시지 않고, 그냥 제자들만 배를 타고 나가는 것을 보았다.[6:22])

[1]一艘(いっそう)しかなく、한 척밖에 없고.「艘(そう) ; 척」는 조수사로 비교적 작은 배를 세는 데에 사용한다.

[2]イエスは弟子(でし)たちと一緒(いっしょ)に小舟(こぶね)にお乗(の)りにならず、: 예수께서는 제자들과 함께 작은 배를 타시지 않고.「お乗(の)りにならず」는「乗(の)る」의 ナル형 경어인「お乗(の)りになる」에 부정의 조동사「〜ず」가 접속된 것이다. 구어역 신약성서에 등장하는「お乗(の)りになる」의 예를 찾아보면 다음과 같다.

[例]ろばと子(こ)ろばとを引(ひ)いてきた。そしてその上(うえ)に自分(じぶん)たちの上着(うわぎ)をかけると、イエスはそれにお乗(の)りになった。[口語訳 / マタイによる福音書 21:7]
(나귀와 새끼 나귀를 끌고 왔다. 그리고 그 위에 자기들의 겉옷을 걸치자, 예수께서 그것을 타셨다.)[마태복음 21:7]

そこで、弟子(でし)たちは、その驢馬(ろば)の子(こ)をイエスのところに引(ひ)いて来(き)て、自分(じぶん)たちの上着(うわぎ)をそれに投(な)げかけると、イエスは

その上(うえ)にお乗(の)りになった。[口語訳 / マルコによる福音書 11:7]
(그래서 제자들은 그 새끼 나귀를 예수에게 끌고 와서 자기들의 겉옷을 그것에 던져 걸치자, 예수께서 그 위에 타셨다.)[마가복음 11:7][29]

[3]弟子(でし)たちだけが船出(ふなで)したのを見(み)た : 제자들만 배를 타고 나가는 것을 보았다. 「船出(ふなで)する」는 「출범하다 / 출항하다」의 뜻을 나타내는데 여기에서는 작은 배를 타고 나가는 것이기 때문에 「타고 나가다」로 번역해 둔다.
[例]余計(よけい)な積(つ)み荷(に)を載(の)せて船出(ふなで)する船(ふね)はどこにもない。
(쓸데없는 짐을 싣고 출항하는 배는 어디에도 없다.)
新(あたら)しい人生(じんせい)に船出(ふなで)する人(ひと)たちを祝福(しゅくふく)するように。
(새로운 인생을 시작하는 사람들을 축복해 주시기 바랍니다.)

그리고 「船出(ふなで)」는 「船(ふね)」의 피복형인 「舟(ふな)」에 「出(で)る」의 연용형 「出(で)」가 결합한 복합명사이다. 「船(ふね)」는 단독으로 쓰일 때는 [hun-e]이지만, 다른 말에 접속되어 복합어로 쓰일 때는 [hun-a]와 같이 음운교체[-e / -a]가 발생한다. 「舟(ふな)ー」의 예를 들면 다음과 같다.
[例]「船脚(ふなあし) ; 배의 속도 / 흘수(吃水) / 배의 좌우 안정성」
　 「舟遊(ふなあそ)び ; 뱃놀이」
　 「船旅(ふなたび) ; 선편 여행」
　 「船賃(ふなちん) ; 뱃삯」
　 「船着(ふなつ)き場(ば) ; 선착장」
　 「船積(ふなづ)み ; 배에 짐을 싣는 것. 선적」
　 「船荷(ふなに) ; 선하. 뱃짐」

---

29) 李成圭 (2019a) 『일본어 구어역 마가복음의 언어학적 분석Ⅱ』 시간의물레. p. 79에서 인용.

「船乗(ふなの)り：뱃사람. 선원」

「船便(ふなびん)；선편」

> しかし、数艘(すうそう)の小舟(こぶね)がテベリヤから来(き)て、[1]主(しゅ)が感謝(かんしゃ)されたのち[2]パンを人々(ひとびと)に食(た)べさせた場所(ばしょ)に近(ちか)づいた。[ヨハネによる福音書 6:23]
> (그러나 수척의 작은 배가 디베랴에서 와서 주께서 감사드리신 후에 빵을 사람들에게 먹인 곳에 가까이 다가왔다.[6:23])

[1]主(しゅ)が感謝(かんしゃ)されたのち : 주께서 감사드리신 후에. 「感謝(かんしゃ)された」는 「感謝(かんしゃ)する」의 레루형 경어 「感謝(かんしゃ)される」의 과거로 본 절에서는 <主(しゅ)＝イエス>를 높이기 위해 사용된 것인데, 구어역 신약성서에서는 본 절의 예를 제외하고는 등장하지 않는다. 그리고 나사루형 경어 「感謝(かんしゃ)なさる」도 출현하지 않는데 그 이유는 신약성서의 내용과 「感謝(かんしゃ)する」의 의미적 특성에 기인하는 것으로 판단된다.

[2]パンを人々(ひとびと)に食(た)べさせた場所(ばしょ) : 빵을 사람들에게 먹인 곳. 「食(た)べさせた」는 「食(た)べる」의 사역 「食(た)べさせる」의 과거인데, 구어역 신약성서 마가복음을 대상으로 사역의 예를 찾아보면 다음과 같다.

> [例]見(み)よ、わたしは使(つかい)をあなたの先(さき)に遣(つか)わし、あなたの道(みち)を整(ととの)えさせるであろう。[口語訳 / マルコによる福音書 1:2]
> ("보아라. 나는 심부름꾼을 너보다 먼저 보내 네 길을 가지런히 정돈하게 할 것이다.) [마가복음 1:2][30]

> バプテスマのヨハネが荒野(あらの)に現(あらわ)れて、罪(つみ)の赦(ゆる)しを得(え)させる悔改(くいあらた)めのバプテスマを宣(の)べ伝(つた)えていた。[口語

---

30) 李成圭(2018c)『일본어 구어역 마가복음의 언어학적 분석Ⅰ』시간의물레. p. 10에서 인용.

訳/マルコによる福音書 1:4]
(세례 요한이 광야에 나타나서 죄의 사함을 얻게 하는 회개의 세례를 전파하고 있었다.)[마가복음 1:4][31]

みんなを解散(かいさん)させ、めいめいで何(なに)か食(た)べる物(もの)を買(か)いに、周(まわ)りの部落(ぶらく)や村々(むらむら)へ行(い)かせてください」。[口語訳/マルコによる福音書 6:36]
(사람들을 전부 해산시켜 각자 무엇인가 먹을 것을 사러 주위 취락이나 마을 등에 가게 하십시오.)[마가복음 6:36][32]

イエスは答(こた)えて言(い)われた、「あなたがたの手(て)で食物(しょくもつ)をやりなさい」。弟子(でし)たちは言(い)った、「わたしたちが二百(にひゃく)デナリものパンを買(か)って来(き)て、みんなに食(た)べさせるのですか」。[口語訳/マルコによる福音書 6:37]
(예수께서 대답하여 말씀하셨다. "너희 손으로 먹을 것을 주어라." 제자들이 말했다. "저희가 2백 데나리온이나 되는 빵을 사가지고 와서 모두를 먹이라는 말씀이십니까.")[마가복음 6:37][33]

群衆(ぐんしゅう)は、イエスも弟子(でし)たちもそこにいないと知(し)って、[1] それらの小舟(こぶね)に乗(の)り、イエスを尋(たず)ねてカペナウムに行(い)った。[ヨハネによる福音書 6:24]
(군중은 예수도 제자들도 거기에 없는 것을 알고, 그 작은 배들을 타고 예수를 찾아 가버나움에 갔다.[6:24])

---

31) 李成圭 (2018c) 『일본어 구어역 마가복음의 언어학적 분석 I』 시간의물레. p. 11에서 인용.
32) 李成圭 (2019a) 『일본어 구어역 마가복음의 언어학적 분석 II』 시간의물레. p. 47에서 인용.
33) 李成圭 (2019a) 『일본어 구어역 마가복음의 언어학적 분석 II』 시간의물레. p. 49에서 인용.

[1]それらの小舟(こぶね)に乗(の)り、: 그 작은 배들.「それらの小舟(こぶね)」는 [6:23]의「数艘(すうそう)の小舟(こぶね)」를 가리킨다.「それら」의 예를 구어역 신약성서에서 들면 다음과 같다.

[例]そこで王(おう)は立腹(りっぷく)し、軍隊(ぐんたい)を送(おく)ってそれらの人殺(ひとごろ)しどもを滅(ほろ)ぼし、その町(まち)を焼(や)き払(はら)った。[口語訳 / マタイによる福音書 22:7]

(그러자 왕은 화가 나서, 군대를 보내 그들 살인자들을 멸망시키고, 그들의 도시를 태워버렸다.)[마태복음 22:7]

そこでイエスは答(こた)えて言(い)われた、「それらのガリラヤ人(びと)が、そのような災難(さいなん)にあったからといって、他(た)のすべてのガリラヤ人(びと)以上(いじょう)に罪(つみ)が深(ふか)かったと思(おも)うのか。[口語訳 / ルカによる福音書 13:2]

(그러자 예수께서 대답하여 말씀하셨다. "그들 갈릴리 사람들이 그와 같은 재난을 당했다고 해서, 다른 모든 갈릴리 사람 이상으로 죄가 무거웠다고 생각하느냐?)[누가복음 13:2]

わたしは、更(さら)に進(すす)んで、わたしの主(しゅ)キリスト・イエスを知(し)る知識(ちしき)の絶大(ぜつだい)な価値(かち)のゆえに、いっさいのものを損(そん)と思(おも)っている。キリストのゆえに、わたしはすべてを失(うしな)ったが、それらのものを、糞土(ふんど)のように思(おも)っている。それは、わたしがキリストを得(え)るためであり、[口語訳 / ピリピ人への手紙 3:8]

(나는 더 나아가, 나의 주 예수 그리스도를 아는 지식의 절대적인 가치 때문에 모든 것을 손해라고 생각한다. 그리스도 때문에 나는 모든 것을 잃었지만, 그것들을 분토처럼 생각한다. 그것은 내가 그리스도를 얻기 위해서이고,) [빌립보서 3:8]

> そして、海(うみ)の向(む)こう岸(ぎし)でイエスに出会(であ)ったので言(い)った、「先生(せんせい)、いつ、[1]ここにおいでになったのですか」。[ヨハネによる福音書 6:25]
> (그리고 바다 건너편에서 예수를 우연히 만났기에 말했다. "선생님, 언제 여기에 오셨습니까?"[6:25])

[1]ここにおいでになったのですか : 언제 여기에 오셨습니까? 본 절에서는 「おいでになった」는 「来(く)る」의 특정형 경어 「おいでになる」의 과거가 쓰이고 있다.

 [例]キリストは、すでに実現(じつげん)している恵(めぐ)みの大祭司(だいさいし)としておいでになったのですから、…
 (그리스도는 이미 실현된 은혜의 대제사장으로서 오신 것이기 때문에.)
 田中(たなか)さんが二度(にど)、高橋(たかはし)さんともどもおいでになったということは事実(じじつ)でございます。
 (다나카 씨가 두 번 다카하시 씨와 함께 오셨다고 하는 것은 사실입니다.)
 あなたはどなたですか、なぜこんな所(ところ)においでになったのですか。
 (당신은 누구십니까? 왜 이런 곳에 오셨습니까?)
 きのうおいでになった方(かた)といろいろ話(はな)しましたら、そんなことはないとこういうふうに言(い)っておりますけれども。
 (어제 오신 분과 여러 가지 이야기했으면, 그런 일을 없다는 식으로 말하고 있습니다만.)
 ときに宮川(みやかわ)先生(せんせい)、あなたがこちらへおいでになったのも、十三日(じゅうさんにち)午後(ごご)九時(くじ)五分(ごふん)塩原温泉駅(しおばらおんせんえき)着(ちゃく)の列車(れっしゃ)でしたね。
 (특히 미야카와 선생님, 당신이 여기에 오신 것도 13일 오후 9시 5분 시오바라온천 역에 도착하는 열차이지요.)

《25》[ヨハネによる福音書 6:26 - 6:51]

> イエスは答(こた)えて言(い)われた、「よくよくあなたがたに言(い)っておく。[1]あなたがたがわたしを尋(たず)ねて来(き)ているのは、しるしを見(み)たためではなく、パンを食(た)べて満腹(まんぷく)したからである。[ヨハネによる福音書 6:26]
> (예수께서 대답하여 말씀하셨다. 분명히 너희에게 말해 둔다. 너희가 나를 찾아온 것은 표적을 보았기 때문이 아니라, 빵을 먹고 배가 불렀기 때문이다. [6:26])

[1]あなたがたがわたしを尋(たず)ねて来(き)ているのは、: 너희가 나를 찾아온 것은. 「尋(たず)ねて来(き)ている」는 「尋(たず)ねる＋来(く)る＋いる」와 같이 동사 3개가 연결된 것으로 직역하면 「찾아서 와 있다」가 되는데, 여기에서는 「〜ている」와 같이 결과의 상태를 나타내는 성분을 반영하지 않고 「찾아오다」로 번역해 둔다. 타 번역본에서는 어떻게 서술하고 있는지 살펴보자.

   [例]あなた達(たち)がわたしをさがすのは、[塚本訳1963]
      (너희가 나를 찾는 것은,)
   あなた方(がた)がわたしを探(さが)すのは [前田訳1978]
      (너희가 나를 찾는 것은,)
   あなたがたがわたしを捜(さが)しているのは、[新改訳1970]
      (너희가 나를 찾고 있는 것은,)
   あなたがたがわたしを捜(さが)しているのは、[新共同訳1987]
      (너희가 나를 찾고 있는 것은,)
   あなたがたが私(わたし)を求(もと)めるのは、[岩波翻訳委員会訳1995]
      (너희가 나를 구하는 것은,)

> [1]朽(く)ちる食物(しょくもつ)のためではなく、永遠(えいえん)の命(いのち)に至(いた)る[2]朽(く)ちない食物(しょくもつ)のために[3]働(はたら)くがよい。[4]これは人(ひと)の子(こ)があなたがたに与(あた)えるものである。[5][6]父(ち)なる神(かみ)は、人(ひと)の子(こ)にそれを委(ゆだ)ねられたのである」。[ヨハネによる福音書 6:27]
> (썩을 양식을 위해서가 아니라, 영원한 생명에 이르는 썩지 않는 양식을 위해 일하라. 이것은 인자가 너희에게 주는 것이다. 아버지이신 하나님께서는 인자에게 그것을 맡기셨기 때문이다.[6:27]

[1]朽(く)ちる食物(しょくもつ) : 썩을 음식[양식].

[2]朽(く)ちない食物(しょくもつ) : 썩지 않는 음식[양식]

[3]働(はたら)くがよい : 일하라.「働(はたら)くがよい」는 동사의 연체법「働(はたら)く」에「〜がよい」가 접속된 것으로 직역하면「일하는 것이 좋다」인데, 본 절에서는 일종의 명령 표현으로 쓰이고 있다.

> [例]聞(き)く耳(みみ)のある者(もの)は聞(き)くがよい」。[口語訳 / マルコによる福音書 4:23]
> (들을 귀가 있는 자는 들어라.)[마가복음 4:23][34]

> すると、イエスは彼(かれ)らに言(い)われた、「さあ、あなたがたは、人(ひと)を避(さ)けて寂(さび)しい所(ところ)へ行(い)って、しばらく休(やす)むがよい」。それは、出入(でい)りする人(ひと)が多(おお)くて、食事(しょくじ)をする暇(ひま)もなかったからである。[口語訳 / マルコによる福音書 6:31]
> (그러자, 예수께서는 그들에게 말씀하셨다. "자, 너희는 사람을 피해 한적한 곳에 가서 잠시 쉬어라." 이렇게 말한 것은 들어오고 나가는 사람들이

---

34) 李成圭(2018c)『일본어 구어역 마가복음의 언어학적 분석Ⅰ』시간의물레. p. 171에서 인용.

많아서 식사를 할 겨를조차 없었기 때문이다.)[마가복음 6:31][35]

> それから、イエスは再(ふたた)び群衆(ぐんしゅう)を呼(よ)び寄(よ)せて言(い)われた、「あなたがたはみんな、わたしの言(い)うことを聞(き)いて悟(さと)るがよい。
> [口語訳 / マルコによる福音書 7:14]
> (그리고 나서 예수께서는 다시 군중을 가까이 불러들여 말씀하셨다. "너희는 모두 내가 하는 말을 듣고 깨달아라.)[마가복음 7:14][36]

[4]これは人(ひと)の子(こ)があなたがたに与(あた)えるものである : 이것은 인자가 너희에게 주는 것이다. 「これ」는 문맥지시 용법으로 쓰이고 있는데 여기에서는 앞 문장 즉 「朽(く)ちる食物(しょくもつ)のためではなく、永遠(えいえん)の命(いのち)に至(いた)る朽(く)ちない食物(しょくもつ)のために働(はたら)くがよい。」의 내용을 가리키고 있다.

[5]父(ちち)なる神(かみ) : 아버지이신 하나님. 「なる」는 고전어의 단정의 조동사 「なり」의 연체형으로 현대어에는 ①「内(うち)なる[＝にある]世界(せかい) ; 안에 있는 세계」, ②「顔回(がんかい)なる[＝という名(な)の]者(もの) ; 안회라는 사람」, ③「主(しゅ)なる[＝である]神(かみ) ; 주이신 하나님」의 용법이 있는데, 본 절에서는 ③의 용법으로 쓰이고 있다.

[例]聖霊(せいれい)なる神(かみ)さま、どんなチャンスも失(うしな)うことがないように、私(わたし)をお助(たす)けください。
(성령이신 하나님, 어떤 찬스도 잃지 않도록 저를 도와주십시오.)

それは不死(ふし)なる神(かみ)と人間(にんげん)を、最(もっと)も明確(めいかく)に区別(くべつ)する特質(とくしつ)であった。
(그것은 불사이신 하나님과 인간을 가장 명확하게 구별하는 특질이었다.)

---

35) 李成圭(2019a)『일본어 구어역 마가복음의 언어학적 분석Ⅱ』시간의물레. p. 43에서 인용.
36) 李成圭(2019a)『일본어 구어역 마가복음의 언어학적 분석Ⅱ』시간의물레. p. 93에서 인용.

第一(だいいち)は、創造者(そうぞうしゃ)なる神(かみ)を「父(アバ)」と呼(よ)んで祈(いの)ることです。

(가장 중요한 것은 창조자이신 하나님을 「아버지(아빠)」라고 부르고 기도하는 것입니다.)

[6]父(ちち)なる神(かみ)は、人(ひと)の子(こ)にそれを委(ゆだ)ねられたのである : 아버지이신 하나님께서는 인자에게 그것을 맡기셨기 때문이다.「委(ゆだ)ねられた」는「委(ゆだ)ねる」의 레루형 경어「委(ゆだ)ねられる」의 과거로 <父(ちち)なる神(かみ)>를 높이는 데에 사용되고 있다.

타 번역본에서는 이 부분을 어떻게 묘사하고 있는지 살펴보자.

[例]神(かみ)なる父上(ちちうえ)が、(これを与(あた)える)全権(ぜんけん)を人(ひと)の子(こ)に授(さず)けられたのだから。[塚本訳1963]

(하나님이신 아버지께서 (이것을 주는) 전권을 인자에게 주셨기 때문에.)

父(ちち)なる神(かみ)が彼(かれ)にその権限(けんげん)を与(あた)えたから。[前田訳1978]

(아버지이신 하나님이 그에게 그 권한을 주었기 때문에)

この人(ひと)の子(こ)を父(ちち)すなわち神(かみ)が認証(にんしょう)されたからです。[新改訳1970]

(이 인자를 아버지 즉 하나님이 인증하셨기 때문입니다.)

父(ちち)である神(かみ)が、人(ひと)の子(こ)を認証(にんしょう)されたからである。[新共同訳1987]

(아버지인 하나님께서 인자를 인증하셨기 때문이다.)

その人(ひと)〔の子(こ)〕は父(ちち)である神(かみ)が確証(かくしょう)したからである。

[岩波翻訳委員会訳1995]

(그 사람[의 아들]은 아버지인 하나님이 확증했기 때문이다.)

> そこで、彼(かれ)らはイエスに言(い)った、「[1]神(かみ)のわざを行(おこな)うために、[2]わたしたちは何(なに)をしたらよいでしょうか」。[ヨハネによる福音書 6:28]
>
> (그래서 그들은 예수에게 말했다. "하나님의 일을 행하기 위해 우리들은 무엇을 하면 좋을까요?[6:28])

[1]神(かみ)のわざを行(おこな)うために : 하나님의 일을 행하기 위해. 「神(かみ)のわざ」는 「하나님이 요구하는 일」을 의미한다[37]. 그리고 「行(おこな)うために」의 「～ために」는 목적의 용법으로 쓰이고 있다.

[例]イエスは群衆(ぐんしゅう)が自分(じぶん)に押(お)し迫(せま)るのを避(さ)けるために、小舟(こぶね)を用意(ようい)しておけと、弟子(でし)たちに命(めい)じられた。[口語訳 / マルコによる福音書 3:9]
(예수께서는 군중이 자기에게 밀려오는 것을 피하기 위해 작은 배를 준비해 두라고 제자들에게 명하셨다.)[마가복음 3:9][38]

また彼(かれ)らに言(い)われた、「升(ます)の下(した)や寝台(しんだい)の下(した)に置(お)くために、灯(あか)りを持(も)って来(く)ることがあろうか。燭台(しょくだい)の上(うえ)に置(お)くためではないか。[口語訳 / マルコによる福音書 ]
(그리고 그들에게 말씀하셨다. "되의 아래나 침대 밑에 두기 위해 등불을 가져오는 일이 있겠느냐? 촛대 위에 두기 위함이 아닌가?)[마가복음 4:21][39]

[2]わたしたちは何(なに)をしたらよいでしょうか : 우리들은 무엇을 하면 좋을까요? 「したら」는 「する」에 가정조건을 나타내는 「～たら」가 접속된 것으로 뒤에 추측의 「よいでしょうか」로 문을 맺고 있다.

---

37) フランシスコ会聖書研究所(1984)『新約聖書』サンパウロ. p. 317 주(8)에서 인용하여 번역함.
38) 李成圭(2018c)『일본어 구어역 마가복음의 언어학적 분석Ⅰ』시간의물레. p. 123에서 인용.
39) 李成圭(2018c)『일본어 구어역 마가복음의 언어학적 분석Ⅰ』시간의물레. p. 170에서 인용.

[例]イエスが道(みち)に出(で)て行(い)かれると、一人(ひとり)の人(ひと)が走(はし)り寄(よ)り、みまえにひざまずいて尋(たず)ねた、「よき師(し)よ、永遠(えいえん)の生命(せいめい)を受(う)けるために、何(なに)をしたらよいでしょうか」。[口語訳 / マルコによる福音書 10:17]

(예수께서 길에 나가시자, 한 사람이 달려와서 앞에 무릎을 꿇고 물었다. "선한 선생님, 영원한 생명을 얻으려면 무엇을 하면 좋을까요?")[마가복음 10:17][40]

除酵祭(じょこうさい)の第一日(だいいちにち)、すなわち過越(すぎこし)の小羊(こひつじ)をほふる日(ひ)に、弟子(でし)たちがイエスに尋(たず)ねた、「わたしたちは、過越(すぎこし)の食事(しょくじ)を なさる用意(ようい)を、どこへ行(い)ってしたらよいでしょうか」。[口語訳 / マルコによる福音書 14:12]

(제효제 첫째 날, 즉 유월절에 어린 양을 잡는 날에 제자들이 예수에게 물었다. "저희는 선생님께서] 유월절 식사를 하실 준비를 어디에 가서 하면 좋을까요?")[마가복음 14:12][41]

イエスは彼(かれ)らに答(こた)えて言(い)われた、「[1]神(かみ)が遣(つか)わされた者(もの)を信(しん)じることが、[2]神(かみ)のわざである」。[ヨハネによる福音書 6:29]
(예수께서 그들에게 대답하여 말씀하셨다. "하나님께서 보내신 사람을 믿는 것이 하나님의 일이다.[6:29])

[1]神(かみ)が遣(つか)わされた者(もの) : 하나님께서 보내신 사람. 「遣(つか)わされた」는 「遣(つか)わす」의 레루형 경어 「遣(つか)わされる」의 과거로 <神(かみ)>를

---

40) 李成圭(2019c)『일본어 구어역 마가복음의 언어학적 분석Ⅲ』시간의물레. p. 26에서 인용.
41) 李成圭(2020b)『일본어 구어역 마가복음의 언어학적 분석Ⅳ』시간의물레. p. 36에서 인용.

높이는 데에 사용하고 있다. 구어역 신약성서에서는 「遣(つか)わす」의 레루형 경어보다 경의가 높은 ナル형 경어 「お遣(つか)わしになる」도 등장한다. 번역본에 따라 ナル형 경어, レル형 경어, 혹은 비경칭과 같이 다양하게 표현되고 있다.

[例]神(かみ)がお遣(つか)わしになった者(もの)[塚本訳1963]

    (하나님께서 보내신 사람.)

    神(かみ)がお遣(つか)わしになった者(もの)[新共同訳1987]

    (하나님께서 보내신 사람.)

    神(かみ)がつかわされたもの[前田訳1978]

    (하나님께서 보내신 사람.)

    神(かみ)が遣(つか)わした者(もの)[新改訳1970]

    (하나님께서 보낸 사람.)

    神(かみ)が遣(つか)わした者(もの)[岩波翻訳委員会訳1995]

    (하나님께서 보낸 사람.)

  [塚本訳1963][新共同訳1987]에서는 ナル형 경어 「お遣わしになった」가, [前田訳1978]에서는 レル형 경어 「つかわされた」가, [新改訳1970][岩波翻訳委員会訳1995]에서는 비경칭의 형태가 사용되고 있다.

[2] 神(かみ)のわざ : 하나님의 일. 구어역 신약성서에서는 「神(かみ)のわざ」가 전 절 [6:28]과 본 절[6:29] 2회 출현하고 있다.

彼(かれ)らはイエスに言(い)った、「わたしたちが見(み)てあなたを信(しん)じるために、[1]どんなしるしを行(おこな)って下(くだ)さいますか。どんなことをして下(くだ)さいますか。[ヨハネによる福音書 6:30]
(그들은 예수에게 말했다. "우리가 보고 당신을 믿도록 어떤 표적을 행해 주시겠습니까? 어떤 일을 해 주시겠습니까?[6:30])

[1]どんなしるしを行(おこな)って下(くだ)さいますか。どんなことをして下(くだ)さいますか。: 어떤 표적을 행해 주시겠습니까? 어떤 일을 해 주시겠습니까?「行(おこな)って下(くだ)さいますか」는「行(おこな)う」에,「して下(くだ)さいますか」는「する」에, 각각 수수표현「〜て下(くだ)さいますか」가 접속된 것으로 본 절에서만 쓰이고 있다.

> わたしたちの先祖(せんぞ)は荒野(あらの)でマナ[42]を食(た)べました。それは『[1]天(てん)よりのパンを彼(かれ)らに与(あた)えて食(た)べさせた』と[2]書(か)いてあるとおりです」。[ヨハネによる福音書 6:31]
> (우리 선조는 광야에서 만나를 먹었습니다. 그것은 '하늘로부터의 빵을 그들에게 주어서 먹게 했다.'고 쓰여 있는 대로입니다."[6:31])

[1]天(てん)よりのパンを彼(かれ)らに与(あた)えて食(た)べさせた : 하늘로부터의 빵을 그들에게 주어서 먹게 했다.「食(た)べさせた」는「食(た)べる」의 사역「食(た)べさせる」의 과거로 사역주는 하나님으로 상정된다.

[例] 各県(かくけん)の代表校(だいひょうこう)がどんな態度(たいど)でコンクールに臨

---

42) 만나[manna] '이것이 무엇이냐?'는 뜻. 이스라엘 백성이 광야 40년 방랑 생활 동안 하나님으로부터 공급받았던 특별한 양식. 일명 '하늘 양식'(시 105:40). 흰 서리같이 고왔고 진주 같은 모양이었으며, 밤이슬처럼 내려(민 11:7-9) 이슬 속에서 채집된 것 같다(출 16:4).

만나는 꿀 섞은 과자처럼 맛이 있었고, 깟(고수풀)씨 같았다(출 16:31). 만나가 기적의 음식으로 여겨지는 것은 그 공급되는 방법이나 내린 시간, 그리고 안식일을 염두에 둔 보관 요령 등 그 모든 것이 인간의 이해를 초월해 있기 때문이다(출 16:20-26; 신 8:3).

이 만나는 출애굽 2년에 신 광야에서 내리기 시작하여 광야 생활 동안 매일매일 내렸으며, 안식일 전날을 제외하고는 한 사람이 하루 분량만 거두어야 했고, 안식일 전날에는 이틀 분량을 거두어 안식일을 준비해야 했다(출 16:16-30). 이스라엘이 광야 생활을 모두 마치고 요단강을 건너 약속의 땅에 안착한 후에 그쳤다(수 5:10-12). 만나는 금 항아리에 담겨져 언약궤 안에 십계명 두 돌판, 아론의 싹 난 지팡이와 함께 보관되었다.

한편, 죽음의 땅 광야에서 이스라엘이 생존할 수 있었던 힘의 근원이었던 만나는 죄악 세상에서 인류가 생존할 수 있는 유일한 비결이 되신 생명의 떡 예수 그리스도를 예표한다(요 6:49, 58).

https://terms.naver.com/entry.nhn?docId=2391936&cid=50762&categoryId=51387 [네이버 지식백과] 만나 [manna] (라이프성경사전, 2006. 8. 15., 생명의말씀사)에서 인용.

(のぞ)むかを生徒(せいと)らに見(み)させた。

(각 현의 대표교가 어떤 태도로 콩쿠르에 임할 것인가를 학생들에게 보여 주었다.)

夕刻(ゆうこく)は残(のこ)り少(すく)ない米(こめ)で粥(かゆ)を作(つく)り、妹(いもうと)に食(た)べさせた。

(저녁때는 얼마 남지 않은 쌀로 죽을 만들어 여동생에게 먹게 했다.)

テレビが終(お)わる頃(ころ)、妹(いもうと)と弟(おとうと)にご飯(はん)を食(た)べさせた。その後(ご)、お風呂(ふろ)に入(い)れて、着替(きか)えをさせ、歯磨(はみが)きをさせて、寝(ね)かしつける。

(텔레비전이 끝날 무렵, 여동생과 남동생에게 밥을 먹였다. 그 후, 목욕을 시키고 옷을 갈아입히고, 이를 닦게 하고 재운다.)

それは必然的(ひつぜんてき)に人々(ひとびと)の目(め)を大統領(だいとうりょう)に向(む)けさせた。

(그것은 필연적으로 사람들의 눈을 대통령에게 향하게 했다.)

弟(おとうと)と妹(いもうと)は自分(じぶん)が面倒(めんどう)を見(み)て大学(だいがく)を出(だ)して、結婚(けっこん)もさせた。

(남동생과 여동생은 내가 돌봐서 대학을 보내고 결혼도 시켰다.)

[2] 書(か)いてあるとおりです : 쓰여 있는 대로입니다. 「書(か)いてあるとおり」는 타동사 「書(か)く」에 결과의 상태를 나타내는 「~てある」가 접속되어 그 전체가 뒤에 오는 형식명사 「とおり」를 수식하고 있는 것이다.

[例] 「聖書(せいしょ)に書(か)いてあるとおり」というのは、別(べつ)の言葉(ことば)で言(い)うと、これは神(かみ)のご意志(いし)であったということです。

(「성서에 쓰여 있는 대로」라고 하는 것은, 다른 말로 하면 이것은 하나님의 의지였다는 것입니다.)

ペトロの説教(せっきょう)でもパウロの説教(せっきょう)でも、繰(く)り返(かえ)して強調(きょうちょう)したことは、「聖書(せいしょ)に書(か)いてあるとおり」イエスは

十字架(じゅうじか)につき、「聖書(せいしょ)に書(か)いてあるとおり」甦(よみがえ)らされたということです。

(베드로의 설교도 바울의 설교도 반복해서 강조한 것은「성서에 쓰여 있는 대로」예수는 십자가에 매달려「성서에 쓰여 있는 대로」부활되었다고 하는 것입니다.)

まだ、書(か)き終(お)わっていない人(ひと)は、黒板(こくばん)に書(か)いてあるとおりにそっくりそのままノートに写(うつ)しなさい。

(아직 다 쓰지 않은 사람은 칠판에 쓰여 있는 대로 전부 그대로 노트에 옮겨요.)

> そこでイエスは彼(かれ)らに言(い)われた、「よくよく言(い)っておく。天(てん)からのパンをあなたがたに与(あた)えたのは、モーセではない。[1]天(てん)からの真(まこと)のパンをあなたがたに与(あた)えるのは、わたしの父(ちち)なのである。[ヨハネによる福音書 6:32]
> 
> (그래서 예수께서 그들에게 말씀하셨다. "분명히 말해 두겠다. 하늘로부터의 빵을 너희에게 준 것은 모세가 아니다. 하늘로부터의 참된 빵을 너희에게 주는 것은 내 아버지이다."[6:32])

[1]天(てん)からの真(まこと)のパンをあなたがたに与(あた)えるのは、わたしの父(ちち)なのである：하늘로부터의 참된 빵을 너희에게 준 것은 내 아버지이다. 본 절에서는「わたしの父(ちち) = 神(かみ)」에 대해「与(あた)える」와 비경칭이 쓰이고 있는데, 타 번역본에서는 어떻게 서술되어 있는지 살펴보자.

[例]わが父(ちち)があなた方(がた)に天(てん)からの真(まこと)のパンをお与(あた)えになる。[前田訳1978]

(내 아버지가 너희에게 하늘로부터의 참된 빵을 주신다.)

わたしの父(ちち)が天(てん)からのまことのパンをお与(あた)えになる。[新共同

訳1987]

(내 아버지가 너희에게 하늘로부터의 참된 빵을 주신다.)

わたしの父(ちち)は、あなたがたに天(てん)からまことのパンをお与(あた)えになります。[新改訳1970]

(내 아버지가 너희에게 하늘로부터 참된 빵을 주십니다.)

わたしの父上(ちちうえ)が、天(てん)からの本当(ほんとう)のパンを与(あた)えられたのである。[塚本訳1963]

(내 아버지가 너희에게 하늘로부터의 진짜 빵을 주신 것이다.)

私(わたし)の父(ちち)があなたがたに天(てん)から本物(ほんもの)のパンを与(あた)えつつある。

(내 아버지가 너희에게 하늘로부터 진짜 빵을 주고 있다.)

[岩波翻訳委員会訳1995]

[前田訳1978][新共同訳1987][新改訳1970]에서는 ナル형 경어「お与(あた)えになる」가, [塚本訳1963]에서 レル형 경어「与(あた)えられた」가, [岩波翻訳委員会訳1995]에서는 비경칭의「与(あた)えつつある」가 쓰이고 있다.

> 神(かみ)のパンは、[1]天(てん)から下(くだ)って来(き)て、この世(よ)に命(いのち)を与(あた)えるものである」。[ヨハネによる福音書 6:33]
> (하나님의 빵은 하늘에서 내려와서 이 세상에 생명을 주는 것이다.[6:33])

[1]天(てん)から下(くだ)って来(き)て : 하늘에서 내려와서.「下(くだ)る」는 위에서 아래로의 이동을 나타내는 동사인데, 본 절에서는「下(くだ)って来(く)る」와 같이 뒤에 이동을 나타내는「来(く)る」를 수반해서 쓰이고 있다. 구어역 신약성서의 예를 들면 다음과 같다.

[例]さて、ある人(ひと)たちがユダヤから下(くだ)って来(き)て、兄弟(きょうだい)たち

に「あなたがたも、モーセの慣例(かんれい)にしたがって割礼(かつれい)を受(う)けなければ、救(すく)われない」と、説(と)いていた。[口語訳 / 使徒行伝 15:1][예루살렘 회의]
(그런데, 어떤 사람들이 유대에서 내려와서, 형제(신도)들에게 "너희도 모세의 관례에 따라, 할례를 받지 않으면, 구원받을 수 없다."고 말하고 있었다.)[사도행전 15:1]

シラスとテモテが、マケドニヤから下(くだ)って来(き)てからは、パウロは御言(みことば)を伝(つた)えることに専念(せんねん)し、イエスがキリストであることを、ユダヤ人(じん)たちに力強(ちからづよ)く証(あか)しした。[口語訳 / 使徒行伝 18:5]
(실라와 디모데가 마케도니아에서 내려오고 나서는 바울은 말씀을 전하는 일에 전념하여, 예수께서 그리스도인 것을 유대인들에게 힘차게 증언했다.)[사도행전 18:5]

彼(かれ)らはイエスに言(い)った、「[1]主(しゅ)よ、そのパンをいつもわたしたちに下(くだ)さい」。[ヨハネによる福音書 6:34]
(그들은 예수에게 말했다. "주님, 그 빵을 늘 저희에게 주십시오." [6:34])

[1]主(しゅ)よ、そのパンをいつもわたしたちに下(くだ)さい : 주님, 그 빵을 늘 저희에게 주십시오.「下(くだ)さい」는 수수동사「くれる」의 특정형 경어「下(くだ)さる」의 명령형이다.
[例]それですから、自分(じぶん)でお迎(むか)えに上(あ)がる値打(ねう)ちさえないと思(おも)っていたのです。ただ、お言葉(ことば)を下(くだ)さい。そして、わたしの僕(しもべ)をなおしてください。[口語訳 / ルカによる福音書]
(그래서 제가 맞이하러 찾아뵐 가치조차 없다고 생각하고 있었습니다. 그

저 말씀을 주십시오. 그리고 제 종을 고쳐 주십시오.)[누가복음 7:7]

そこで、わたしはその御使(みつかい)のもとに行(い)って、「その小(ちい)さな巻物(まきもの)を下(くだ)さい」と言(い)った。すると、彼(かれ)は言(い)った、「取(と)って、それを食(た)べてしまいなさい。あなたの腹(はら)には苦(にが)いが、口(くち)には蜜(みつ)のように甘(あま)い」。[口語訳 / ヨハネの黙示録]
(그래서 나는 그 천사에게 가서, "그 작은 두루마리를 주십시오."라고 말했다. 그러자 그는 말했다. "받아서 그것을 다 먹어라. 너의 배에는 쓰겠지만, 입에는 꿀처럼 달다.")[요한계시록 10:9]

イエスは彼(かれ)らに言(い)われた、「わたしが命(いのち)のパンである。わたしに来(く)る者(もの)は[1]決(けっ)して飢(う)えることがなく、わたしを信(しん)じる者(もの)は[2]決(けっ)して渇(かわ)くことがない。[ヨハネによる福音書 6:35]
(예수께서 그들에게 말씀하셨다. "나는 생명의 빵이다. 내게 오는 사람은 결코 굶주리지 않고, 나를 믿는 사람은 결코 목마르지 않는다."[6:35])

[1] 決(けっ)して飢(う)えることがなく、: 결코 굶주리지 않고. 「決(けっ)して」는 뒤에 항상 부정어나 부정 표현을 수반하여, 한국어의 「절대로 / 결코 / 결단코」에 해당하는 뜻을 나타내는 진술부사이다.

[예] イエスは、心(こころ)の中(なか)で深(ふか)く嘆息(たんそく)して言(い)われた、「なぜ、今(いま)の時代(じだい)はしるしを求(もと)めるのだろう。よく言(い)い聞(き)かせておくが、しるしは今(いま)の時代(じだい)には決(けっ)して与(あた)えられない」。[口語訳 / マルコによる福音書 8:12]
(예수께서는 마음속에서 깊이 탄식하고 말씀하셨다. "왜 이 시대는 표적

을 요구하는 것일까? (너희가 납득하도록) 잘 말해 두지만, 이 시대에는 표적은 결코 받을 수 없다.")[마가복음 8:12]⁴³⁾

また、彼(かれ)らに言(い)われた、「よく聞(き)いておくがよい。神(かみ)の国(くに)が力(ちから)をもって来(く)るのを見(み)るまでは、決(けっ)して死(し)を味(あじ)わわない者(もの)が、ここに立(た)っている者(もの)の中(なか)にいる」。[口語訳 / マルコによる福音書 9:1]

(또 그들에게 말씀하셨다. "잘 들어 두어라. 하나님의 나라가 힘을 가지고 오는 것을 볼 때까지는 결코 죽음을 맛보지 않는 사람이 여기 서 있는 사람 중에 있다.")[마가복음 9:1]⁴⁴⁾

그리고「飢(う)えることがなく」는「飢(う)える」에「~ことがない」의 연용 중지법「~ことがなく」가 접속된 것으로「굶주리는 일이 없고」에서「굶주리지 않고」와 같이 동사의 부정으로 쓰이고 있다.

[예]「金(かね)の生(な)る木(き)」=どんなに使(つか)ってもなくなることがなく、次々(つぎつぎ)とお金(かね)を生(う)み出(だ)す財源(ざいげん)のこと。

(「돈이 열리는 나무」= 아무리 써도 없어지지 않고 계속해서 돈을 만들어 내는 재원을 말한다.)

[2] 決(けっ)して渇(かわ)くことがない : 결코 목마르지 않는다.「渇(かわ)くことがない」도「渇(かわ)く」에「~ことがない」가 접속되어「목마르는 일이 없다」에서「목마르지 않다」와 같이 동사의 부정으로 쓰이고 있다.

[예]〔地獄(じごく)では、蛆(うじ)が尽(つ)きず、火(ひ)も消(き)えることがない。〕[口語訳 / マルコによる福音書 9:44]

---

43) 李成圭(2019a)『일본어 구어역 마가복음의 언어학적 분석Ⅱ』시간의물레. p.136에서 인용.
44) 李成圭(2019a)『일본어 구어역 마가복음의 언어학적 분석Ⅱ』시간의물레. p.174에서 인용.

(〔지옥에서는 구더기가 죽지 않고 불도 꺼지지 않는다.)[마가복음 9:44][45]

よく聞(き)いておきなさい。これらの事(こと)が、ことごとく起(お)るまでは、この時代(じだい)は滅(ほろ)びることがない。[口語訳 / マルコによる福音書 13:30]
(잘 들어 두어라. 이 일들이 모두 일어날 때까지는 이 시대는 멸망하지 않는다.)[마가복음 13:30][46]

しかし、あなたがたに言(い)ったが、[1]あなたがたはわたしを見(み)たのに[2]信(しん)じようとはしない。[ヨハネによる福音書 6:36]
(그러나 너희에게 말했지만, 너희는 나를 보았는데도 믿으려고 하지는 않는다.[6:36])

[1]あなたがたはわたしを見(み)たのに : 너희는 나를 보았는데도.「見(み)たのに」는「見(み)る」의 과거「見(み)た」에 역접을 나타내는 접속조사「〜のに」가 접속된 것이다.

[예]『わたしたちが笛(ふえ)を吹(ふ)いたのに、あなたたちは踊(おど)ってくれなかった。弔(とむら)いの歌(うた)を歌(うた)ったのに、胸(むね)を打(う)ってくれなかった』と言(い)うのに似(に)ている。[口語訳 / マタイによる福音書 11:17]
('우리가 피리를 불었는데, 너희는 춤을 추지 않았다. 애곡(哀哭)을 했는데도, 가슴을 치지 않았다.'라고 말하는 것과 닮았다.)[마태복음 11:17]

というのは、ヨハネがあなたがたのところに来(き)て、義(ぎ)の道(みち)を説(と)いたのに、あなたがたは彼(かれ)を信(しん)じなかった。ところが、取税人(しゅぜいにん)や遊女(ゆうじょ)は彼(かれ)を信(しん)じた。あなたがたはそれを見(み)た

---

45) 李成圭(2019a)『일본어 구어역 마가복음의 언어학적 분석Ⅱ』시간의물레. p. 229에서 인용.
46) 李成圭(2019c)『일본어 구어역 마가복음의 언어학적 분석Ⅲ』시간의물레. p. 280에서 인용.

のに、あとになっても、心(こころ)を入(い)れ替(か)えて彼(かれ)を信(しん)じようと
しなかった。[口語訳 / マタイによる福音書 21:32]
(그 이유는 요한이 너희에게 와서, 의의 길을 설명했는데도, 너희는 그를 믿지 않았다. 그러나 세리와 유녀들은 그를 믿었다. 너희는 그것을 보았는데도 나중에 되어도 마음을 고쳐먹고 그를 믿으려고 하지 않았다.)[마태복음 21:32]

わたしは毎日(まいにち)あなたがたと一緒(いっしょ)に宮(みや)にいて教(おし)えていたのに、わたしを捕(つか)まえはしなかった。しかし、聖書(せいしょ)の言葉(ことば)は成就(じょうじゅ)されねばならない」。[口語訳 / マルコによる福音書 14:49]
(나는 매일 너희와 함께 성전에 있으면서 가르치고 있었는데, 나를 잡지는 않았다. 그러나 성서의 말씀은 이루어지지 않으면 안 된다.)[마가복음 14:49][47]

[2] 信(しん)じようとはしない : 믿으려고 하지는 않는다. 「信(しん)じる」의 미연형에 화자의 의지를 나타내는 「〜ようとする」의 부정인 「〜ようとしない」와 계조사 「〜は」가 접속된 것으로 직역하면 「믿으려고는 하지 않다」가 되나 「믿으려고 하지는 않다」로 번역해 둔다.

[예] すなわち、彼(かれ)らはこのことを認(みと)めようとはしない。古(ふる)い昔(むかし)に天(てん)が存在(そんざい)し、地(ち)は神(かみ)の言(ことば)によって、水(みず)がもとになり、また、水(みず)によって成(な)ったのであるが、[口語訳 / ペテロの第二の手紙 3:5]
(즉 그들은 이 사실을 믿으려고 하지는 않는다. 오랜 옛날에 하늘이 존재하고 땅은 하나님의 말씀에 의해 물이 근원이 되고 또 물에 의해 이루어진 것이지만,)[베드로후서 3:5]

---

47) 李成圭 (2020b) 『일본어 구어역 마가복음의 언어학적 분석Ⅳ』시간의물레. pp. 102-103에서 인용.

わたしは、この女(おんな)に悔(く)い改(あらた)める折(お)りを与(あた)えたが、悔(く)い改(あらた)めてその不品行(ふひんこう)をやめようとはしない。[口語訳 / ヨハネの黙示録 2:21]
(나는 이 여자에게 회개할 기회를 주었지만, 회개해서 그 나쁜 품행을 그만두려고 하지는 않는다.)[요한계시록 2:21]

小百合(さゆり)さんは、ボクを見(み)ようとはしない。ボクも、まるで自分(じぶん)が悪(わる)いことをしているみたいにうなだれてしまう。
(사유리 씨는 나를 보려고 하지는 않는다. 나도 마치 내가 나쁜 짓을 하고 있는 것처럼 고개를 숙이고 만다.)
六助(ろくすけ)はいっこうに話(はなし)をはじめようとはしない。
(로쿠스케는 전혀 이야기를 시작하려고 하지는 않는다.)
一度(いちど)製作(せいさく)を始(はじ)めると止(と)まることがない。昼(ひる)でも夜(よる)でも決(けっ)して止(と)めようとはしない。
(한 번 제작을 시작하면 멈추지 않는다. 밤낮으로 결코 그만두려고 하지는 않는다.)
マスメディアはなかなかこのような説明(せつめい)を受(う)け入(い)れようとはしない。
(매스미디어는 좀처럼 이와 같은 설명을 받아들이려고 하지는 않는다.)
放(ほう)っておけばますます世代間(せだいかん)の葛藤(かっとう)が深(ふか)まることがはっきりしているのに、政府(せいふ)はこの問題(もんだい)に着手(ちゃくしゅ)しようとはしない。
(내버려 두면 점점 세대 간의 갈등이 깊어지는 것이 확실한데도 정부는 이 문제에 착수하려고 하지는 않는다.)

[1]父(ちち)がわたしに与(あた)えて下(くだ)さる者(もの)は皆(みな)、わたしに来(く)るであろう。そして、わたしに来(く)る者(もの)を[2]決(けっ)して拒(こば)みはしない。[ヨハネによる福音書 6:37]
(아버지께서 내게 주시는 사람은 모두 내게 올 것이다. 그리고 내게 오는 사람을 결코 물리치지는 않겠다.[6:37])

[1]父(ちち)がわたしに与(あた)えて下(くだ)さる者(もの) : 아버지께서 내게 주시는 사람. 「与(あた)えて下(くだ)さる」는 「与(あた)える ; 주다」에 수수동사 「〜てくれる」의 특정형 「〜て下(くだ)さる ; 〜해 주시다」가 접속된 것인데, 한국어로는 이중적인 표현이 되기 때문에 후항 성분의 의미를 살려서 「주시다」로 번역해 둔다.

[例]わたしがあなたがたに対(たい)して持(も)っている同(おな)じ熱情(ねつじょう)を、テトスの心(こころ)にも与(あた)えて下(くだ)さった神(かみ)に感謝(かんしゃ)する。[口語訳 / コリント人への第二の手紙 8:16]
(내가 너희에 대해 가지고 있는 똑같은 열정을 디도의 마음에도 주신 하나님께 감사드린다.)[고린도후서 8:16]

どうか、平和(へいわ)の主(しゅ)ご自身(じしん)が、いついかなる場合(ばあい)にも、あなたがたに平和(へいわ)を与(あた)えて下(くだ)さるように。主(しゅ)があなたがた一同(いちどう)と共(とも)におられるように。[口語訳 / テサロニケ人への第二の手紙 3:16]
(부디 평화의 주 자신이 언제 어떤 경우에도 너희에 평화를 주시기를 빕니다. 주께서 너희 모두와 함께 계시기를 빕니다.)[데살로니가후서 (2Thessalonians)-표준새번역]-제3장]

旧約聖書(きゅうやくせいしょ)は「神様(かみさま)が私(わたし)たちに救(すく)い主(ぬし)イエスキリストを与(あた)えて下(くだ)さる」という約束(やくそく)であり、

新訳聖書(しんやくせいしょ)は「イエスキリストを救(すく)い主(ぬし)と信(しん)じるならば救(すく)われる」という約束(やくそく)を伝(つた)えています。

(구약성서는 「하나님께서 우리들에게 구세주 예수 그리스도를 주신다」는 약속이며, 신약성서는 「예수 그리스도를 구세주라고 믿는다면 구원받는」다는 약속을 전하고 있습니다.)

[2] 決(けっ)して拒(こば)みはしない : 결코 물리치지는 않겠다. 「拒(こば)みはしない」는 「拒(こば)む」의 연용형 「拒(こば)み」에 계조사 「～は」와 보조동사 「する」의 부정인 「しない」가 결합되어 강조표현으로 쓰이고 있다.

동사의 연용형에 조사 「は」「も」「でも」「さえ」「こそ」 등을 수반한 것에 보조동사 「する」가 접속되어 그 동사의 의미 또는 그 동사의 부정의 의미를 강조한다.

[例] 出(で)かけはしたが。

(나오기는 나왔지만.)

見(み)もしない。

(보지도 않는다.)

知(し)りもしないことを言(い)うな。

(알지도 못하는 말을 하지 마.)

笑(わら)いでもしたら。

(웃기라도 하면.)

乗(の)りさえすれば。

(타기만 하면.)[48]

村里(むらざと)の百姓(ひゃくしょう)で善良(ぜんりょう)な人(ひと)が、節季(せっき)に酒肴(しゅこう)を携(たずさ)えて私(わたし)の機嫌(きげん)伺(うかが)いに来(く)ることがある。仲間(なかま)ではないが、これも拒(こば)みはしない。

---

48) 李成圭(2018c) 『일본어 구어역 마가복음의 언어학적 분석Ⅰ』 시간의물레. p. 98에서 인용.

(마을 농민으로 선량한 사람이 연말에 주효를 가지고 내 안부를 묻고자 오는 일이 있다. 같은 무리는 아니지만, 이것도 물리치지는 않는다.)

東京(とうきょう)なら奇抜(きばつ)な服装(ふくそう)、奇妙(きみょう)な髪形(かみがた)をしていても、道(みち)行(ゆ)く人(ひと)が振(ふ)り返(かえ)って面白(おもしろ)がりはしても、蔑(さげす)みはしない。

(도쿄라면 기발한 복장, 기묘한 머리 모양을 하고 있어도 길 가는 사람들이 돌아보며 재미있어 하기는 해도 멸시하지는 않는다.)

それなのに私(わたし)から去(さ)ってしまった。私(わたし)の手(て)のとどかない所(ところ)へ行(い)ってしまった。私(わたし)は恨(うら)みはしない。

(그럼에도 불구하고 나로부터 떠나가 버렸다. 내 손이 닿지 않는 곳으로 가 버렸다. 나는 원망하지는 않는다.)

しかし信康(のぶやす)は、黙(だま)っていれば家康(いえやす)の後嗣(こうし)となることを誰(だれ)もが否(いな)みはしない。

(그러나 노브야스는 잠자코 있으면 이에야스의 후사가 되는 것을 누구도 부정하지는 않는다.)

しかし、今(いま)ここで終(お)わろうと悔(く)やみはしない。それよりも、あと何年(なんねん)生(い)きられるのかは分(わ)からないけれど、その間(あいだ)に、どれだけ自分(じぶん)の得(え)たものを誰(だれ)かに伝(つた)えられるか、と、考(かんが)えると、そちらの方(ほう)が悔(く)いが残(のこ)りそうだ。

(그러나 지금 여기에서 끝나더라도 후회하지는 않는다. 그것보다도 앞으로 몇 년 살 수 있을지는 모르지만 그 동안에 얼마나 자기가 얻은 것을 누군가에게 전할 수 있을까 하며 생각하면 그쪽이 한이 남을 것 같다.)

> わたしが天(てん)から下(くだ)って来(き)たのは、[1]自分(じぶん)の心(こころ)のままを行(おこな)うためではなく、わたしを遣(つか)わされた方(かた)のみこころを行(おこな)うためである。[ヨハネによる福音書 6:38]

(내가 하늘에서 내려온 것은 내 마음대로 행하기 위해서가 아니라, 나를 보내신 분의 뜻을 행하기 위해서이다.[6:38])

[1]自分(じぶん)の心(こころ)のままを行(おこな)うためではなく、わたしを遣(つか)わされた方(かた)のみこころを行(おこな)うためである: 내 마음대로 행하기 위해서가 아니라, 나를 보내신 분의 뜻을 행하기 위해서이다.「[自分(じぶん)の心(こころ)のままを行(おこな)う]ためではなく」와「[わたしを遣(つか)わされた方(かた)のみこころを行(おこな)う]ためである」를 대비하는 형식을 취하고 있다.

　이 부분을 타 번역본에서는 어떻게 다루고 있는지 살펴보자.

[例]わたしは、自分(じぶん)のしたいことをするために天(てん)から下(くだ)ってきたのではない。わたしを遣(つか)わされた方(かた)の御心(みこころ)を行(おこな)うためである。[塚本訳1963]

(나는 내가 하고 싶은 것을 하기 위해 하늘에서 내려온 것이 아니다. 나를 보내신 분의 뜻을 행하기 위해서이다.)

わたしが天(てん)から下(くだ)って来(き)たのは、自分(じぶん)のこころを行(おこな)うためではなく、わたしを遣(つか)わした方(かた)のみこころを行(おこな)うためです。[新改訳1970]

(내가 하늘에서 내려온 것은 내 뜻을 행하기 위해서가 아니라, 나를 보내신 분의 뜻을 행하기 위해서이다.)

それは、わたしが天(てん)から下(くだ)ったのは、わが心(こころ)をではなく、わたしをつかわされた方(かた)のみ心(こころ)を行(おこな)うためであるから。[前田訳1978]

(그것은 내가 하늘에서 내려온 것은 내 마음을 아니라, 나를 보내신 분의 뜻을 행하기 위해서이기 때문이다.)

わたしが天(てん)から降(くだ)って来(き)たのは、自分(じぶん)の意志(いし)を行(おこな)うためではなく、わたしをお遣(つか)わしになった方(かた)の御心(みここ

ろ)を行(おこな)うためである。[新共同訳1987]

(내가 하늘에서 내려온 것은 자기의 의지를 행하기 위해서가 아니라, 나를 보내신 분의 뜻을 행하기 위해서이다.)

私(わたし)が天(てん)から降(くだ)って〔今(いま)ここに〕いるのは、自分(じぶん)の意志(いし)を行(おこな)なうためではなく、私(わたし)を派遣(はけん)した方(かた)の意志(いし)を行(おこ)なうためだからである。[岩波翻訳委員会訳1995]

(내가 하늘에서 내려와서 (지금 여기에) 있는 것은 내 의지를 행하기 위해서가 아니라, 나를 파견한 분의 의지를 행하기 위해서이기 때문이다.)

> わたしを遣(つか)わされた方(かた)のみこころは、わたしに与(あた)えて下(くだ)さった者(もの)を、[1]わたしが一人(ひとり)も失(うしな)わずに、[2]終(お わ)りの日(ひ)に蘇(よみがえ)らせることである。[ヨハネによる福音書6:39]
>
> (나를 보내신 분의 뜻은 내게 주신 사람을 내가 한 사람도 잃지 않고 마지막 날에 살아나게 하는 것이다.[6:39])

[1]わたしが一人(ひとり)も失(うしな)わずに、: 내가 한 사람도 잃지 않고. 「失(うしな)わずに」는 「失(うしな)う」의 미연형에 부정의 「〜ずに」가 접속된 것으로 「失(うしな)わないで」와 같은 의미로 쓰이고 있다.

[例]イエスは、最後(さいご)の瞬間(しゅんかん)にも堂々(どうどう)とした態度(たいど)を失(うしな)わずに、神(かみ)の御心(みこころ)を成(な)されました。

(예수께서는 마지막 순간에도 당당한 태도를 잃지 않고 하나님의 뜻을 이루셨습니다.)

なにも言(い)わずに、少女(しょうじょ)のほんとうの思(おも)いを見守(みまも)ることにしたのです。

(아무 말도 하지 않고, 소녀의 진정한 마음을 지켜보기로 했습니다.)

風評(ふうひょう)などで買(か)わずに、あちこちから1kgずつでも購入(こうにゅう)

して味見(あじみ)されることをおすすめします。

　　(풍평 등에서 사지 않고, 여기저기로부터 1킬로씩이라도 구입해서 맛을 보시는 것을 권합니다.)

　　やはり夢二(ゆめじ)は外国(がいこく)などへ行(い)かずに、外国(がいこく)など知(し)らずに、又(また)異国人(いこくじん)として苦労(くろう)などせずに、絵(え)が売(う)れなくなっても仕方(しかた)ないとあきらめて、…。

　　(역시 유메지는 외국 등에 가지 않고, 외국 등 모르고, 또 이국인으로서 고생 등도 안 하고, 그림이 팔리지 않아도 어쩔 수 없다고 체념하고,….)

　　彼(かれ)は相手(あいて)の話(はなし)を最後(さいご)まで聞(き)かずに、受話器(じゅわき)を放(ほう)り投(な)げた。

　　(그는 상대의 이야기를 마지막까지 듣지 않고, 수화기를 내던졌다.)

　　こういうことだけは、命令(めいれい)できることではないので、何(なに)も話(はな)さずに、君(きみ)を行(い)かせたんだよ。

　　(이런 것만은 명령할 수 있는 것이 아니기 때문에 아무 말도 이야기하지 않고, 자네를 가게 한 것이야.)

　　がんばって今(いま)読(よ)まずに、じっくり寝(ね)かせて、読(よ)みごろになるまで熟成(じゅくせい)するのを待(ま)ちましょう。

　　(분발해서 지금 읽지 않고, 푹 재우고, 읽을 때가 될 때까지 숙성하는 것을 기다립시다.)

[2] 終(おわ)りの日(ひ)に蘇(よみがえ)らせることである : 마지막 날에 살아나게 하는 것이다. 「蘇(よみがえ)らせる」는 「蘇(よみがえ)る」의 사역으로 같은 예를 들면 다음과 같다.

　　[例] もし彼(かれ)が真(まこと)の予言者(よげんしゃ)であるならば、キリストの行(おこ)なったように癩病人(らいびょうにん)をなおし、死者(ししゃ)を蘇(よみがえ)らせるようにと彼(かれ)に要求(ようきゅう)したとき、マホメットは自分(じぶん)の奇跡

(きせき)は『コーラン』そのものであるといって、奇跡(きせき)を行(おこ)なうことを堅(かた)く拒絶(きょぜつ)したという。

(만일 그가 참된 예언자라면 그리스도가 행한 것처럼 나병 환자를 고치고 죽은 자를 살아나게 하도록 그에게 요구할 때, 마호메트는 자기의 기적은 '코란' 그 자체라고 해서 기적을 행하는 것을 강하게 거절했다고 한다.)

私(わたし)たちには耐(た)えられないような苦(くる)しみがあります。しかし、その時(とき)こそ、死者(ししゃ)を蘇(よみがえ)らせる神(かみ)に望(のぞ)みを置(お)き、寄(よ)り頼(たの)む者(もの)となるのです。

(우리들에게는 참을 수 없는 그런 고통이 있습니다. 그러나 그럴 때일수록 죽은 자를 살리는 하나님에게 소망을 걸고, 의지하고 부탁하는 사람이 되는 것입니다.)

あなたにとって生命(せいめい)を蘇(よみがえ)らせる大切(たいせつ)な薬(くすり)です。私(わたし)はあなたの主治医(しゅじい)です。主治医(しゅじい)の言(い)う事(こと)を聞(き)いてください。

(당신에게 생명을 살아나게 하는 중요한 약이다. 나는 당신의 주치의입니다. 주치의가 말하는 것을 들어 주세요.)

---

わたしの父(ちち)のみこころは、子(こ)を見(み)て信(しん)じる者(もの)が、[1][2]ことごとく永遠(えいえん)の命(いのち)を得(え)ることなのである。そして、わたしはその人々(ひとびと)を終(おわ)りの日(ひ)に蘇(よみがえ)らせるであろう」。[ヨハネによる福音書 6:40]

(내 아버지의 뜻은 아들을 보고 믿는 사람이 모두 영원한 생명을 얻는 것이다. 그리고 나는 그 사람들을 마지막 날에 살아나게 할 것이다."[6:40])

[1]ことごとく永遠(えいえん)の命(いのち)を得(え)ることなのである : 모두 영원한 생명

을 얻는 것이다. 「永遠(えいえん)の命(いのち)を得(え)る」는 본 절을 포함하여 [3:15] 및 [3:16] 총 3회 요한복음에서만 출현하고 있다.

[2]ことごとく[尽く] : 모두. 전부. 죄다. 구어역 신약성서 마가복음에서 예를 들면 다음과 같다.

[例]そこで、彼(かれ)は立(た)ち去(さ)り、そして自分(じぶん)にイエスがしてくださったことを、ことごとくデカポリスの地方(ちほう)に言(い)い広(ひろ)め出(だ)したので、人々(ひとびと)はみな驚(おどろ)き怪(あや)しんだ。[口語訳 / マルコによる福音書 5:20]

(그러자 그는 떠나가서, 그리고 예수께서 자기에게 해 주신 일을 죄다 데가볼리 지방에 말을 퍼뜨리기 시작했기 때문에 사람들은 놀라며 의아해 했다.)[마가복음 5:20][49]

「わたしたちにお話(はな)しください。いつ、そんなことが起(お)るのでしょうか。またそんなことがことごとく成就(じょうじゅ)するような場合(ばあい)には、どんな前兆(ぜんちょう)がありますか」。[口語訳 / マルコによる福音書 13:4]

("저희에게 말씀해 주십시오. 언제 그런 일이 일어날까요? 또 그런 일이 모두 성취되는 그런 경우에는 어떤 전조가 있습니까?")[마가복음 13:4][50]

ユダヤ人(じん)らは、イエスが「わたしは天(てん)から下(くだ)って来(き)たパンである」と言(い)われたので、[1]イエスについて呟(つぶや)き始(はじ)めた。[ヨハネによる福音書 6:41]

(유대인들은 예수께서 "나는 하늘에서 내려온 빵이다."라고 말씀하셨기에 예수에 관해 투덜대기 시작했다.[6:41])

---

49) 李成圭(2018c)『일본어 구어역 마가복음의 언어학적 분석Ⅰ』시간의물레. p. 20에서 인용.
50) 李成圭(2019c)『일본어 구어역 마가복음의 언어학적 분석Ⅲ』시간의물레. p. 220에서 인용.

[1]イエスについて呟(つぶや)き始(はじ)めた : 예수에 관해 투덜대기 시작했다.「呟(つぶや)く」는「투덜대다」의 뜻을 나타내는 동사인데, 뒤에 개시상을 나타내는 후항동사「〜始(はじ)める」가 접속되어 쓰이고 있다.

[例]黙(だま)っていると

  (잠자코 있으면)

 沈黙(ちんもく)は深(ふか)くなる

  (침묵은 깊어진다.

 だから つぶやきはじめる

  (그러니 투덜대기 시작한다.)

 僕(ぼく)たちのおしゃべりには 終(お)わりがない

  (우리들의 잡담에는 끝이 없다.)

 この世界(せかい)から 風(かぜ)の音(おと)が

  (이 세계에서 바람의 소리가)

 ひとつも止(と)まらないことと 同(おな)じように

  (하나도 멈추지 않는 것과 마찬가지로)[51]

그리고 [前田訳1978][新共同訳1987]에서는 구어역과 마찬가지로「つぶやきはじめる ; 투덜대기 시작하다」가, [塚本訳1963][新改訳1970]에서는「つぶやく ; 투덜대다」가, [岩波翻訳委員会訳1995]에서는「ささやき始(はじ)める ; 소곤거리기 시작하다」가 쓰이고 있다.

そして言(い)った、「[1]これはヨセフの子(こ)イエスではないか。[2]わたしたちはその父母(ふぼ)を知(し)っているではないか。わたしは天(てん)から下(くだ)って来(き)たと、どうして今(いま)言(い)うのか」。[ヨハネによる福音書 6:42]

---

51) https://wago2828.com/13183.html에서 인용하여 번역함.

> (그리고 말했다. "이것은 요셉의 아들 예수가 아닌가? 우리는 그 부모를 알고 있지 않는가? 나는 하늘에서 내려왔다고 어째서 지금 말하는가?"[6:42])

[1]これはヨセフの子(こ)イエスではないか : 이것은 요셉의 아들 예수가 아닌가? 「これ」는 사물을 가리키는 지시대명사가 인대명사적(人代名詞的)으로 전용된 것인데, ①비칭(卑稱)으로 사용하거나 ②겸칭(謙稱)으로 자기 가족을 가리키는 데에 사용된다. 본 절에서는 ①의 용법으로 쓰인 것으로 해석된다.

[2]わたしたちはその父母(ふぼ)を知(し)っているではないか : 우리는 그 부모를 알고 있지 않는가?

「父母(ふぼ) ; 부모 / 아버지와 어머니」는 일본어에서 문장체적 말씨이고 구어체에서는 일반적으로 「両親(りょうしん) ; 부모」가 쓰이는데 구어역에서는 文語訳(1917)과 마찬가지로 「父母(ふぼ)」가 사용되고 있다. 그럼 타 번역본에서는 어떻게 표현되고 있는지 살펴보자.

[例]わたし達(たち)はその父(ちち)も母(はは)も知(し)っているではないか。[塚本訳1963]

(우리는 그 아버지도 어머니도 알고 있지 않느냐?)

われわれはその父(ちち)も母(はは)も知(し)っている。[新改訳1970]

(우리는 그 아버지와 어머니도 알고 있다.)

われらはその父(ちち)と母(はは)を知(し)っているではないか。[前田訳1978]

(우리는 그 아버지와 어머니를 알고 있지 않느냐?)

我々(われわれ)はその父(ちち)と母(はは)も知(し)っている。[新共同訳1987]

(우리는 그 아버지와 어머니도 알고 있다.)

俺(おれ)たちにはその父親(ちちおや)も母親(ははおや)もわかっているではないか。

(우리는 그 아버지도 어머니도 알고 있지 않느냐?)

[岩波翻訳委員会訳1995]

> イエスは彼(かれ)らに答(こた)えて言(い)われた、「[1]互(たがい)につぶやいてはいけない。[ヨハネによる福音書 6:43]
> (예수께서 그들에게 대답하여 말씀하셨다. "서로 투덜대서는 안 된다."[6:43])

[1]互(たがい)につぶやいてはいけない : 서로 투덜대서는 안 된다. 「つぶやいてはいけない」는 「つぶやく」에 금지를 나타내는 「〜てはいけない」가 접속된 것인데, 타 번역본에서는 이 부분을 어떻게 표현하고 있는지 살펴보자.

[例]つぶやき合(あ)うのをやめよ。[塚本訳1963]

(서로 투덜대는 것을 그만두어라.)

互(たが)いにつぶやくのはやめよ。[前田訳1978]

(서로 투덜대는 것은 그만두어라.)

互(たが)いにつぶやくのはやめなさい。[新改訳1970]

(서로 투덜대는 것은 그만둬라.)

つぶやき合(あ)うのはやめなさい。[新共同訳1987]

(서로 투덜대는 것은 그만둬라.)

互(たが)いにささやくのはやめなさい。[岩波翻訳委員会訳1995]

(서로 소곤거리는 것은 그만둬라.)

[塚本訳1963][前田訳1978]에서는 「やめよ」와 같이 명령형이, [新改訳1970][新共同訳1987][岩波翻訳委員会訳1995]에서는 「やめなさい」와 같이 부드러운 명령표현이 쓰이고 있다.

> わたしを遣(つか)わされた[1]父(ちち)が引(ひ)きよせて下(くだ)さらなければ、だれもわたしに来(く)ることはできない。わたしは、その人々(ひとびと)を[2]終(おわ)りの日(ひ)に蘇(よみがえ)らせるであろう。[ヨハネによる福音書 6:44]

> (나를 보내신 아버지께서 끌어당겨 주시지 않으면, 아무도 내게 올 수는 없다. 나는 그 사람들을 마지막 날에 살아나게 할 것이다.[6:44])

[1]父(ちち)が引(ひ)きよせて下(くだ)さらなければ、: 아버지께서 끌어당겨 주시지 않으면.「引(ひ)きよせて下(くだ)さらなければ」는「引(ひ)き寄(よ)せる ; 끌어당기다」에 수수표현「〜て下(くだ)さる」의 부정의 가정형인「〜て下(くだ)さらなければ」가 접속된 것인데, 구어역 신약성서에서는 본 절의 예가 유일하다.

  [例]ホレーショーどのも、これからは、わしたちの力(ちから)になって下(くだ)さらなければいけません。

    (호레이쇼 제독께서도 이제부터는 우리들의 힘이 되어 주시지 않으면 안 됩니다.)

  教授(きょうじゅ)、あなたが助(たす)けてくださらなければ、私(わたし)には何(なに)もできません。

    (교수님, 교수님께서 도와주시지 않으면 저는 아무것도 할 수 없습니다.)

  わたしを信(しん)じてください。信(しん)じてくださらなければ、魔法(まほう)の宝石(ほうせき)はあなたがたの手(て)にはいりませんよ。

    (나를 믿어 주십시오. 믿어 주시지 않으면 마법의 보석은 당신들의 손에 넘어가지 않아요.)

  あなたも、もつと、しつかりして下(くだ)さらなければ困(こま)ります。本当(ほんとう)に、お願(ねが)ひ致(いた)します。

    (당신도 더 정신 차리고 일을 하지 않으면 곤란합니다. 정말 부탁드립니다.)

[2]終(おわ)りの日(ひ)に蘇(よみがえ)らせる : 마지막 날에 살아나게 하다.「終(おわ)りの日(ひ)に蘇(よみがえ)らせる」는 본 절의 예를 포함하여 요한복음에서만 [6:39][6:40][6:44][6:54]와 같이 총 4회 출현한다. 그 밖의 예를 다음과 같다.

  [例]神(かみ)が死人(しにん)を蘇(よみがえ)らせるということが、あなたがたには、どうして信(しん)じられないことと思(おも)えるのでしょうか。[口語訳/使徒行伝 26:8]

(하나님께서 죽은 사람들을 살리신다는 것을 여러분들은 어찌 하여 믿을 수 없는 일이라고 생각되는 것입니까?) [사도행전 26:8]

彼(かれ)は、神(かみ)が死人(しにん)の中(なか)から人(ひと)を蘇(よみがえ)らせる力(ちから)がある、と信(しん)じていたのである。だから彼(かれ)は、いわば、イサクを生(い)き返(かえ)して渡(わた)されたわけである。[口語訳 / ヘブル人への手紙 11:19]
(그는 하나님께서 죽은 사람들 가운데서 살릴 수 있는 힘이 있다고 믿고 있었다. 그래서 그는 말하자면 이삭을 다시 살아나게 해서 건네받은 셈이다.)[히브리서 11:19]

[1]預言者(よげんしゃ)の書(しょ)に、『[2]彼(かれ)らはみな神(かみ)に教(おし)えられるであろう』と書(か)いてある。[3]父(ちち)から聞(き)いて学(まな)んだ者(もの)は、みなわたしに来(く)るのである。[ヨハネによる福音書 6:45]
(예언서에 '그들은 모두 하나님에게 가르침을 받을 것이다.' 라고 쓰여 있다. 아버지에게서 듣고 배운 사람은 전부 내게로 온다.[6:45])

[1]預言者(よげんしゃ)の書(しょ)に : 예언서에.
- 預言書(よげんしょ; Prophetical Books) : 구약성서의 3대 구별의 하나. 히브리 사람들은 성서를 그 의미내용에 따라, 「율법」(모세 오서), 「예언서」, 「제서(諸書)」(성문서(聖文書))로 나누었는데, 그 제2군을 말한다. 구성적으로는 역사서에 들어가는 「전예언서(前預言書)」 즉 『여호수아』『판관기』『사무엘 상하』『열왕기 상하』와 「후예언서(後預言書)」로 구성된다. 후자는 다시 『이사야』『예레미야』『에스겔』의 「3대 예언서(三大預言書)」와 「12 소예언서(12小預言書)」 즉 『호세아』『요엘』『아모스』『오바디야』『요나』『미가』『나훔』『하바꾹』『스바니야』『하깨』『스가리야』『말라기』로 나누어진다. 대소

(大小)라고 하는 것은 분량에 의한 구분이다. 통상, 예언서라는 것은 특히 이「후예언서(後預言書)」를 가리킨다.[52]

▫ 예언서[預言書, the Prophets] : 하나님께서 계시하신 메시지를 기록한 예언자들의 문서들(눅 24:44; 행 13:15). 좁게는 구약의 선지서를, 넓게는 구약성경 전체를 가리킨다.[네이버 지식백과] 예언서 [預言書, the Prophets] (교회용어사전 : 교회 일상, 2013. 9. 16., 생명의말씀사)[53]

[2] 彼(かれ)らはみな神(かみ)に教(おし)えられるであろう : 그들은 모두 하나님에게 가르침을 받을 것이다. 「教(おし)えられる」는 「教(おし)える ; 가르치다」의 수동으로, 이를 번역조로 옮기면 「가르침을 받다」가 된다. 통상 한국어에서는 「～함을 받다」식의 표현은 어색하고 「～에게 배우다」와 같이 능동으로 표현하는 것이 자연스럽지만, 성서라는 특수성을 감안하여 여기에서는 「가르침을 받다」로 번역하는 입장에 따른다.

[例] 中(なか)には、案内(あんない)する所(ところ)を事前(じぜん)に勉強(べんきょう)されてくる方(かた)もいて、自分(じぶん)が知(し)らないことをお客(きゃく)さんに教(おし)えられることもあるくらいです。
(그 중에는 안내하는 곳을 사전에 공부하시고 오는 분도 있어 내가 모르는 것을 손님에게 배우는 일도 있을 정도입니다.)
我(わ)が子(こ)だから可愛(かわい)い、そういうもんです。子育(こそだ)てって大変(たいへん)ですが、その中(なか)にも子供(こども)に教(おし)えられる事(こと)多(おお)くあるし、自分(じぶん)も変(か)わってきます。
(내 자식이기 때문에 귀엽다, 그런 법입니다. 육아라고 하는 것은 힘듭니다만, 그 중에도 아이에게 배우는 일도 많이 있고 자신도 변합니다.)

---

52) https://kotobank.jp/word/%E9%A0%90%E8%A8%80%E6%9B%B8-146004에서 인용하여 적의 번역함.
53) https://terms.naver.com/entry.nhn?docId=2376151&cid=50762&categoryId=51365에서 인용.

彼(かれ)らは他人(たにん)に教(おし)えられるだけの技能(ぎのう)や知識(ちしき)をもっていて、「教(おし)えてみたい」という願望(がんぼう)もあるのですが、そのような機会(きかい)がないのです。

(그들은 남에게 배우는 만큼의 기능과 지식도 가지고 있고,「가르치고 싶다」고 하는 원망도 있습니다만, 그와 같은 기회가 없습니다.)

[3] 父(ちち)から聞(き)いて学(まな)んだ者(もの) : 아버지에게서 듣고 배운 사람.「父(ちち)から聞(き)く ; 아버지에게서 듣다」와 「父(ちち)から学(まな)ぶ ; 아버지에게서 배우다」의 「~から」는 동작주의 기점을 나타낸다.

[例] もう五十年(ごじゅうねん)以上(いじょう)も前(まえ)のことだが、そのときの苦(くる)しい体験(たいけん)を祖父(そふ)や父(ちち)から聞(き)いて、知(し)っている者(もの)が少(すく)なからずいるのだった。

(벌써 50년 이상이나 전의 일이지만, 그 때의 고통스러운 체험을 할아버지나 아버지에게서 들어, 알고 있는 사람이 적지 않아 있었다.)

ガンに効(き)くと人(ひと)から聞(き)いて、ある時(とき)裕子(ゆうこ)さんは漢方薬(かんぽうやく)を買(か)いに吉祥寺(きちじょうじ)まで出(で)かけていったこともある。

(암에 효과가 있다고 남에게서 듣고, 언젠가 유코 씨는 한방약을 사러 기치조지에 외출한 적도 있다.)

神(かみ)の民(たみ)イスラエルの退廃(たいはい)を、契約神(けいやくかみ)ヤハウェは許容(きょよう)し給(たま)うであろうか、と。彼(かれ)らが神(かみ)から聞(き)き取(と)った回答(かいとう)は、もちろん「否(いな)」である。

(하나님의 백성 이스라엘의 퇴폐를 계약신 야훼는 허용하실 테니까, 라고 그들이 하나님에게서 들은 회답은 물론「부정」이다.)

市内(しない)の小学校(しょうがっこう)では、普段(ふだん)から給食(きゅうしょく)を通(つう)じて、食(た)べることの大切(たいせつ)さや食事(しょくじ)のマナーなどを担任(たんにん)の先生(せんせい)から学(まな)んでいます。

(시내 초등학교에서는 보통 때부터 급식을 통해 먹는 것의 중요함이나 식

사 예절 등을 담임 선생님에게서 배웁니다.)

教師(きょうし)は、子供(こども)の同輩(どうはい)のように存在(そんざい)し、活動(かつどう)し、生活(せいかつ)しており、むしろ子供(こども)から学(まな)んでいるようにさえ見(み)える。

(교사는 아이들의 동배와 같이 존재하고, 활동하고, 생활하고 있으며, 오히려 아이로부터 배우고 있는 것처럼 으로도 보인다.)

神(かみ)から出(で)た者(もの)のほかに、[1]だれかが父(ちち)を見(み)たのではない。その者(もの)だけが父(ちち)を見(み)たのである。[ヨハネによる福音書 6:46]
(하나님으로부터 온 사람 이외에, 누군가가 아버지를 본 것은 아니다. 그 사람만이 아버지를 본 것이다.[6:46])

[1]だれかが父(ちち)を見(み)たのではない : 누군가가 아버지를 본 것은 아니다. 본 절의 내용 전개는 다분히 직역적인 느낌을 배제하기 어려운데, 이해를 돕기 위해 타 번역본의 서술 내용을 인용하면 다음과 같다.

[例](聞(き)き、学(まな)ぶと言(い)っても、)これはだれかが父上(ちちうえ)を見(み)たというのではない。神(かみ)のところから来(き)た者(もの)、(すなわちわたし)だけが、父上(ちちうえ)を見(み)たのである。[塚本訳1963]

((듣고 배운다고 하더라도) 이것은 누군가가 아버지를 보았다고 하는 것은 아니다. 하나님에게서 온 사람, (즉 나)만이 아버지를 본 것이다.)

だれも神(かみ)を見(み)た者(もの)はありません。ただ神(かみ)から出(で)た者(もの)、すなわち、この者(もの)だけが、父(ちち)を見(み)たのです。[新改訳1970]

(아무도 하나님을 본 사람은 없습니다. 단지 하나님에게서 나온 사람 즉 이 사람만이 아버지를 본 것입니다.)

これは、だれかが父(ちち)を見(み)たというわけではない。神(かみ)のところから

来(き)たもの、その人(ひと)だけが父(ちち)を見(み)たのである。[前田訳1978]
(이것은 누군가가 아버지를 보았다는 것은 아니다. 하나님에게서 온 사람, 그 사람만이 아버지를 본 것이다.)

<u>父(ちち)を見(み)た者(もの)は一人(ひとり)もいない</u>。神(かみ)のもとから来(き)た者(もの)だけが父(ちち)を見(み)たのである。[新共同訳1987]
(아버지를 본 사람은 한 사람도 없다. 하나님에게서 온 사람만이 아버지를 본 것이다.)

<u>誰(だれ)か父(ちち)を見(み)てきた人(ひと)がいるのではない</u>、父(ちち)のもとから〔来(き)た〕者(もの)を除(のぞ)いては。この者(もの)こそが父(ちち)を見(み)てきたのである。[岩波翻訳委員会訳1995]
(누군가 아버지를 보고 온 사람이 있는 것은 아니다. 아버지에게서 〔온〕 사람을 제외하면 이 사람이야 말로 아버지를 보고 온 것이다.)

> よくよくあなたがたに言(い)っておく。信(しん)じる者(もの)には[1]永遠(えいえん)の命(いのち)がある。[ヨハネによる福音書 6:47]
> (분명히 너희에게 말해 둔다. 믿는 사람에게는 영원한 생명이 있다.[6:47])

[1]信(しん)じる者(もの)には永遠(えいえん)の命(いのち)がある : 믿는 사람에게는 영원한 생명[영생]이 있다. 「永遠(えいえん)の命(いのち)がある」는 본 절을 포함하여 요한복음에서만 [5:39][6:47]과 같이 2회 등장한다. 타 번역본에서의 서술 형태를 살펴보면 다음과 같다.

[例]信(しん)ずる者(もの)は<u>永遠(えいえん)の命(いのち)を持(も)つ</u>。[塚本訳1963]
(믿는 사람은 영원한 생명을 갖는다.)

信(しん)じる者(もの)は<u>永遠(えいえん)のいのちを持(も)ちます</u>。[新改訳1970]
(믿는 사람은 영원한 생명을 가집니다.)

信(しん)じる人(ひと)は永遠(えいえん)の命(いのち)を持(も)っている。[岩波翻訳委員会訳1995]

(믿는 사람은 영원한 생명을 갖는다.)

信(しん)ずるものは永遠(えいえん)のいのちを得(え)る。[前田訳1978]

(믿는 사람은 영원한 생명을 얻는다.)

信(しん)じる者(もの)は永遠(えいえん)の命(いのち)を得(え)ている。[新共同訳1987]

(믿는 사람은 영원한 생명을 얻는다.)

> [1]わたしは命(いのち)のパンである。[ヨハネによる福音書 6:48]
> (나는 생명의 빵이다.[6:48])

[1]わたしは命(いのち)のパンである : 나는 생명의 빵이다. 「{わたしは・わたしが}命(いのち)のパンである」라는 구절은 요한복음에서만 출현하는데, 본 절을 포함하여 「わたしが命(いのち)のパンである。[6:35]」로 2회 사용되고 있다. 참고로 타 번역본에서 어떻게 표현되고 있는지 살펴보면 다음과 같다.

[例]わたしが命(いのち)のパンであるから。[塚本訳1963]

(내가 생명의 빵이니까.)

わたしはいのちのパンです。[新改訳1970]

(나는 생명의 빵입니다.)

わたしはいのちのパンである。[前田訳1978]

(나는 생명의 빵이다.)

わたしは命(いのち)のパンである。[新共同訳1987]

(나는 생명의 빵이다.)

私(わたし)は命(いのち)のパンである。[岩波翻訳委員会訳1995]

(나는 생명의 빵이다.)

> あなたがたの先祖(せんぞ)は荒野(あらの)でマナを食(た)べたが、[1]死(し)んでしまった。[ヨハネによる福音書 6:49]
> (너희 선조는 광야에서 만나를 먹었는데, 죽고 말았다.[6:49])

[1]死(し)んでしまった : 죽고 말았다. 「死(し)んでしまった」는 자동사 「死(し)ぬ」에 심리적인 종결을 나타내는 「〜てしまう」가 접속된 「死(し)んでしまう」의 과거이다. 「〜てしまう」는 주체의 의지로 통제할 수 없는 무의지적 동작이나 상태를 나타내는 동사와 같이 쓰이면 「〜고 말다」 또는 「〜어 버리다」에 대응하는 예도 있지만, 어색한 경우에는 「〜てしまう」를 굳이 옮길 필요는 없다.

[例]「立(た)って、幼(おさ)な子(ご)とその母(はは)を連(つ)れて、イスラエルの地(ち)に行(い)け。幼(おさ)な子(ご)の命(いのち)を狙(ねら)っていた人々(ひとびと)は、<u>死(し)んでしまった</u>」。[口語訳/マタイによる福音書 2:20]
("일어나서, 어린아이와 그 어머니를 데리고, 이스라엘 땅에 가거라. 그 아기의 목숨을 노리던 사람들은 죽어 버렸다.")[마태복음 2:20]

イエスがお許(ゆる)しになったので、けがれた霊(れい)どもは出(で)て行(い)って、豚(ぶた)の中(なか)へ入(はい)り込(こ)んだ。すると、その群(む)れは二千匹(にせんひき)ばかりであったが、崖(がけ)から海(うみ)へ雪崩(なだ)れを打(う)って駆(か)け下(くだ)り、海(うみ)の中(なか)で<u>おぼれ死(し)んでしまった</u>。[口語訳/マルコによる福音書 5:13]
(예수께서 허락하시니, 악령들은 나와서, 돼지 속에 들어갔다. 그러자 그 떼는 2천 마리 정도였는데, 절벽에서 바다로 한꺼번에 달려 내려가서 바다 속에서 빠져 죽고 말았다.)[마가복음 5:13][54]

ピラトは、イエスがもはや<u>死(し)んでしまった</u>のかと不審(ふしん)に思(おも)い、百

---

54) 李成圭(2018c)『일본어 구어역 마가복음의 언어학적 분석Ⅰ』시간의물레. pp.196-197에서 인용.

卒長(ひゃくそつちょう)を呼(よ)んで、もう死(し)んだのかと尋(たず)ねた。[口語訳/マルコによる福音書 15:44]

(빌라도는 예수가 벌써 죽어 버렸을까 하고 의아하게 생각하고, 백부장을 불러 이제 죽었느냐 하고 물었다.)[마가복음 15:44][55]

> しかし、天(てん)から下(くだ)って来(き)たパンを食(た)べる人(ひと)は、[1]決(けっ)して死(し)ぬことはない。[ヨハネによる福音書 6:50]
> (그러나 하늘에서 내려온 빵을 먹은 사람은 결코 죽지 않는다.[6:50])

[1]決(けっ)して死(し)ぬことはない : 결코 죽지 않는다. 「死(し)ぬことはない」는 「死(し)ぬ」에 「~ことはない」가 접속되어 「죽는 일은 없다 → 죽지 않다」와 같이 동사의 부정으로 쓰이고 있다.

[例]実際(じっさい)、私(わたし)もそうやって別(わか)れてきた。一文無(いちもんな)しになったって、明日(あした)は明日(あした)の風(かぜ)が吹(ふ)く。死(し)ぬことはない。

(실제로 나도 그렇게 헤어졌다. 한 푼 없이 되어도 내일은 내일 바람이 분다. 죽지 않는다.)

赤羽(あかばね)の顔(かお)をみるとなぜかほっとした。大丈夫(だいじょうぶ)だ。赤羽(あかばね)先生(せんせい)がああしている以上(いじょう)、自分(じぶん)たちは死(し)ぬことはない。

(아카바네의 얼굴을 보자 왠지 안심이 되었다. 괜찮다. 아카바네 선생님이 저렇게 하고 있는 이상, 우리도 죽지 않는다.)

> [1]わたしは天(てん)から下(くだ)って来(き)た生(い)きたパンである。それを食(た)べる者(もの)は、いつまでも生(い)きるであろう。わたしが与(あた)え

---

55) 李成圭(2020b)『일본어 구어역 마가복음의 언어학적 분석Ⅳ』시간의물레. p. 219에서 인용.

るパンは、[2]世(よ)の命(いのち)のために与(あた)えるわたしの肉(にく)である」。[ヨハネによる福音書 6:51]
(나는 하늘에서 내려온 살아 있는 빵이다. 그것을 먹는 사람은 언제까지나 살 것이다. 내가 주는 빵은 세상의 생명을 위해 주는 내 살이다.[6:51])

[1]わたしは天(てん)から下(くだ)って来(き)た生(い)きたパンである: 나는 하늘에서 내려온 살아 있는 빵이다. 「生(い)きたパン」은 요한복음의 본 절에서만 쓰이는 문구인데 타 번역본에서 어떻게 표현되고 있는지 살펴보자.

[例]わたしは天(てん)から下(くだ)った生(い)きたパンである。[前田訳1978]
(나는 하늘에서 내려온 살아 있는 빵이다.)
わたしは、天(てん)から降(くだ)って来(き)た生(い)きたパンである。[新共同訳1987]
(나는 하늘에서 내려온 살아 있는 빵이다.)
わたしが天(てん)から下(くだ)ってきた、生(い)きているパンである。[塚本訳1963]
(내가 하늘에서 내려온 살아 있는 빵이다.)
わたしは、天(てん)から下(くだ)って来(き)た生(い)けるパンです。[新改訳1970]
(나는 하늘에서 내려온 살아 있는 빵입니다.)
私(わたし)は、天(てん)から降(くだ)った、活(い)けるパンである。[岩波翻訳委員会訳1995]
(나는 하늘에서 내려온, 살아 있는 빵이다.)

[前田訳1978][新共同訳1987]에서는 구어역과 마찬가지로「生(い)きたパン」이, [塚本訳1963]에서는「生(い)きているパン」이, [新改訳1970][岩波翻訳委員会訳1995]에서는「生(い)ける[活(い)ける]パン」이 쓰이고 있다.「生(い)きた」는 형

용사적 동사에 「～た」가 접속되어, 「生(い)きている」는 「生(い)きる」에 「～ている」가 접속되어, 각각 상태를 나타내고 있다. 그리고 「生(い)ける[活(い)ける]」도 「生(い)きている」에 상당하는 뜻을 나타내기 때문에 형식에는 차이가 있지만, 표현가치는 동일하다.

[2]世(よ)の命(いのち)のために与(あた)えるわたしの肉(にく)である : 세상의 생명을 위해 주는 내 살이다. 본 절의 「わたしの肉(にく)」는 요한복음에서 2회([6:51][6:54]) 쓰이고 있다.[56]

## 〖26〗 [ヨハネによる福音書 6:52 - 6:59]

> そこで、ユダヤ人(じん)らが互(たがい)に論(ろん)じて言(い)った、「この人(ひと)はどうして、自分(じぶん)の肉(にく)をわたしたちに与(あた)えて[1]食(た)べさせることができようか」。[ヨハネによる福音書 6:52]
> (그러자, 유대인들이 서로 논쟁하며 말했다. "이 사람은 어떻게 자기 살을 우리에게 주어서 먹일 수 있을까?"[6:52])

[1]食(た)べさせることができようか : 먹일 수 있을까? 「食(た)べさせる」는 「食(た)べる」의 사역이고 「～できようか」는 가능의 「～ことができる」에 추측의 「～よう」, 그리고 질문의 「～か」가 접속된 것으로 「～ことができるだろうか」의 문어적 표현이다. 타 번역본에서 이 부분을 어떻게 표현하고 있는지 살펴보면 다음과 같다.

[예] 食(た)べさせることができようか。[塚本訳1963]
　　 (먹일 수 있을까?)

---

56) 구어역 신약성서 로마서 [7:18]에 쓰인 「わたしの肉(にく) ; 내 육신」은 본 절의 의미와는 다르게 쓰이고 있다.

食(た)べさせることができるのか。[新改訳1970]

　　(먹일 수 있을까?)

　　食(た)べさせることができるのか。[新共同訳1987]

　　(먹일 수 있을까?)

　　食(た)べさせることができるのか。[岩波翻訳委員会訳1995]

　　(먹일 수 있을까?)

　　食(た)べさせうるか。[前田訳1978]

　　(먹일 수 있을까?)

　[塚本訳1963]에서는 구어역과 마찬가지로「させることができようか」로, [新改訳1970][新共同訳1987][岩波翻訳委員会訳1995]에서는「させることができるのか」와 같이 문말이 질문 형태로, [前田訳1978]에서는「させうるか」와 같이「させる」에 가능의「うる」와 질문의「〜か」가 접속된 형태로 쓰이고 있다.

> イエスは彼(かれ)らに言(い)われた、「よくよく言(い)っておく。[1]人(ひと)の子(こ)の肉(にく)を食(た)べず、また、[2]その血(ち)を飲(の)まなければ、あなたがたの内(うち)に命(いのち)はない。[ヨハネによる福音書 6:53]
> (예수께서 그들에게 말씀하셨다."분명히 말해 두겠다. 인자의 살을 먹지 않고, 또 그 피를 마시지 않으면 너희 안에 생명은 없다."[6:53])

[1]人(ひと)の子(こ)の肉(にく)を食(た)べず、: 인자의 살을 먹지 않고.「食(た)べず」는「食(た)べる」의 미연형에 부정의「〜ず」가 접속된 것이다.「〜ず」의 예를 들면 다음과 같다.

　[例]もしサタンが内部(ないぶ)で対立(たいりつ)し分争(ぶんそう)するなら、彼(かれ)は立(た)ち行(ゆ)けず、滅(ほろ)んでしまう。[口語訳/マルコによる福音書3:26]
　(만일 사탄이 내부에서 대립하고 분쟁을 일으킨다고 한다면 그는 버티지

못하고 망하고 만다.)[마가복음 3:26][57]

しかし、聖霊(せいれい)を汚(けが)す者(もの)は、いつまでも赦(ゆる)されず、永遠(えいえん)の罪(つみ)に定(さだ)められる」。[口語訳 / マルコによる福音書 3:29]

(그러나 성령을 모독하는 자는 결코 용서받지 못하고 영원한 죄로 처해진다.")[마가복음 3:29][58]

それは『彼(かれ)らは見(み)るには見(み)るが、認(みと)めず、聞(き)くには聞(き)くが、悟(さと)らず、悔(く)い改(あらた)めて赦(ゆる)されることがない』ためである」。[口語訳 / マルコによる福音書 4:12]

(그것은 '그들은 보기는 보아도 인정하지 않고, 듣기는 들어도 깨닫지 않아, 회개해도 용서받지 못하게' 하기 위함이다.")[마가복음 4:12][59]

[2] その血(ち)を飲(の)まなければ、: 그 피를 마시지 않으면. 「飲(の)まなければ」는 「飲(の)む」의 부정 「飲(の)まない」의 가정형이다. 「~なければ」의 예를 들면 다음과 같다.

[例]だれでも、まず強(つよ)い人(ひと)を縛(しば)り上(あ)げなければ、その人(ひと)の家(いえ)に押(お)し入(い)って家財(かざい)を奪(うば)い取(と)ることはできない。縛(しば)ってから初(はじ)めて、その家(いえ)を略奪(りゃくだつ)することができる。[口語訳 / マルコによる福音書 3:27]

(그 누구라도 먼저 힘센 사람을 단단히 묶지 않으면 그 사람의 집에 쳐 들어가서 가재를 빼앗을 수 없다. 묶어두고 나서야 비로소 그 집을 약탈할

---

57) 李成圭(2018c)『일본어 구어역 마가복음의 언어학적 분석Ⅰ』시간의물레. p. 141에서 인용.
58) 李成圭(2018c)『일본어 구어역 마가복음의 언어학적 분석Ⅰ』시간의물레. p. 143에서 인용.
59) 李成圭(2018c)『일본어 구어역 마가복음의 언어학적 분석Ⅰ』시간의물레. p. 162에서 인용.

수 있다.)[마가복음 3:27][60]

すると、イエスは言(い)われた、「この類(たぐい)は、祈(いの)りによらなければ、どうしても追(お)い出(だ)すことはできない」。[口語訳／マルコによる福音書 9:29]
(그러자 예수께서 말씀하셨다. "이런 부류는 기도에 의하지 않으면 아무리 하더라도 쫓아낼 수는 없다")[마가복음 9:29][61]

あなたがたは、はたして信仰(しんこう)があるかどうか、自分(じぶん)を反省(はんせい)し、自分(じぶん)を吟味(ぎんみ)するがよい。それとも、イエス・キリストがあなたがたのうちにおられることを、悟(さと)らないのか。もし悟(さと)らなければ、あなたがたは、にせものとして見捨(みす)てられる。[口語訳／コリント人への第二の手紙 13:5]
(너희는 과연 믿음이 있는지 어떤지 자신을 반성하고 자신을 음미해라. 그렇지 않으면 예수 그리스도가 너희 안에 계시는 것을 깨닫지 못하느냐? 만일 깨닫지 못하면 너희는 가짜로서 버려진다.) [고린도후서 13:5]

父(ちち)はずっと酒(さけ)を飲(の)みませんでした。飲(の)まなければ、ほんとうにいい父(ちち)でした。
(아버지는 죽 술을 마시지 않았습니다. 마시지 않으면 정말 좋은 아버지이었습니다.)
なにがあっても、くよくよせずによく食(た)べなければ、こういった小説(しょうせつ)は書(か)けない。
(무슨 일이 있어도 끙끙 고민하지 말고 잘 먹지 않으면 이런 소설은 쓸 수 없다.)

---

60) 李成圭 (2018c) 『일본어 구어역 마가복음의 언어학적 분석 I』 시간의물레. p. 142에서 인용.
61) 李成圭 (2019a) 『일본어 구어역 마가복음의 언어학적 분석 II』 시간의물레. p, 211에서 인용.

それでなければ、お互(たが)いの立場(たちば)を分(わ)かり合(あ)えることはありません。言(い)わなければ、分(わ)からないのです。
(그렇지 않으면 상대의 입장을 서로 이해할 수 없습니다.)
端金(はしたがね)を得(え)るためにいろんな手管(てくだ)を使(つか)って他人(ひと)を騙(だま)すことも、平気(へいき)になった。弱(よわ)い者(もの)から奪(うば)い取(と)ることも覚(おぼ)えた。そうしなければ、生(い)きていけなかった。
(푼돈을 얻기 위해 갖가지 수법을 써서 남을 속이는 것도 아무렇지도 않게 되었다. 약한 사람으로부터 빼앗는 것도 배웠다. 그렇게 하지 않으면 살아 갈 수 없었다.)

[1]わたしの肉(にく)を食(た)べ、わたしの血(ち)を飲(の)む者(もの)には、永遠(えいえん)の命(いのち)があり、わたしはその人(ひと)を終(おわ)りの日(ひ)によみがえらせるであろう。[ヨハネによる福音書 6:54]
(내 살을 먹고, 내 피를 마시는 사람에게는 영원한 생명이 있고, 나는 그 사람을 마지막 날에 살릴 것이다.[6:54])

[1]わたしの肉(にく)を食(た)べ、わたしの血(ち)を飲(の)む者(もの)には、永遠(えいえん)の命(いのち)があり、: 내 살을 먹고, 내 피를 마시는 사람에게는 영원한 생명이 있고. 이 구절은 「〜者(もの)には、永遠(えいえん)の命(いのち)があり、」와 같은 존재문(存在文)의 구조를 취하고 있다.

한편 타 번역본에서는 어떻게 표현하고 있는지 살펴보자.

[例]わたしの肉(にく)を食(く)い、わたしの血(ち)を飲(の)む者(もの)は、永遠(えいえん)の命(いのち)を持(も)つ。[塚本訳1963]
(내 살을 먹고, 내 피를 마시는 사람은, 영원한 생명을 갖는다.)
わたしの肉(にく)を食(た)べ、わたしの血(ち)を飲(の)む者(もの)は、永遠(えいえん)のいのちを持(も)っています。[新改訳1970]

(내 살을 먹고, 내 피를 마시는 사람은, 영원한 생명을 가지고 있습니다.)
私(わたし)の肉(にく)を食(く)らい、私(わたし)の血(ち)を飲(の)んでいる人(ひと)は永遠(えいえん)の命(いのち)を持(も)っており、[岩波翻訳委員会訳1995]
(내 살을 먹고, 내 피를 마시는 사람은 영원한 생명을 가지고 있고,)
わが肉(にく)を食(く)い、わが血(ち)を飲(の)むものは永遠(えいえん)のいのちを得(え)る。[前田訳1978]
(내 살을 먹고, 내 피를 마시는 사람은 영원한 생명을 얻는다.)
わたしの肉(にく)を食(た)べ、わたしの血(ち)を飲(の)む者(もの)は、永遠(えいえん)の命(いのち)を得(え)、[新共同訳1987]
(내 살을 먹고, 내 피를 마시는 사람은 영원한 생명을 얻고,)

[塚本訳1963][新改訳1970][岩波翻訳委員会訳1995]에서는「〜者(もの)は、永遠(えいえん)の命(いのち)を持(も)つ」와 같이, [前田訳1978][新共同訳1987]에서는「〜者(もの)は、永遠(えいえん)の命(いのち)を得(え)る」와 같이, 목적 구문으로 쓰이고 있다.

わたしの肉(にく)は[1]まことの食物(しょくもつ)、わたしの血(ち)は[1]まことの飲(の)み物(もの)である。[ヨハネによる福音書 6:55]
(내 살은 참된 음식이고 내 피는 참된 음료이다.[6:55])

[1]まことの食物(しょくもつ)・まことの飲(の)み物(もの) : 참된 음식・참된 음료
　「まことの食物(しょくもつ) ; 참된 음식[양식]」과「まことの飲(の)み物(もの) ; 참된 음료」는 구어역 신약성서에서 본 절에만 쓰이고 있다. 참고로 타 번역본의 기술 내용을 살펴보자.
　[예]わたしの肉(にく)は<u>本当(ほんとう)の食(た)べ物(もの)</u>、わたしの血(ち)は<u>本当(ほんとう)の飲(の)み物(もの)</u>だから。[塚本訳1963]

(내 살은 진짜 음식, 내 피는 진짜 음료이기 때문에.)
わたしの肉(にく)はまことの食物(しょくもつ)、わたしの血(ち)はまことの飲(の)み物(もの)だからです。[新改訳1970]
(내 살은 참된 음식, 내 피는 참된 음료이기 때문입니다.)
わが肉(にく)は真(まこと)の食(た)べ物(もの)、わが血(ち)は真(まこと)の飲(の)み物(もの)である。[前田訳1978]
(내 살은 참된 음식, 내 피는 참된 음료이다.)
わたしの肉(にく)はまことの食(た)べ物(もの)、わたしの血(ち)はまことの飲(の)み物(もの)だからである。[新共同訳1987]
(내 살은 참된 음식, 내 피는 참된 음료이기 때문이다.)
私(わたし)の肉(にく)は真実(しんじつ)の食(た)べ物(もの)であり、私(わたし)の血(ち)は真実(しんじつ)の飲(の)み物(もの)だからである。[岩波翻訳委員会訳1995]
(내 살은 진실한 음식이고, 내 피는 진실한 음료이기 때문이다.)

[塚本訳1963]에서는「本当(ほんとう)の ; 참된」이, [新改訳1970][前田訳1978][新共同訳1987]에서는「まこと[真]の ; 참된」이, [岩波翻訳委員会訳1995]에서는「真実(しんじつ)の ; 진실의」가 쓰이고 있는데, 그 의미 내용에 있어서 큰 차이를 보이지 않는다.

> わたしの肉(にく)を食(た)べ、[1]わたしの血(ち)を飲(の)む者(もの)はわたしにおり、わたしもまたその人(ひと)におる。[ヨハネによる福音書 6:56]
> (내 살을 먹고, 내 피를 마시는 사람은 나에게[내 안에] 있고, 나도 또한 그 사람에게[그 사람 안에] 있다.[6:56])

[1]わたしの血(ち)を飲(の)む者(もの)はわたしにおり、わたしもまたその人(ひと)におる : 내 피를 마시는 사람은 나에게 있고, 나도 또한 그 사람에게 있다. 본 절에서는

존재를 나타내는 데에 「～は～におり、～も～におる」와 같이 연용중지법의 「おり、」과 종지형 「おる」가 사용되고 있다.

구어역 신약성서에는 다음과 같이 존재를 나타내는 동사로서 <いる><ある><おる>가 사용되고 있다.

<표1> 구어역 신약성서에 있어서의 존재동사(본동사)의 출현

| | | いる | | ある | | おる | |
|---|---|---|---|---|---|---|---|
| 未然形 | セル | いさせる | × | *あらせる | × | おらせる | ○ |
| | レル | いられる | × | *あられる | × | おられる | ○ (尊敬/可能) |
| | 可能 | いられる | × | *あられる | × | おれる | ○ |
| | ウ | いよう | × | あろう | ○ | おろう | × |
| | ナイ | いない | ○ | *あらない | × | おらない | × |
| | | いなく | ○ | *あらなく | × | おらなく | × |
| | | いなかった | ○ | *あらなかった | × | おらなかった | × |
| | ズ | いず | ○ | *あらず | × | おらず | ○ |
| 連用形 | 中止 | い、 | × | あり、 | ○ | おり、 | ○ |
| | マス | います | ○ | あります | ○ | おります | × |
| | | いまして | ○ | ありまして | × | おりまして | × |
| | | いません | ○ | ありません | ○ | おりません | × |
| | | いました | ○ | ありました | ○ | おりました | × |
| | | いませんでした | ○ | ありませんでした | ○ | おりませんでした | × |
| | タイ | いたい | × | *ありたい | × | おりたい | ○ |
| | ナサイ | いなさい | ○ | *ありなさい | × | おりなさい | × |
| | テ | いた | ○ | あった | ○ | おった | × |
| | タ | いて | ○ | あって | ○ | おって | × |
| 終止形 | | いる | ○ | ある | ○ | おる | ○ |
| 連体形 | | いる | ○ | ある | ○ | おる | ○ |
| 仮定形 | | いれば | × | あれば | ○ | おれば | ○ |
| 命令形 | | いろ | × | あれ | × | おれ | × |
| | | いよ | × | | | | |

그럼 예를 구체적으로 보자.

(1)わたしにはまた、この囲いに**いない**他の羊が**ある**。わたしは彼らをも導かねばならない。彼らも、わたしの声に聞き従うであろう。そして、ついに一つの群れ、ひとりの羊飼となるであろう。[ヨハネによる福音書-10:16]

(2)見よ、あなたがたは散らされて、それぞれ自分の家に帰り、わたしをひとりだけ残す時が来るであろう。いや、すでにきている。しかし、**わたしはひとりでいる**のではない。**父がわたしと一緒におられる**のである。[ヨハネによる福音書-16:32]

(3)**わたしが父におり**、**父がわたしにおられる**ことを信じなさい。もしそれが信じられないならば、わざそのものによって信じなさい。[ヨハネによる福音書-14:11]

(1)은 예수가 어느 바리새파 사람들에 대해 설교하는 장면에서「羊がある」「他の羊がいない」와 같이 유생명사(有生名詞, 동물)의 존재를 <ある>와 <いる>로서 나타내고 있고, (2)는 대화문에서 예수가 제자들에게「わたしはひとりでいる」「父がおられる」와 같이 유생명사(신적 예수)의 존재를 <いる>와 <おる>의 존경표현인 <おられる>으로, (3)도 대화문에서 예수가 빌립에게「わたしが父におり」「父がわたしにおられる」와 같이 유생명사(하나님과 신적 예수)의 존재를 <おる>와 그 존경인 <おられる>로 나타내고 있다.[62]

(4)わたしの肉を食べ、**わたしの血を飲む**者はわたしに**おり**、わたしもまたその人に**おる**。[ヨハネによる福音書-6:56]

(5)それは**真理の御霊**である。この世はそれを見ようともせず、知ろうともしないので、それを受けることができない。あなたがたはそれを知っている。なぜなら、**それはあなたがたと共におり**、またあなたがたのうちに**いる**からである。[ヨハネによる福音書-14:17]

---

62) 李成圭(2017a)「日本語口語訳新約聖書における〈おる〉の使用実態」『日本言語文化』第38輯, 韓国日本言語文化学会. pp. 67-84에서 인용하여 번역함.

(4)에서는「わたしの血を飲む者が(イエス)におり、わたしも(その人に)おる」와 같이 <おり>가 <おる>의 연용중지법(連用中止法)으로 쓰이고 있고, 한편, (5)에서는「それ[=その方=真理の御霊]」의 존재에 관해「それが(あなたがたと共に)おり、(あなたがたのうち)にいる」와 같이 <おり>가 <いる>의 연용중지법으로 쓰이고 있는데, 구어역 성서에 있어서의 <おる>계 존재동사가 나타내는 의미를 종합하면, 양자 모두 중립적인 의미가 아니라, 겸양어Ⅱ(정중어)의 의미로 해석하는 것이 무난할 것이다.[63]

이상의 검토 결과를 정리하면 다음과 같다.

연용형에서는 연용중지법의 <おり>가 쓰이고 있지만, 이것도 중립적 의미가 아니라, 겸양어Ⅱ(정중어)의 의미로 해석된다.

종지형의 경우, 구어역 신약성서에서는 유생명사의 존재에 <おる><いる><ある>가 모두 확인되지만, <おる>는 겸양어Ⅱ(정중어)의 의미로 쓰이고 있다.[64]

> [1]生(い)ける父(ちち)がわたしを遣(つか)わされ、また、[2]わたしが父(ちち)によって生(い)きているように、[3]わたしを食(た)べる者(もの)もわたしによって生(い)きるであろう。[ヨハネによる福音書 6:57]
> (살아 있는 아버지께서 나를 보내시고, 그리고 내가 아버지로 인해 살아 있는 것처럼, 나를 먹는 사람도 나로 인해 살 것이다.[6:57])

[1]生(い)ける父(ちち)がわたしを遣(つか)わされ、: 살아 있는 아버지께서 나를 보내시고.「生(い)ける」는 고전어 4단동사「生(い)く」의 이연형(已然形 ; いぜんけい)에 완료의 조동사「り」의 연체형이 결합된 연어(連語 ; れんご)로서 현대어의「生(い)きている」에 상당하는 뜻을 나타낸다. 현대어에서는「生(い)けるがごとく ; 살아 있는 듯이」「生(い)けるがごとき面持(おももち) ; 살아 있는 것과 같은 표정」

---

63) 李成圭(2017a)「日本語口語訳新約聖書における〈おる〉の使用実態」『日本言語文化』第38輯, 韓国日本言語文化学会. pp. 67-84에서 인용하여 번역함.

64) 李成圭(2017a)「日本語口語訳新約聖書における〈おる〉の使用実態」『日本言語文化』第38輯, 韓国日本言語文化学会. pp. 67-84에서 인용하여 번역함.

과 같은 문어적 표현이나 「生(い)きとし生(い)けるもの ; 살아 있는 모든 것」과 같이 연체사적으로 사용되는 경우가 많다.

그리고 본 절에서는 「生(い)ける父(ちち)」와 같이 <父(ちち)=神(かみ)>에 대해 비경칭을 사용하고 있는데, 타 번역본에서는 어떻게 대우하고 있는지 살펴보자.

[例]生(い)ける父(ちち)がわたしを遣(つか)わし、[新改訳1970]

(살아 있는 아버지가 나를 보내,)

生(い)きている父(ちち)が私(わたし)を遣(つか)わし、[岩波翻訳委員会訳1995]

(살아 있는 아버지가 나를 보내,)

生(い)きておられる父上(ちちうえ)から遣(つか)わされたわたしが [塚本訳1963]

(살아 계신 아버지가 보낸 내가,)

生(い)きておられる父(ちち)がわたしをお遣(つか)わしになり、[新共同訳1987]

(살아 계신 아버지를 나를 보내시고,)

生(い)きたもう父(ちち)がわたしをつかわされ、[前田訳1978]

(살아 계신 아버지가 나를 보내시고,)


[新改訳1970]에서는 「生(い)ける父(ちち)」, [岩波翻訳委員会訳1995]에서는 「生(い)きている」와 같이 비경칭이 사용되고 있고, [塚本訳1963]에서는 「生(い)きておられる父上(ちちうえ)」, [新共同訳1987]에서는 「生(い)きておられる父(ちち)」, [前田訳1978]에서는 「生(い)きたもう父(ちち)」와 같이 경칭이 사용되고 있다.

[2]わたしが父(ちち)によって生(い)きているように、: 내가 아버지로 인해 살아 있는 것처럼. 「父(ちち)によって」의 「~によって」는 동작주를 나타내는 용법으로 쓰이고 있고, 「生(い)きている」는 형용사적 동사로 현재의 상태를 나타내고 있다.

[例]かくして、生(い)ける父(ちち)はわたしを遣(つか)わし、わたしは父(ちち)によって生(い)き、わたしを食(た)べる者(もの)もまたわたしによって生(い)きるだろう。

(이렇게 해서 살아 있는 아버지는 나를 보내서, 나는 아버지에 의해 살고

나를 먹는 사람도 또 나에 의해 살 것이다.)

すなわち、わたしたちの過越(すぎこし)であり、生(い)けるパンであるキリストご自身(じしん)が含(ふく)まれています。キリストはみずからの肉(にく)、すなわち、聖霊(せいれい)によって生(い)き、また生(い)かす肉(にく)によって人々(ひとびと)にいのちを与(あた)えるのです。

(즉 우리의 유월절이고, 살아 있는 빵인 그리스도 자신께서 포함되어 있습니다. 그리스도는 자신의 살, 즉 성령에 의해 살고 또 살리는 살에 의해 사람들에게 생명을 줍니다.)

[3]わたしを食(た)べる者(もの)もわたしによって生(い)きるであろう : 나를 먹는 사람도 나로 인해 살 것이다. 「わたしによって」의「〜によって」도 동작주를 나타내는 용법으로 쓰이고 있고, 「生(い)きる」는 종지형으로 미완료상(未完了相)을 나타내고 있다. 이 부분을 타 번역본에서는 어떻게 표현하고 있는지 살펴보자.

[例]わたしを食(く)う者(もの)も、わたしによって生(い)きる。[塚本訳1963]

(나를 먹는 사람도 나에 의해 산다.)

わたしを食(た)べる者(もの)もわたしによって生(い)きる。[新共同訳1987]

(나를 먹는 사람도 나에 의해 산다.)

わたしを食(た)べる者(もの)も、わたしによって生(い)きるのです。[新改訳1970]

(나를 먹는 사람도 나에 의해 사는 것입니다.)

わたしを食(た)べるものもわたしによって生(い)きよう。[前田訳1978]

(나를 먹는 사람도 나에 의해 살 것이다.)

私(わたし)を食(く)らっている人(ひと)も私(わたし)のゆえに生(い)きることとなる。

(나를 먹고 있는 사람도 나로 인해 살게 된다.)

[岩波翻訳委員会訳1995]


[塚本訳1963][新共同訳1987][新改訳1970]에서는「わたしによって生(い)きる」가, [前田訳1978]에서는「わたしによって生(い)きよう」와 같이「生(い)きる」에 추

측의「～よう」가 접속된 형태가, [岩波翻訳委員会訳1995]에서는「生(い)きる」에 상태변화의 결과를 나타내는「～こととなる」가 접속된 형태가 쓰이고 있다.

> 天(てん)から下(くだ)って来(き)たパンは、[1]先祖(せんぞ)たちが食(た)べたが死(し)んでしまったようなものではない。[2]このパンを食(た)べる者(もの)は、いつまでも生(い)きるであろう」。[ヨハネによる福音書 6:58]
> (하늘에서 내려온 빵은, 선조들이 먹었지만 죽고 버린 그런 것이 아니다. 이 빵을 먹는 사람은 언제까지나 살 것이다.[6:58])

[1]先祖(せんぞ)たちが食(た)べたが死(し)んでしまったようなものではない : 선조들이 먹었지만 죽고 버린 그런 것이 아니다. 본 절에서는「食(た)べたが死(し)んでしまった : 먹었지만 (결국에는) 죽고 말았다」와 같이 2개의 문으로 연결하고 있는데, 이 부분을 타 번역본에서는 어떻게 다루고 있는지 인용하면 다음과 같다.

[例]先祖(せんぞ)が食(た)べて死(し)んだ(あのマナの)ようなものではない。[塚本訳1963]

(선조가 먹고 죽은 (그 만나와) 같은 것은 아니다.)

あなたがたの先祖(せんぞ)が食(た)べて死(し)んだようなものではありません。[新改訳1970]

(너희 선조가 먹고 죽은 그런 것은 아닙니다.)

先祖(せんぞ)が食(た)べて死(し)んだようなものではない。[前田訳1978]

(선조가 먹고 죽은 그런 것은 아니다.)

父祖(ふそ)たちが食(た)べて死(し)んだようにではなく、[岩波翻訳委員会訳1995]

(부조들이 먹고 죽은 것처럼은 아니고,)

先祖(せんぞ)が食(た)べたのに死(し)んでしまったようなものとは違(ちが)う。[新共同訳1987]

(선조가 먹었는데 죽어버린 것과 같은 것과는 다르다.)

[塚本訳1963][新改訳1970][前田訳1978][岩波翻訳委員会訳1995]에서는 「食(た)べて死(し)んだ」와 같이 2개의 문이 단순 연결로 접속되고 있고, [新共同訳1987]에서는 「食(た)べたのに死(し)んでしまった」와 같이 2개의 문이 역접 관계로 접속되고 있다.

[2]このパンを食(た)べる者(もの)は、いつまでも生(い)きるであろう : 이 빵을 먹는 사람은 언제까지나 살 것이다. 본 절에서는 「いつまでも生(い)きるであろう; 언제까지나 살 것이다」라고 나와 있는데, 타 번역본에서는 「永遠(えいえん)に生(い)きる; 영원히 산다.」의 형태로 등장하고 있다.

[例]このパンを食(く)う者(もの)は永遠(えいえん)に生(い)きるであろう。[塚本訳1963]
    (이 빵을 먹는 사람은 영원히 살 것이다.)
    このパンを食(た)べる者(もの)は永遠(えいえん)に生(い)きます。[新改訳1970]
    (이 빵을 먹는 사람은 영원히 삽니다.)
    このパンを食(た)べるものは永遠(えいえん)に生(い)きよう。[前田訳1978]
    (이 빵을 먹는 사람은 영원히 살 것이다.)
    このパンを食(た)べる者(もの)は永遠(えいえん)に生(い)きる。[新共同訳1987]
    (이 빵을 먹는 사람은 영원히 산다.)
    このパンを食(く)らっている人(ひと)は永遠(えいえん)に生(い)きることとなる。[岩波翻訳委員会訳1995]
    (이 빵을 먹는 사람은 영원히 살 게 된다.)

[1]これらのことは、[2]イエスがカペナウムの会堂(かいどう)で教(おし)えておられたときに言(い)われたものである。[ヨハネによる福音書 6:59]
(이것들은 예수께서 가버나움 회당에서 가르치고 계셨을 때에 말씀하신 것이다.[6:59])

[1]これらのことは : 이들 일은. 이것들은.「これら」의「～ら」는 복수의 접미사로서「これら ; 이들」「それら ; 그들」「あれら ; 그들(문맥지시)」와 같이 계열을 이루고 있고, 원칙적으로 문장체에서만 쓰인다.⁶⁵⁾

[例]そして、安息日(あんそくにち)になったので、会堂(かいどう)で教(おし)えはじめられた。それを聞(き)いた多(おお)くの人々(ひとびと)は、驚(おどろ)いて言(い)った、「この人(ひと)は、これらのことをどこで習(なら)って来(き)たのか。また、この人(ひと)の授(さず)かった知恵(ちえ)はどうだろう。このような力(ちから)あるわざがその手(て)で行(おこな)われているのは、どうしてか。[口語訳 / マルコによる福音書 6:2]

(그리고 안식일이 되어서 회당에서 가르치기 시작하셨다. 그것을 들은 많은 사람들은 놀라서 말했다. "이 사람은 이것들을 어디에서 배워 왔는가? 또 이 사람이 받은 지혜는 어떨까? 이와 같은 기적이 그 손에 의해 행해지고 있는 것은 어째서인가?)[마가복음 6:2]⁶⁶⁾

そのように、これらの事(こと)が起(おこ)るのを見(み)たならば、人(ひと)の子(こ)が戸口(とぐち)まで近(ちか)づいていると知(し)りなさい。[口語訳 / マルコによる福音書 13:29]

(이와 같이 이런 일들이 일어나는 것을 본다면, 인자가 문 입구까지 가까이 와 있다고 알아라.)[마가복음 13:29]⁶⁷⁾

[2]イエスがカペナウムの会堂(かいどう)で教(おし)えておられたときに : 예수께서 가버나움 회당에서 가르치고 계셨을 때에.「教(おし)えておられた」는「教(おし)えている」의 レル형 경어「教(おし)えておられる」의 과거이다.

[例]それから、イエスはそこを去(さ)って、ユダヤの地方(ちほう)とヨルダンの向(む)

---

65) 李成圭(2018c)『일본어 구어역 마가복음의 언어학적 분석Ⅰ』시간의물레. p. 71에서 인용.
66) 李成圭(2019a)『일본어 구어역 마가복음의 언어학적 분석Ⅱ』시간의물레. p. 11에서 인용.
67) 李成圭(2019c)『일본어 구어역 마가복음의 언어학적 분석Ⅲ』시간의물레. p. 279에서 인용.

こう側(がわ)へ行(い)かれたが、群衆(ぐんしゅう)がまた寄(よ)り集(あつ)まったので、いつものように、また教(おし)えておられた。[口語訳 / マルコによる福音書 10:1]

(그러고 나서 예수께서는 그곳을 떠나 유대 지역과 요단 강 건너편으로 가셨지만, 군중이 또 다시 많이 모였기 때문에 여느 때와 마찬가지로 다시 가르치고 계셨다.)[마가복음 10:1][68]

イエスが宮(みや)で教(おし)えておられたとき、こう言(い)われた、「律法(りっぽう)学者(がくしゃ)たちは、どうしてキリストをダビデの子(こ)だと言(い)うのか。[口語訳 / マルコによる福音書 12:35]

(예수께서 성전에서 가르치고 계실 때, 이렇게 말씀하셨다. "율법학자들은 어찌하여 그리스도를 다윗의 자손이라고 하느냐?")[마가복음 12:35][69]


⑵⑺ [ヨハネによる福音書 6:60 - 6:71]

弟子(でし)たちのうちの多(おお)くの者(もの)は、これを聞(き)いて言(い)った、「[1]これは、ひどい言葉(ことば)だ。[2]だれがそんなことを聞(き)いておられようか」。[ヨハネによる福音書 6:60]
(제자들 중에서 많은 사람들은 이것을 듣고 말했다. "이것은 심한 말이다. 누가 그런 것을 듣고 있을 수 있을까?"[6:60])

[1]これは、ひどい言葉(ことば)だ : 이것은 심한 말이다. 「ひどい」는 ①「심하다」, ②「지독하다 / 엄청나다」, ③「가혹하다 / 호되다」에 상당하는 뜻을 나타내는데,

---

68) 李成圭(2019c) 『일본어 구어역 마가복음의 언어학적 분석Ⅲ』 시간의물레. p. 10에서 인용.
69) 李成圭(2019c) 『일본어 구어역 마가복음의 언어학적 분석Ⅲ』 시간의물레. p. 191에서 인용.

여기에서는 ①의 용법으로 번역해 둔다.

[例]でも、記憶(きおく)にはしっかり残(のこ)ります。自分(じぶん)がどれほど<u>ひどい言葉(ことば)</u>を相手(あいて)に投(な)げつけたかという、明確(めいかく)な記憶(きおく)が。

(하지만, 기억에 확실히 남습니다. 자기가 얼마나 심한 말을 상대에게 내던졌는가 하는 명확한 기억이.)

これは<u>ひどい言葉(ことば)</u>だなあ、これはちょっとかわいそうだなと思(おも)ったんだけれども、熟年離婚(じゅくねんりこん)の増大(ぞうだい)と同時(どうじ)に世(よ)の中(なか)に登場(とうじょう)した言葉(ことば)が、家(いえ)にいるお父(とう)さんは「粗大(そだい)ゴミ」だと。これは<u>ひどい</u>と思(おも)った。

(이것은 심한 말이군. 이것은 좀 불쌍하군, 이라고 생각했지만, 황혼이혼의 증대와 동시에 세상에 등장한 말이 집에 있는 아버지는 「조대 쓰레기(텔레비전·전기세탁기 등 내구(耐久) 소비재의 폐품)」이라고. 이것은 심하다고 생각했다.)

それも、2～3回(かい)ほど移(うつ)り、その都度(つど)退職金(たいしょくきん)をもらえるそうですよ。あまりにも<u>ひどい話(はなし)</u>に、声(こえ)も出(で)ませんでした。

(그것도 2~3회 정도 옮기고 그때마다 퇴직금을 받을 수 있다고 해요. 너무나도 심한 이야기에 말도 나오지 않았습니다.)

[2]だれがそんなことを聞(き)いておられようか : 누가 그런 것을 듣고 있을 수 있을까?

「聞(き)いておられようか」는 「聞(き)いている」의 가능표현 「聞(き)いておられる」에 추측의 「～よう」와 질문의 「～か」가 접속된 것이다. 그리고 「～ておられようか」는 구어역 신약성서에서는 본 절에서 사용된 예가 유일하다. 그럼 타 번역본에서는 어떻게 표현하고 있는지 살펴보자.

[例](自分(じぶん)の肉(にく)を食(く)えとは、)これはひどい言葉(ことば)だ。誰(だれ)が<u>聞(き)いておられよう</u>。[塚本訳1963]

((자기 살을 먹으라고는 것은) 이것은 심한 말이다. 누가 듣고 있을 수 있

을까?)

これはひどいことばだ。そんなことをだれが聞(き)いておられようか。[新改訳1970]

(이것은 심한 말이다. 그런 말을 누가 듣고 있을 수 있을까?)

これは激(はげ)しいことばだ。だれが聞(き)けよう。[前田訳1978]

(이것은 격한 말이다. 누가 들을 수 있을까?)

実(じつ)にひどい話(はなし)だ。だれが、こんな話(はなし)を聞(き)いていられようか。[新共同訳1987]

(실로 심한 말이다. 누가 이런 이야기를 듣고 있을 수 있을까?)

このことばは歯(は)が立(た)たない。誰(だれ)にこれを聞(き)いていることができようか。[岩波翻訳委員会訳1995]

(이 말은 감당할 수 없다. 누가 이것을 듣고 있을 수 있을까.)

[塚本訳1963][新改訳1970]에서는「聞(き)いておられよう」가, [前田訳1978]에서는「聞(き)けよう」와 같이 가능동사에 추측의「～よう」가 접속된 것이, [新共同訳1987]에서는「聞(き)いていられようか」와 같이 가능표현「～ていられる」에 추측의「～よう」가 접속된 것이, [岩波翻訳委員会訳1995]에서는「聞(き)いていることができようか」와 같이 가능의「～ことができる」에 추측 질문의「～ようか」가 접속된 것이 쓰이고 있다.

しかしイエスは、弟子(でし)たちが[1]そのことでつぶやいているのを[2]見破(みやぶ)って、彼(かれ)らに言(い)われた、「[3]このことがあなたがたのつまずきになるのか。[ヨハネによる福音書 6:61]

(그러나 예수께서는 제자들이 그 말 때문에 수군거리고 있는 것을 꿰뚫어보고, 그들에게 말씀하셨다. "이 말이 너희를 좌절하게 하느냐?"[6:61])

177

[1]そのことでつぶやいている：그 말 때문에 수군거리고 있다.「そのことで；その일로／그 말 때문에」의「そのこと」는「예수가 한 말」을 가리키고 있다.

[例]このヘロデは、自分(じぶん)の兄弟(きょうだい)ピリポの妻(つま)ヘロデヤを娶(めと)ったが、そのことで、人(ひと)を遣(つか)わし、ヨハネを捕(とら)えて獄(ごく)に繋(つな)いだ。[マルコによる福音書 6:17]

(이 헤롯은 자기 형제 빌립의 처 헤로디아를 아내로 맞아들였는데 그 일로 사람을 보내 요한을 잡아서 옥에 가두었다.)[마가복음 6:17][70]

ある人(ひと)がそのことで私(わたし)を非難(ひなん)した。
(어떤 사람이 그 일로 나를 비난했다.)
八重沢(やえざわ)さんは、そのことで不機嫌(ふきげん)になり、それが顔(かお)に出(で)た。
(야에자와 씨는 그 일로 기분이 안 좋게 되고 그것이 얼굴에 나왔다.)
頭(あたま)がもうそのことでいっぱいになって、五分(ごふん)もたたないうちに、もうエリさんのことも忘(わす)れてしまった。
(머리가 이미 그 일로 가득차서 5분도 채 지나기 전에 벌써 에리 씨에 관한 일도 잊고 말았다.)
夫(おっと)の入院費(にゅういんひ)のことで病院(びょういん)の経理(けいり)の手違(てちが)いがあり、そのことで少々(しょうしょう)、もめていた時(とき)のことだった。医師(いし)の電話(でんわ)はそのことに対(たい)するあやまりの電話(でんわ)だった。
(남편 입원비 때문에 병원 경리의 실수도 있고, 그 일로 다소 옥신각신했던 때 일이었다. 의사의 전화는 그 일에 대한 사과전화였다.)

[2]見破(みやぶ)って：꿰뚫어보고.「見破(みやぶ)って」는「見(み)る」의 연용형에

---

70) 李成圭(2019a)『일본어 구어역 마가복음의 언어학적 분석Ⅱ』시간의물레. p. 26에서 인용.

「破(やぶ)る」가 결합된 복합동사 「見破(みやぶ)る ; 간파하다 / 꿰뚫어보다」의 テ형으로 단순 연결의 용법으로 쓰이고 있다.

[例]イエスは彼(かれ)らの悪巧(わるだく)みを見破(みやぶ)って言(い)われた。[口語訳 / ルカによる福音書 20:23]

(예수께서는 그들의 흉계를 간파하고 말씀하셨다.)[누가복음 20:23]

ただ一人(ひとり)、彼(かれ)が心(こころ)から愛(あい)していた女性(じょせい)は、二人(ふたり)の男(おとこ)たちの秘密(ひみつ)を見破(みやぶ)っていた。
(단지 한 사람, 그가 마음으로부터 사랑했던 여성은 2명 남자들의 비밀을 간파하고 있었다.)
あの男(おとこ)はいつも夕方(ゆうがた)か夜(よる)しか姿(すがた)を現(あら)わさなかった。変装(へんそう)を見破(みやぶ)られることを恐(おそ)れたのだわ。
(그 남자는 언제나 저녁때나 밤에밖에 모습을 드러내지 않았어. 변장이 간파당하는 것을 두려워했어.)

[3]このことがあなたがたのつまずきになるのか : 이 말이 너희를 좌절하게 하느냐?
「つまずき」는 「つまずく」의 연용형이 전성명사화한 것으로 ①「발이 걸려 넘어지는 것」②「좌절하는 것 / 차질 / 실패」의 뜻을 나타내고, 「つまずきになる」를 직역하면 「좌절(하는 것)이 되다」에 해당한다. 그래서 여기에서는 「~があなたがたのつまずきになる」와 같은 ナル적 표현을 「~であなたがたがつまずく」 또는 「~があなたがたを{つまずきにする・つまずかせる}」와 같은 スル적 표현으로 바꿔 번역해 둔다. 타 번역본에서 이 부분을 어떻게 다루고 있는지 살펴보자.
[例]このことであなたがたはつまずくのか。[新改訳1970]

(이 일로 너희가 좌절하느냐?)
あなたがたはこのことにつまずくのか。[新改訳1970]
(너희가 이 일에 좌절하느냐?)

このことがあなた達(たち)をつまずかせるのか。[塚本訳1963]

　　　(이 일이 너희를 좌절시키느냐?)

　　　このことがあなたがたをつまづかせるのか。[前田訳1978]

　　　(이 일이 너희를 좌절시키느냐?)

　　　このことがあなたがたを躓(つまず)かせるのか。[岩波翻訳委員会訳1995]

　　　(이 일이 너희를 좌절시키느냐?)


　　[新改訳1970][新改訳1970]에서는「つまずく」가, [塚本訳1963][前田訳1978][岩波翻訳委員会訳1995]에서는「つまずく」의 사역「つまずかせる」가 쓰이고 있다.

> それでは、[1]もし人(ひと)の子(こ)が前(まえ)にいた所(ところ)に上(のぼ)るのを見(み)たら、どうなるのか。[ヨハネによる福音書 6:62]
> (그러면, 만일 인자가 전에 있던 곳에 올라가는 것을 보면, 어떻게 되겠느냐?[6:62])

[1]もし人(ひと)の子(こ)が前(まえ)にいた所(ところ)に上(のぼ)るのを見(み)たら、: 만일 인자가 전에 있던 곳에 올라가는 것을 보면. 본 절에서는「もし〜見(み)たら; 만일 〜보면」과 같이「もし」뒤에 가정조건을 나타내는「〜たら」가 쓰이고 있는데,「もし」는 접속조사「〜と・〜ば・〜たら・〜なら」와 호응하여 가정조건을 나타낸다. 이하 각 유형의 예를 살펴보자.

### 1.「もし〜と」

　　[例]もし、同(おな)じ給料(きゅうりょう)を日本(にほん)で貰(もら)うと仮定(かてい)すると、話(はなし)はまったく違(ちが)ってきます。

　　(만일 같은 월급을 일본에서 받는다고 가장하면 이야기는 전혀 달라진다.)

　　もし、建築(けんちく)が予定(よてい)通(どお)り完成(かんせい)しないと、所有

権(しょゆうけん)は別(べつ)の人(ひと)に移(うつ)ってしまうのよ。

(만일 건축이 예정대로 완성되지 않으면 소유권은 다른 사람에게 넘어가고 말아.)

もし、織田(おだ)作之助(さくのすけ)が過労(かろう)[執筆(しっぴつ)過労(かろう)]で死(し)んだのだとすると、現代(げんだい)作家(さっか)はどういうことになるのだろうか。

(만일 오다 사쿠노스케가 과로[집필 과로]으로 죽었다고 하면 현대 작가는 어떻게 될 것일까?)

もちろん、はっきりそうとは言(い)い切(き)れないが。もし、別人(べつじん)だとすると、悲鳴(ひめい)を上(あ)げた女性(じょせい)は?どこにいるのだろう?

(물론 확실히 그렇다고 단언할 수 없지만, 만일 다른 사람이라고 한다면 비명을 지른 여성은 어디에 있을까?)

もし、輸入(ゆにゅう)がストップすると、食(た)べられなくなるものは、多(おお)いということ。これが、日本(にほん)の本当(ほんとう)の姿(すがた)であろう!

(만일 수입이 멈추게 되면 먹을 수 없게 되는 것은 많다고 한다. 이것이 일본의 진짜 모습이겠지?)

もし、外発的(がいはつてき)な報酬(ほうしゅう)が拘束(こうそく)のための手段(しゅだん)であると評価(ひょうか)されると、その結果(けっか)勉学(べんがく)への内発的(ないはつてき)動機(どうき)づけは失(うしな)われるのである。

(만일 외발적인 보수가 구속을 위한 수단이라고 평가되면 그 결과 면학에 대한 내발적 동기 부여는 상실하게 된다.)

もし、この約束(やくそく)で30日間(さんじゅうにちかん)借(か)りたとすると、元利(がんり)合計(ごうけい)はいくらになるかを求(もと)めてみよう。

(만일 이 약속으로 30일간 빌렸다고 한다면, 원리합계는 얼마나 될 것인지 구해 보자.)

人類(じんるい)にとってこれ以上(いじょう)の幸(しあわ)せはない。もし開発(かい

はつ)が成功(せいこう)していたらと思(おも)うと背筋(せすじ)が寒(さむ)くなる。
(인류로서 더 이상의 행복은 없다. 만일 개발이 성공했다고 한다면, 이라고 생각하면 등골이 오싹해진다.)

<u>もし</u>同席(どうせき)させると親(おや)が学校(がっこう)に怒鳴(どな)り込(こ)んで来(く)る。先生(せんせい)もトラブルを避(さ)ける為(ため)に差別(さべつ)しなければならない。
(만일 동석시키면 부모가 학교에 호통 치며 들어온다. 선생님도 트러블을 피하기 위해, 차별해야 한다.)

<u>もし</u>ゆっくり水(みず)をコップからビンに注(そそ)ぐと、水(みず)はコップの外側(そとがわ)をつたわってビンの外(そと)へこぼれてしまいます。
(만일 천천히 물을 컵에서 병으로 따르면, 물은 컵 바깥쪽을 따라 병 밖으로 넘쳐나고 납니다.)

## 2.「もし〜ば」

[例]だれも、真新(まあたら)しい布切(ぬのぎ)れを、古(ふる)い着物(きもの)に縫(ぬ)い付(つ)けはしない。<u>もしそうすれば</u>、新(あたら)しい継(つ)ぎは古(ふる)い着物(きもの)を引(ひ)き破(やぶ)り、そして、破(やぶ)れがもっとひどくなる。
[口語訳 / マルコによる福音書 2:21]
(어느 누구도 새 천 조각을 낡은 옷에 대고 깁거나 하지는 않는다. 만일 그렇게 하면 새로 대고 기운 데가 낡은 옷을 잡아 째서 더 심하게 찢어지고 만다.)[마가복음 2:21][71]

それだのに、あなたがたは、<u>もし</u>人(ひと)が父(ちち)または母(はは)に向(む)かって、あなたに差(さ)し上(あ)げるはずのこのものはコルバン、すなわち、供(そな)え物(もの)ですと言(い)えば、それでよいとして、[口語訳 / マルコによる福

---

71) 李成圭 (2018c)『일본어 구어역 마가복음의 언어학적 분석Ⅰ』시간의물레. p. 98에서 인용.

音書 7:11]

(그럼에도 불구하고 너희는 만일 남이 아버지와 어머니를 향해 당신께 드려야 할 이것은 고르반 즉 제물입니다 라고 말하면 그것으로 족하다고 하고,)[마가복음 7:11][72]

すると、彼(かれ)らは互(たがい)に論(ろん)じて言(い)った、「もし天(てん)からだと言(い)えば、では、なぜ彼(かれ)を信(しん)じなかったのか、とイエスは言(い)うだろう。[口語訳 / マルコによる福音書 11:31]
(그러자, 그들은 서로 논쟁하여 말했다. "만일 하늘에서 왔다고 하면, 그러면, 왜 그를 믿지 않았느냐고 예수가 말할 것이다.)[마가복음 11:31][73]

どこかに大会(たいかい)成績(せいせき)でもあるかも知(し)れません。無(な)いかも知(し)れません。もし、何年分(なんねんぶん)か出(で)てくれば、ある程度(ていど)傾向(けいこう)が掴(つか)めますね。
(어딘가에 대회 성적이라도 있을지도 모릅니다. 없을지도 모릅니다. 만일 몇 년분이 나오면, 어느 정도 경향을 파악할 수 있습니다.)
もし、きみが、幸運(こううん)にも、青春時代(せいしゅんじだい)にパリに住(す)んだとすれば、きみが残(のこ)りの人生(じんせい)をどこで過(す)ごそうとも、パリはきみについてまわる。
(만일 자네가 운 좋게도 청춘 시절 파리에 살았다고 한다면, 자네가 남은 인생을 어디에서 보내도 파리는 자네를 따라다닌다.)
もし、南北(なんぼく)統一(とういつ)が実現(じつげん)したとすれば、それは、韓国(かんこく)にとっては耐(た)え難(がた)い極(きわ)めて重(おも)い負担(ふたん)となる。

---

[72] 李成圭 (2019a) 『일본어 구어역 마가복음의 언어학적 분석Ⅱ』 시간의물레. p. 84에서 인용.
[73] 李成圭 (2019c) 『일본어 구어역 마가복음의 언어학적 분석Ⅲ』 시간의물레. p. 123에서 인용.

(만일 남북통일이 실현된다고 하면 그것은 한국으로서는 견디기 힘든 극히 과중한 부담이 된다.)

<u>もし</u>、この男(おとこ)を<u>捕(つか)まえなければ</u>、自分(じぶん)が殺(ころ)される。
(만일 이 남자를 붙잡지 않으면 내가 살해당한다.)

<u>もし</u>、商品(しょうひん)が来(こ)<u>なかったら</u>どうすればよいのでしょうか?
(만일 상품이 오지 않으면 어떻게 하면 될까요?)

<u>もし</u>、かれらの主張(しゅちょう)が<u>正(ただ)しければ</u>、アイヌは和人(わじん)の基本的(きほんてき)構成(こうせい)要素(ようそ)の一(ひと)つとは言(い)えなくなる。
(만일 그들 주장이 옳다면 아이누는 왜인의 기본적 구성 요소의 하나라고는 말할 수 없게 된다.)

<u>もし</u>、<u>時間(じかん)があれば</u>、船(ふね)で50分(ごじゅっぷん)かけて八景島(はっけいじま)に行(い)くのもいいね。
(만일 시간이 있으면 배로 50분 걸려 학케이지마에 가는 것도 좋군.)

### 3. 「もし~たら」

[例]塩(しお)はよいものである。しかし、<u>もし</u>その塩(しお)の味(あじ)が抜(ぬ)<u>けたら</u>、何(なに)によってその味(あじ)が取(と)りもどされようか。[口語訳 / マルコによる福音書 9:50]
(소금은 좋은 것이다. 그러나 만일 그 소금의 맛을 잃으면 무엇으로 그 맛을 되찾을 것인가?)[마가복음 9:50][74]

<u>もし</u>、私(わたし)が<u>あなただったら</u>、きっと彼(かれ)を中東(ちゅうとう)なんかに行(い)かせないわ。
(만일 내가 당신이라면 틀림없이 그를 중동 같은 데에 가게 하지 않을

---

74) 李成圭(2019a)『일본어 구어역 마가복음의 언어학적 분석Ⅱ』시간의물레. p. 253에서 인용.

거야.)

<u>もし</u>、そのアドレスに大量(たいりょう)に迷惑(めいわく)メールやウイルスメールが来(く)るようになったら、自分(じぶん)の意思(いし)でメールをしている相手(あいて)に、アドレスを変(か)える事(こと)を伝(つた)えてから、使用(しよう)しているアドレスを破棄(はき)。その後(ご)、新(あら)たにフリーメールを取得(しゅとく)すればいいんです。
(만일 이 주소에 대량으로 스팸 메일이나 바이러스 메일이 오게 된다면, 자신 의사로 메일을 하고 있는 상대에게 어드레스를 바꾸는 것을 전달하고 나서 사용하고 있는 어드레스를 파기하고 그 후에 새로 프리 메일을 취득하면 됩니다.)

<u>もし</u>、あなたが国外(こくがい)から、何(なん)らかの学術的(がくじゅつてき)な援助(えんじょ)を受(う)けているのでしたら、私(わたし)に教(おし)えて下(くだ)さい。
(만일 당신이 국외에서 어떤 학술적인 원조를 받고 있으면 제게 가르쳐 주십시오.)

<u>もし</u>、その人(ひと)が無口(むくち)で、<u>無愛想(ぶあいそう)</u>だったら、やっぱり、おばあちゃんはボケやすいだろう。
(만일 그 사람이 말이 없고 무뚝뚝하면 역시 할머니는 치매에 걸리기 쉬울 것이다.)

<u>もし</u>、子供(こども)がいないのに死(し)んでしまったら遺伝子(いでんし)は残(のこ)らずにそこで切(き)れてしまう。
(만일 아이가 없는데 죽어 버린다면 유전자는 남지 않고 거기에서 끊어져 버린다.)

<u>もし</u>、エリザベートに計画(けいかく)が<u>洩(も)</u>れたら、それはゾフィーの命取(いのちと)りとなり兼(か)ねない。
(만일 엘리자베스에게 계획이 새면 그것은 소피가 목숨을 잃게 될지도 모른다.)

もし、実際(じっさい)に使(つか)い分(わ)けている方(かた)がいらっしゃいましたら、具体的(ぐたいてき)な使(つか)い分(わ)け方法(ほうほう)等(など)もお願(ねが)いいたす。
(만일 실제로 구별해서 사용하고 있는 분이 계신다면, 구체적인 사용 구별 방법 등도 부탁드린다.)

## 4.「もし～なら」

[例]もし国(くに)が内部(ないぶ)で分(わか)れ争(あらそ)うなら、その国(くに)は立(た)ち行(ゆ)かない。[口語訳 / マルコによる福音書 3:24]
(만일 나라가 내부에서 갈라져서 싸운다고 한다면, 그 나라는 버틸 수가 없다.)[마가복음 3:24][75]

また、もし家(いえ)が内輪(うちわ)で分(わか)れ争(あらそ)うなら、その家(いえ)は立(た)ち行(ゆ)かないであろう。[口語訳 / マルコによる福音書 3:25]
(또 만일 집이 내부에서 갈라져서 싸운다고 한다면 그 집은 버틸 수 없을 것이다.)[마가복음 3:25][76]

もし、彼(かれ)らを空腹(くうふく)のまま家(いえ)に帰(かえ)らせるなら、途中(とちゅう)で弱(よわ)り切(き)ってしまうであろう。それに、中(なか)には遠(とお)くから来(き)ている者(もの)もある」。[口語訳 / マルコによる福音書 8:3]
(만일 그들을 굶은 채로 집에 돌려보내면, 도중에서 몸이 몹시 쇠약해질 것이다. 게다가 그 중에는 멀리서 온 사람도 있다.")[마가복음 8:3][77]

もし主(しゅ)がその期間(きかん)を縮(ちぢ)めてくださらないなら、救(すく)われ

---

75) 李成圭(2018c)『일본어 구어역 마가복음의 언어학적 분석 I』시간의물레. p. 134에서 인용.
76) 李成圭(2018c)『일본어 구어역 마가복음의 언어학적 분석 I』시간의물레. p. 141에서 인용.
77) 李成圭(2019a)『일본어 구어역 마가복음의 언어학적 분석 II』시간의물레. p. 125에서 인용.

る者(もの)は一人(ひとり)もないであろう。しかし、選(えら)ばれた選民(せんみん)のために、その期間(きかん)を縮(ちぢ)めてくださったのである。[口語訳 / マルコによる福音書 13:20]

(만일 주께서 그 기간을 줄여 주시지 않는다면 구원받는 사람은 한 사람도 없을 것이다. 그러나 선택받은 선민을 위해 그 기간을 줄여 주셨던 것이다.)[마가복음 13:20][78]

それは、違(ちが)うと思(おも)うな。もし、教授(きょうじゅ)が犯人(はんにん)なら、そんなあやふやなアリバイはつくらないと思(おも)うな。
(그것은 아니라고 생각해. 만일 교수가 범인이라면, 그런 애매모호한 알리바이는 만들지 않을 것이라고 생각해.)

もし、平和(へいわ)への使命(しめい)を自覚(じかく)するならば、口先(くちさき)ではなく、日々(ひび)、実際(じっさい)に何(なに)をするかです。
(만일 평화에 대한 사명을 자각하면 말로만 아니라 매일 실제로 무엇을 하는가? 입니다.)

もし、邦画(ほうが)産業(さんぎょう)が滅亡(めつぼう)に瀕(ひん)したならば日本人(にほんじん)をハリウッドに行(い)かせて邦画(ほうが)を作(つく)ればいい。
(만일 방화 산업이 멸망이라는 절박한 처지에 놓인다면, 일본인을 할리우드에 보내서 방화를 만들면 된다.)

もし、今後(こんご)も護送(ごそう)船団(せんだん)方式(ほうしき)で行(い)くならば、この状況(じょうきょう)を抜(ぬ)け出(だ)すことはできない。
(만일 앞으로도 호송선단방식으로 간다고 하면 이 상황을 빠져 나갈 수는 없다.)

---

78) 李成圭(2019c)『일본어 구어역 마가복음의 언어학적 분석Ⅲ』시간의물레. p. 266에서 인용.

> [1]人(ひと)を生(い)かすものは霊(れい)であって、[2]肉(にく)[79]は何(なん)の役(やく)にも立(た)たない。[3]わたしがあなたがたに話(はな)した言葉(ことば)は[80]霊(れい)であり、また命(いのち)である。[ヨハネによる福音書 6:63]
> (사람을 살리는 것은 영이고, 육은 아무런 도움도 안 된다. 내가 너희에게 이야기한 말은 영이며, 또 생명이다.[6:63])

[1]人(ひと)を生(い)かすものは霊(れい)であって、: 사람을 살리는 것은 영이고.「人(ひと)を生(い)かす」는「사람을 살리다」의 뜻을 나타내는데, 타 번역본에서는 이 부분을 어떻게 묘사하고 있는지 살펴보자.

[例]霊(れい)は生(い)かすもので、[前田訳1978]

　　(영은 살리는 것으로,)

　　霊(れい)こそが生(い)かすものであって、[岩波翻訳委員会訳1995]

　　(영이야 말로 살리는 것으로)

　　霊(れい)が命(いのち)を与(あた)える。[塚本訳1963]

　　(영이 생명을 준다.)

　　いのちを与(あた)えるのは御霊(みたま)です。[新改訳1970]

　　(생명을 주는 것은 성령입니다.)

　　命(いのち)を与えるのは"霊(れい)"である。[新共同訳1987]

　　(생명을 주는 것은 "영"이다.)

[前田訳1978][岩波翻訳委員会訳1995]에서는「生(い)かす ; 살리다」와 같은 타동사가, [塚本訳1963][新改訳1970][新共同訳1987]에서는「命(いのち)を与(あた)える ; 생명을 주다」와 같은 타동사가 쓰이고 있다.

---

[79] フランシスコ会聖書研究所(1984)『新約聖書』サンパウロ. p. 323 (19)에 의하면, 본 절의「肉(にく)」는 예수의 살이 아니라, 인간을 가리킨다고 한다.

[80] フランシスコ会聖書研究所(1984)『新約聖書』サンパウロ. p. 323 (19)에 의하면, 본 절의「霊(れい)であり、また、命(いのち)である」는「생명을 주는 영이다」의 뜻이라고 한다.

[2]肉(にく)は何(なん)の役(やく)にも立(た)たない : 육은 아무런 도움도 안 된다. 「役(やく)に立(た)つ」는 연어(連語 ; れんご)로서 「도움이 되다」의 뜻을 나타내는데, 본 절에서는 「何(なん)の役(やく)にも立(た)たない」와 같이 부정으로 쓰이고 있다.

[例]何(なん)の役(やく)にも立(た)たない人間(にんげん)などと、誰(だれ)が言(い)えましょうか。

(아무런 도움도 되지 않는 인간 등이라고 누가 말할 수 있을까요?)

人(ひと)は時(とき)として「実証(じっしょう)された写真(しゃしん)」と「真実(しんじつ)ではあるが、何(なん)の役(やく)にも立(た)たないこと」を混同(こんどう)してしまうものです。

(사람은 때로「실증된 사진」과「진실하지만 아무런 도움도 안 되는 것」을 혼동하고 맙니다.)

あなた方(がた)の要求(ようきゅう)には誰(だれ)も応(おう)じない。あなた方(がた)は必(かなら)ず殺(ころ)される。われわれを殺(ころ)しても何(なん)の役(やく)にも立(た)たない。

(당신들 요구에는 아무도 응하지 않는다. 당신들은 반드시 살해당한다. 우리를 죽여도 아무런 도움도 안 된다.)

[3]わたしがあなたがたに話(はな)した言葉(ことば)は霊(れい)であり、また命(いのち)である : 내가 너희에게 이야기한 말은 영이며, 또 생명이다. 「~言葉(ことば)は霊(れい)であり、また命(いのち)である」는 2개의 명사술어문을 「~であり」와 같은 연용중지법으로 연결한 것이다.

[例]したがって石川(いしかわ)被告(ひこく)は無実(むじつ)であり、無罪(むざい)であるとしてよいと、私(わたし)は考(かんが)える。

(따라서 이시카와 피고는 억울하고, 무죄라고 해도 좋다고 나는 생각한다.)

「企業(きぎょう)の安定(あんてい)と成長(せいちょう)・発展(はってん)」は、経営(けいえい)管理(かんり)の面(めん)からは、「企業(きぎょう)の改善(かいぜん)風

土(ふうど)づくり」であり、人事管理(じんじかんり)の面(めん)からは、「公平(こうへい)な人事管理(じんじかんり)」であるということです。
(「기업의 안정과 성장·발전」은 경영 관리 면에서는「기업 개선 풍토 조성」이고, 인사관리의 면에서는「공평한 인사관리」를 말합니다.)
「地方自治(ちほうじち)の本旨(ほんし)」というのも、次(つぎ)の二(ふた)つの原理(げんり)から成(な)り立(た)っているといわれている。その一(ひと)つは「団結(だんけつ)自治(じち)」であり、もう一(ひと)つは「住民(じゅうみん)自治(じち)」である。
(「지방자치의 본지」라고 하는 것은 다음 두 가지 원리에서 성립하고 있다고 한다. 그 하나는「단결 자치」이고 또 하나는「주민 자치」이다.)

しかし、[1]あなたがたの中(なか)には信(しん)じない者(もの)がいる」。イエスは、初(はじ)めから、だれが信(しん)じないか、また、[2]だれが彼(かれ)を裏切(うらぎ)るかを知(し)っておられたのである。[ヨハネによる福音書 6:64]
(그러나 너희 중에는 믿지 않는 자가 있다."예수께서는 처음부터 누가 믿지 않을지, 그리고 누가 그를 배반할지를 알고 계셨던 것이다.[6:64])

[1]あなたがたの中(なか)には信(しん)じない者(もの)がいる : 너희 중에는 믿지 않는 자가 있다.「あなたがたの中(なか)には信(しん)じない者(もの)が」와 같이 구체적이고 개별적인 존재를 나타내고 있다는 점에서「いる」동사가 사용되고 있다고 판단된다. 물론 이러한 판단 기준은 번역본에 따라 다를 수 있다.
[例]それから彼(かれ)らに言(い)われた、「あなたがたのうちで、自分(じぶん)のむすこか牛(うし)が井戸(いど)に落(お)ち込(こ)んだなら、安息日(あんそくにち)だからといって、すぐに引(ひ)き上(あ)げてやらない者(もの)がいるだろうか」。[口語訳 / ルカによる福音書 14:5]
(그리고 나서 그들에게 말씀하셨다. "너희 중에서 자기 아들이나 소가 우

물에 빠지면, 안식일이라고 해서 금방 끌어올려 주지 않는 자가 있을까?")
[누가복음 14:5]

それと同(おな)じように、今(いま)の時(とき)にも、恵(めぐ)みの選(えら)びによって残(のこ)された者(もの)がいる。[口語訳 / ローマ人への手紙 11:5]
(그것과 마찬가지로 지금과 같은 때에도 은혜의 선택에 의해 남겨진 자가 있다.)[로마서 11:5]

一方(いっぽう)では、妬(ねた)みや闘争心(とうそうしん)からキリストを宣(の)べ伝(つた)える者(もの)がおり、他方(たほう)では善意(ぜんい)からそうする者(もの)がいる。[口語訳 / ピリピ人への手紙 1:15]
(한편, 시기나 투쟁심에서 그리스도 전파하는 사람이 있고, 다른 한편에서 선의에서 그렇게 하는 사람이 있다.)[빌립보서 1:15]

[2]だれが彼(かれ)を裏切(うらぎ)るかを知(し)っておられたのである : 누가 그를 배반할지를 알고 계셨던 것이다. 「知(し)っておられた」는 「知(し)っている」의 레르형 경어 「知(し)っておられる」의 과거이다.
[例]神(かみ)はすでに必要(ひつよう)なものを知(し)っておられます。
(하나님께서는 이미 필요한 것을 알고 계십니다.)
神(かみ)は起(お)こって来(く)る前(まえ)に知(し)っておられるから私(わたし)に忠告(ちゅうこく)いたします。神(かみ)の忠告(ちゅうこく)を受(う)ける私(わたし)は驚(おどろ)き、恐(おそ)れるばかりです。
(하나님께서는 일어나기 전에 알고 계시기 때문에 내게 충고합니다. 하나님의 충고를 받는 나는 놀라고 무서워할 뿐입니다.)
しかし神(かみ)は、過去(かこ)、現在(げんざい)、未来(みらい)を一度(いちど)に見渡(みわた)すことが出来(でき)ます。そして全時代(ぜんじだい)、全世界(ぜんせ

かい)、またすべての心(こころ)にあるものを、つぶさに知(し)っておられるのです。
(그러나 하나님께서는 과거, 현재, 미래를 한 번에 전망할 수 있습니다. 그리고 모든 시대, 전 세계, 그리고 모든 마음에 있는 것을 자세히 알고 계십니다.)

主(しゅ)が私(わたし)たちの全生涯(ぜんしょうがい)をすみずみまで知(し)っておられ、導(みちび)いてくださるということは、なんと大(おお)きな慰(なぐさ)めでしょうか。
(주께서 우리들의 전 생애를 구석구석까지 알고 계시고, 인도해 주신다고 하는 것은 이 얼마나 커다란 위로일까요?)

それを知っておられたイエス様(さま)は、対話(たいわ)しながらステップを踏(ふ)んで、ご自分(じぶん)こそが彼女(かのじょ)が待(ま)ち望(のぞ)んでいたキリストと呼(よ)ばれるメシアであることを示(しめ)されました。
(그것을 알고 계신 예수님은 대화하면서 스텝을 밟고 자신이야 말로 그녀가 고대하던 그리스도라고 불리는 메시아인 것을 보이셨습니다.)

そしてイエスは言(い)われた、「[1]それだから、[2]父(ちち)が与(あた)えて下(くだ)さった者(もの)でなければ、わたしに来(く)ることはできないと、言(い)ったのである」。[ヨハネによる福音書 6:65]
(그리고 예수께서 말씀하셨다. "그러므로 아버지께서 주신 사람이 아니면, 내게 올 수는 없다고 말한 것이다."[6:65])

[1]それだから、: 그러므로.「それだから」는 접속사로서「그러므로 / 그러니까」에 상당하는 뜻을 나타내는데,「だから」「それであるから」와 유의어 관계에 있고 정중체로는「ですから」가 있다.

[例] 難(むずか)しい仕事(しごと)だが、それだから、やる気(き)も起(お)こる。
(어려운 일이지만 그러니까 할 의욕도 생긴다.)

それだから、わたくしはすぐにあなたのことを考(かんが)えたのよ。
(그러니까 나는 금방 너에 관해 생각했어.)

それだから、環境税(かんきょうぜい)反対(はんたい)とか、消費税(しょうひぜい)増税(ぞうぜい)とか言(い)っているんですよね?
(그러므로 환경세 반대라든가 소비세 증세라든가 말하고 있는 것이 아닌가요?)

それだから、キリストがこの世(よ)に来(こ)られたとき、次(つぎ)のように言(い)われた、「あなたは、いけにえや捧(ささ)げ物(もの)を望(のぞ)まれないで、わたしのために、体(からだ)を備(そな)えて下(くだ)さった。[口語訳 / ヘブル人への手紙 10:5]
(그러므로 그리스도께서 세상에 오셨을 때, 다음과 말씀하셨다. "주님은 희생물과 예물을 바라지 않으시고, 나를 위해 몸을 마련해 주셨다.)[히브리서 10:5]

それだから、あなたがたは、力(ちから)の限(かぎ)りを尽(つく)して、あなたがたの信仰(しんこう)に徳(とく)を加(くわ)え、徳(とく)に知識(ちしき)を、[口語訳 / ペテロの第二の手紙 1:5]
(그러므로 너희는 힘껏 다하고, 너희의 신앙에 덕을 더해 덕에 지식을,)[베드로후서 1:5]

それだから、わたしたちは、真理(しんり)のための同労者(どうろうしゃ)となるように、こういう人々(ひとびと)を助(たす)けねばならない。[口語訳 / ヨハネの第三の手紙 1:8]
(그러므로 우리는 진리를 위한 동역자가 되도록 이런 사람을 도와야 한다.)[요한삼서 1:8]

[2]父(ちち)が与(あた)えて下(くだ)さった者(もの)でなければ、: 아버지께서 주신 사람이 아니면. [6:37]에서 설명한 바와 같이「与(あた)えて下(くだ)さる」는「与(あた)える;주다」에 수수동사「〜て下(くだ)さる;〜해 주시다」가 접속되어 한국어로는 이중적인 표현이 되기에 여기에서도「주시다」로 번역해 둔다. 그리고 타 번역본에서는 이 부분을 어떻게 묘사하고 있는지 살펴보자.

[예]父上(ちちうえ)に許(ゆる)された者(もの)でなければ、[塚本訳1963]
　　(아버지로부터 허락받은 사람이 아니면.)
　　父(ちち)のみこころによるのでないかぎり、[新改訳1970]
　　(아버지의 뜻에 의한 것이 아니면.)
　　父(ちち)から恵(めぐ)まれないかぎり [前田訳1978]
　　(아버지가 은혜를 베풀지 않으면.)
　　父(ちち)からお許(ゆる)しがなければ、[新共同訳1987]
　　(아버지로부터 허락이 없으면.)
　　父(ちち)から与(あた)えられいるのでなければ、[岩波翻訳委員会訳1995]
　　(아버지로부터 받은 것이 아니면.)

[1]それ以来(いらい)、多(おお)くの弟子(でし)たちは去(さ)って行(い)って、[2]もはやイエスと行動(こうどう)を共(とも)にしなかった。[ヨハネによる福音書 6:66]
(그 이후, 많은 제자들이 떠나갔고, 더 이상 예수와 행동을 함께 하지 않았다.[6:66])

[1]それ以来(いらい): 그 이후.「以来(いらい)」는 명사나「동사의 テ형」에 접속되어「그때부터 지금까지 / 이후」의 뜻을 나타내는 접미사이다.

1. 「명사 + 以来(いらい)」

   [例] 今日(きょう)の晩御飯(ばんごはん)はご馳走(ちそう)だな！こんな豪華(ごうか)なのは、去年(きょねん)の誕生日(たんじょうび)以来(いらい)！
   (오늘 저녁밥은 진수성찬이군. 이런 호화스러운 것은 작년 생일 이후 처음이다.)

   その人気(にんき)の店(みせ)は、開店(かいてん)以来(いらい)お客(きゃく)さんが絶(た)えません。そのミュージシャンが、前回(ぜんかい)のアルバム以来(いらい)2年(にねん)ぶりにCDを出(だ)します。
   (그 인기 있는 가게는 개점하고 나서 손님이 끊이지 않습니다. 그 뮤지션이 그 이전의 앨범 이후 2년 만에 CD를 냅니다.)

   この商品(しょうひん)は、発売(はつばい)以来(いらい)15年間(じゅうごねんかん)、みなさんに愛(あい)されてきています。
   (이 상품은 발매 이후 15년간 여러분의 사랑을 받아왔습니다.)

2. 「동사의 テ형 + 以来(いらい)」

   [例] その子供(こども)は、両親(りょうしん)を事故(じこ)で亡(な)くして以来(いらい)、笑(わら)わなくなってしまった。
   (그 어린이는 부모를 사고로 잃고 나서 웃지 않게 되었다.)

   あの映画(えいが)を見(み)て以来(いらい)、家族(かぞく)の愛(あい)について考(かんが)えることが多(おお)くなった。
   (그 영화를 보고 나서 가족애에 관해 생각하는 것이 많아졌다.)

   その寿司屋(すしや)の寿司(すし)を食(た)べて以来(いらい)、ずっとそのお店(みせ)のファンです。
   (그 초밥집의 초밥을 먹고 나서 죽 그 가게 팬입니다.)

   父(ちち)は10年前(じゅうねんまえ)にお店(みせ)を初(はじ)めて以来(いらい)、1日(いちにち)も仕事(しごと)を休(やす)みませんでした。

(아버지는 10년 전에 가게를 시작하고 나서 하루도 일을 쉬지 않았습니다.)

卒業(そつぎょう)して以来(いらい)、先生(せんせい)とは一度(いちど)も会(あ)っていません。[81]

(졸업하고 나서 선생님과는 한 번도 만나지 못했습니다.)

▫ 「以降(いこう)」와 「以来(いらい)」의 차이

「以降(いこう)」는 현재에서 미래까지의 시제에 사용되고, 「以来(いらい)」는 과거의 어느 시점에서 현재까지의 시제에 사용된다.

예를 들어, 어떤 스케줄을 조정할 때에,

[例]来週(らいしゅう)以降(いこう)は。

(내주 이후는.)

○時(じ)以降(いこう)는。

(○시 이후는.)

과 같이 사용하는 경우가 많다. 그리고 과거의 어느 시점에서 어떤 사건이 있었을 경우,

[例]○○を食(た)べてアレルギーを発症(はっしょう)し、それ以降(いこう)は○○を食(た)べることを避(さ)けるようにしている。

(○○을 먹고 알레르기가 생겨서 그 이후에는 ○○을 먹는 것을 피하고 있다.)

와 같이 사용할 수도 있다.

이에 대해「以来(いらい)」는 예를 들어, 과거 어느 시점에 어떤 사건이 발생하여 현재도 계속되고 있을 경우,

---

81) https://j-nihongo.com/irai/에서 인용하여 번역함.

[例]約(やく)1ヶ月(いっかげつ)前(まえ)に山火事(やまかじ)が発生(はっせい)して広範囲(こうはんい)に燃(も)え広(ひろ)がり、時間(じかん)がかかったものの大部分(だいぶぶん)は鎮火(ちんか)されたが、<u>それ以来(いらい)</u>、公園(こうえん)監理局(かんりきょく)による入園(にゅうえん)規制(きせい)が厳(きび)しくなった。

(약 1개월 전에 산불이 발생해서 광범위하게 불이 번져 시간이 걸렸지만 대부분은 진화되었다. 그러나 그 이후 공원관리국에 의한 입산 규제가 엄격해졌다.)

와 같이 사용된다.[82]

[2] もはやイエスと行動(こうどう)を共(とも)にしなかった : 더 이상 예수와 행동을 함께 하지 않았다. 「もはや[最早]」는 「이제 / 이미 / 어느새 / 이제 와서는」에 상당하는 뜻을 나타내는 부사인데, 본 절에서는 「더 이상」으로 번역해 둔다.

「もはや」는 이미 끝난 일을 지금에 와서 다시금 인식하는 기분을 나타낸다. 유의어로서는 「もう ; 이미 / 벌써」「すでに ; 이미 」「今(いま)となっては ; 이제 와서는」 등이 있다.

[例]その製品(せいひん)はすでに生産(せいさん)が終了(しゅうりょう)し、<u>最早(もはや)</u>入手(にゅうしゅ)不可能(ふかのう)だった。

(그 제품은 이미 생산이 종료되어 더 이상 입수가 불가능했다.)

会社員(かいしゃいん)が安定(あんてい)している職業(しょくぎょう)だという考(かんが)え方(かた)は<u>最早(もはや)</u>時代(じだい)遅(おく)れといえそうだ。

(회사원이 안정된 직업이라는 생각은 이미 시대착오라고 할 수 있을 것 같다.)

その企業(きぎょう)の倒産(とうさん)は最早(もはや)時間(じかん)の問題(もんだ

---

82) http://lance3.net/chigai/z0051.html에서 인용하여 번역함.

い)だった。

(그 기업의 도산은 이미 시간의 문제이었다.

救急車(きゅうきゅうしゃ)が病院(びょういん)に着(つ)いた時(とき)には、<u>最早(もはや)</u>手(て)のつけようがない状態(じょうたい)だった。[83]

(구급차가 병원에 도착했을 때에는 이미 손을 쓸 수 없는 상태이었다.)

「もう」・「既(すで)に」・「最早(もはや)」

「もう」는 이미 끝난 일이나 가까운 미래에 일어날 사건에 사용하는데, 구어적 말씨이다.

[例]<u>もう</u>、夜(よる)だね。

　　(벌써 밤이네.)

　　<u>もう</u>、ご飯(はん)食(た)べちゃった。

　　(이미 밥, 다 먹었어.)

　　<u>もう</u>12時(じゅうにじ)だね。そろそろ寝(ね)ようかな。

　　(벌써 12시네. 슬슬 잘까.)

　　11時(じゅういちじ)の電車(でんしゃ)に乗(の)りたいけど、<u>もう</u>間(ま)に合(あ)わないかな。

　　(11시 전철을 타고 싶은데 이제 늦지 않을까?)

「既(すで)に」는 「もう」보다 격식을 차리는 말씨로 비즈니스문서 등에 사용하는데, 「もう」와 달리 발생한 사건에 대해서만 사용할 수 있다.

[例]本日(ほんじつ)の営業(えいぎょう)は<u>既(すで)に</u>終了(しゅうりょう)いたしました。

　　(오늘 영업은 이미 종료했습니다.)

　　ガンの検査(けんさ)をした時(とき)には<u>既(すで)に</u>転移(てんい)していた。

　　(암 검사를 했을 때는 이미 전이되어 있었다.)

---

83) https://kotonoha-jiten.com/blog/mohaya/에서 인용하여 번역함.

その本(ほん)は既(すで)に絶版(ぜっぱん)となっていた。

(그 책은 이미 절판되었다.)

家(いえ)に帰(かえ)った時(とき)には既(すで)に12時(じゅうにじ)を過(す)ぎていた。

(집에 돌아갔을 때에는 이미 12시가 지났다.)

「もはや」도「もう」와 마찬가지로 발생한 사건이나, 이제 곧 일어날 사건에 대해 사용한다. 그런데, 「もはや」라고 하면 발생하기 전의 상태로는 돌릴 수 없다는 뜻을 함의하기 때문에 뒤에 오는 문장은 반드시 부정적인 감정을 내포한다.

[例]もはや手遅(ておく)れ。

(이미 늦었다. 손을 쓸 수가 없다.)

その服(ふく)はもはや時代(じだい)遅(おく)れだ。

(그 옷은 이미 유행이 지났다.)

その建物(たてもの)はもはや崩(くず)れかかってる。[84]

(그 건물은 이미 무너지기 시작했어.)

---

そこでイエスは十二弟子(でし)に言(い)われた、「[1]あなたがたも去(さ)ろうとするのか」。[ヨハネによる福音書 6:67]

(그래서 예수께서는 12제자에게 말씀하셨다. "너희도 떠나려고 하느냐?"[6:67])

---

[1]あなたがたも去(さ)ろうとするのか : 너희도 떠나려고 하느냐?「去(さ)ろうとする」는「去(さ)る」에 화자의 의지를 나타내는「~うとする」가 접속된 것이다.

[例]いったいこの運(うん)やツキを何(なに)に使(つか)おうとするのか。

---

84) https://hinative.com/ja/questions/206763에서 인용하여 번역함.

(도대체 이 운과 행운을 어디에 사용하려고 하느냐?)

だから訊(き)いているんです。なぜ、死(し)のうとするのか。

(따라서 묻고 있는 것입니다. 왜 죽으려고 하는 것이냐?)

国家(こっか)はなぜ、常(つね)に靖国神社(やすくにじんじゃ)にかかわろうとするのか。

(국가는 왜 항상 야스쿠니신사에 관련을 가지려고 하는가?)

いったい何(なに)を読(よ)もうというのか、全体(ぜんたい)何(なに)を知(し)ろうとするのか。

(도대체 무엇을 읽으려고 하는가? 대저 무엇을 알려고 하는가?)

私(わたし)たちと、私(わたし)たちの家畜(かちく)をここで死(し)なせようとするのか。

(우리와 우리 가축을 여기에서 죽게 하려고 하는 것인가?)

だが、おまえはそこで誰(だれ)を比(くら)べようとするのか。おまえをか。おまえのうちの私をか。

(그러나 너는 거기에서 누구를 비교하려고 하는가? 너를. 네 속의 나를.)

---

シモン・ペテロが答(こた)えた、「主(しゅ)よ、[1]わたしたちは、だれのところに行(い)きましょう。[2]永遠(えいえん)の命(いのち)の言(ことば)を持(も)っているのはあなたです。[ヨハネによる福音書 6:68]

(시몬 베드로가 대답했다. "주여! 우리는 누구에게로 갑니까? 영원한 생명의 말씀을 가지고 있는 이는 선생님입니다.[6:68])

---

[1] わたしたちは、だれのところに行(い)きましょう : 우리는 누구에게로 갑니까? 「だれのところに行(い)きましょう」는 「누구에게로 가나요?」의 뜻으로 이때의 「〜ましょう」는 화자의 의지나 권유가 아니라 추측을 나타내는 것으로 이해된다.

[2] 永遠(えいえん)の命(いのち)の言(ことば)を持(も)っているのはあなたです : 영원한 생명의 말씀을 가지고 있는 이는 선생님입니다. 여기에서는 「あなた=イエス」

에 대해 「持(も)っている」와 같이 비경칭이 사용되고 있다. 타 번역본에서는 어떻게 서술하고 있는지 살펴보자.

[例] 永遠(えいえん)の生命(せいめい)の言葉(ことば)はあなただけがお持(も)ちです(から)。[塚本訳1963]

(영원한 생명의 말씀은 선생님께서만 가지고 계십니까.)

永遠(えいえん)のいのちのことばはあなたがお持(も)ちです。[前田訳1978]

(영원한 생명의 말씀은 선생님께서 가지고 계십니다.)

あなたは、永遠(えいえん)のいのちのことばを持(も)っておられます。[新改訳1970]

(선생님께서는 영원한 생명을 가지고 계십니다.)

あなたは永遠(えいえん)の命(いのち)の言葉(ことば)を持(も)っておられます。[新共同訳1987]

(선생님께서는 영원한 생명의 말씀은 가지고 계십니다.)

あなたは永遠(えいえん)の命(いのち)の言葉(ことば)を持(も)っておられます。[岩波翻訳委員会訳1995]

(선생님께서는 영원한 생명의 말씀은 가지고 계십니다.)

[塚本訳1963][前田訳1978]에서는 「お持(も)ちです」와 같이 「お~です」 유형의 경어가, [新改訳1970][新共同訳1987][新共同訳1987]에서는 「持(も)っておられます」와 같이 「~ておられる」 유형의 경어가 쓰이고 있다.

わたしたちは、あなたが[1]神(かみ)の聖者(せいじゃ)であることを信(しん)じ、また知(し)っています」。[ヨハネによる福音書 6:69]
(우리는 선생님이 하나님께서 보내신 성자인 것을 믿고 또 알고 있습니다.[6:69])

[1]神(かみ)の聖者(せいじゃ) : 하나님께서 보내신 성자. 하나님께서 보내신 성스러운 분. 구어역 신약성서에서는 마가복음[1:24], 누가복음[4:34], 그리고 본 절을 포함하여 총 3회 등장한다.

[例]「ナザレのイエスよ、あなたはわたしたちと何(なん)の係(かか)わりがあるのです。わたしたちを滅(ほろ)ぼしに来(こ)られたのですか。あなたがどなたであるか、わかっています。神(かみ)の聖者(せいじゃ)です」。[口語訳 / マルコによる福音書 1:24]

("나사렛의 예수여, 당신은 저희들과 무슨 상관이 있습니까? 저희를 없애기 위해 오신 것입니까? 당신이 누구신지, 알고 있습니다. 하나님께서 보내신 성자입니다.")[마가복음 1:24][85]

「ああ、ナザレのイエスよ、あなたはわたしたちと何(なん)の係(かか)わりがあるのです。わたしたちを滅(ほろ)ぼしに来(こ)られたのですか。あなたがどなたであるか、わかっています。神(かみ)の聖者(せいじゃ)です」。[口語訳 / ルカによる福音書 4:34]

("아, 나사렛의 예수여, 당신은 저희들과 무슨 상관이 있습니까? 저희를 없애기 위해 오신 것입니까? 당신이 누구신지, 알고 있습니다. 하나님께서 보내신 성자입니다.")[누가복음 4:34]

[1]イエスは彼(かれ)らに答(こた)えられた、「[2]あなたがた十二人(じゅうににん)を選(えら)んだのは、わたしではなかったか。それなのに、あなたがたのうちの一人(ひとり)は悪魔(あくま)である」。[ヨハネによる福音書 6:70]
(예수께서 그들에게 대답하셨다. "너희 12명을 고른 것이 내가 아니었더냐? 그런데 너희 중의 한 사람은 악마이다."[6:70])

---

85) 李成圭(2018c)『일본어 구어역 마가복음의 언어학적 분석Ⅰ』시간의물레. p. 37에서 인용.

[1]イエスは彼(かれ)らに答(こた)えられた : 예수께서 그들에게 대답하셨다. 「答(こた)えられた」는 「答(こた)える」의 레루형 경어 「答(こた)えられる」의 과거이다.

[例]イエスは<u>答(こた)えられた</u>。「まことに、まことに、あなたに告(つ)げます。誰(だれ)でも、水(みず)と御霊(みたま)によって生(う)まれなければ。

(예수께서 대답하셨다. "진정으로, 진정으로 너에게 알립니다. 누구든지 물과 성령에 의해 태어나지 않으면.")

皇后(こうごう)さまも目(め)を細(ほそ)めながら、「いい赤(あか)ちゃんでしたね」と<u>答(こた)えられた</u>。

(황후 폐하도 몹시 좋아하며 「좋은 갓난아이였지요.」라고 대답하셨다.)

当時(とうじ)、彬子(あきこ)さまは、皇太子(こうたいし)さまも留学(りゅうがく)していた英国(えいこく)・オックスフォード大学(だいがく)に留学中(りゅうがくちゅう)中だったが、一時(いちじ)帰国(きこく)。初(はじ)めての記者会見(きしゃかいけん)にもかかわらず、英国(えいこく)での生活(せいかつ)ぶりなどについて宮内(くない)記者会(きしゃかい)の質問(しつもん)にユーモアを交(まじ)えながら<u>答(こた)えられた</u>。

(당시 아키코님[彬子女王 : あきこじょおう]은 황태자님과 유학하고 있었던 영국 옥스퍼드대학에 유학 중이었는데, 일시 귀국. 첫 기자회견임에도 불구하고 영국에서의 생활상 등에 관해 궁내청 기자회의 질문에 유모를 섞으면서 대답하셨다.)

[2]あなたがた十二人(じゅうににん)を選(えら)んだのは、わたしではなかったか : 너희 12명을 고른 것은 내가 아니었더냐? 이 문은 「わたしが、あなたがた十二人(じゅうににん)を選(えら)んだのではなかったか ; 내가 너희 12명을 고른 것이 아니었더냐?」에서 문 성분이 도치된 것이다.

203

> これは、イスカリオテのシモンの子(こ)ユダを指(さ)して言(い)われたのである。このユダは、[1]十二(じゅうに)弟子(でし)の一人(ひとり)でありながら、[2]イエスを裏切(うらぎ)ろうとしていた。[ヨハネによる福音書 6:71]
> (이것은 이스가리옷의 시몬의 아들 유다를 가리켜서 말씀하신 것이다. 이 유다는 12제자 중의 한 사람이면서도 예수를 배반하려고 하고 있었다.[6:71])

[1]十二(じゅうに)弟子(でし)の一人(ひとり)でありながら : 12제자 중의 한 사람이면서도.「一人(ひとり)でありながら」의「~ながら」는 역접의 의미로 쓰이고 있다.「~ながら」는 동사의 종류에 따라 순접과 역접으로 쓰인다.

1. 계속(동작)동사+「~ながら」(진행 중) : 순접…동시, 추가.
   [例]テレビを見(み)ながら、ご飯(はん)を食(た)べた。
   (텔레비전을 보면서 밥을 먹었다.)

2. 순간(변화)동사+「~ながら」: 역접…"~임에도 불구하고"라는 의미. 계조사(係助詞)「も」가 삽입될 경우도 있다.
   [例]学校(がっこう)に来(き)ながら[も]、勉強(べんきょう)しない。
   (학교에 오면서도 공부하지 않는다.)
   悪(わる)いと知(し)り[知(し)ってい]ながら[も]、直(なお)さない。[86]
   (나쁘다고 알면서도 고치지 않는다.)

추가로「~ながら」가 역접을 나타내는 예를 들면 다음과 같다.
[例]また明(あ)け方(がた)には『空(そら)が曇(くも)って真(ま)っ赤(か)だから、きょうは荒(あ)れだ』と言(い)う。あなたがたは空(そら)の模様(もよう)を見分(み

---

86) http://lang-8.com/548664/journals/1708480167728222677355794291617008206 45에서 인용하여 번역함.

わ)けることを知(し)りながら、時(とき)のしるしを見分(みわ)けることができないのか。[口語訳 / マタイによる福音書 16:3]

(또 새벽에는 '하늘이 흐리고 새빨가니까, 오늘은 날씨가 거칠겠다.' 라고 한다. 너희는 하늘의 날씨를 분별하는 것을 알면서도, 그 때의 징조를 분별하지 못하느냐?)[마태복음 16:3]

そこで言(い)われた、「あなたがた律法(りっぽう)学者(がくしゃ)も、わざわいである。負(お)い切(き)れない重荷(おもに)を人(ひと)に負(お)わせながら、自分(じぶん)ではその荷(に)に指(ゆび)一本(ぽん)でも触(ふ)れようとしない。[口語訳 / ルカによる福音書 11:46]

(그러자 말씀하셨다. "너희 율법 학자도 재앙이다. 다 질 수 없는 무거운 짐을 남에게 지게 하면서도, 자신은 그 짐에 손가락 하나도 대려고 하지 않는다.)[누가복음 11:46]

遅刻(ちこく)指導(しどう)を担当(たんとう)していた二名(にめい)の教師(きょうし)も、その現場(げんば)にいながら、校門(こうもん)閉鎖時(へいさじ)に生徒(せいと)の危険(きけん)な駆(か)け込(こ)みを防止(ぼうし)する任務(にんむ)を果(は)たしていない。

(지각 지도를 담당하고 있던 2명의 교사도 그 현장에 있으면서도 교문 폐쇄시, 학생들이 위험하게 제 시간에 늦지 않으려고 허둥대는 것을 방지하는 임무를 다하지 않았다.)

彼(かれ)は大阪(おおさか)に行(い)くと言(い)っておきながら、実際(じっさい)は京都(きょうと)へ行(い)った。

(그는 오사카에 간다고 말해 두었으면서도, 실제는 교토에 갔다.)

同(おな)じく自由(じゆう)社会(しゃかい)に属(ぞく)しながら、我(わ)が国(くに)においてだけなぜ犯罪(はんざい)が減少(げんしょう)ているのであろうか。

(똑같이 자유 사회에 속하면서도 우리나라에서만 왜 범죄가 감소하고 있는 것일까?)

[2]イエスを裏切(うらぎ)ろうとしていた : 예수를 배반하려고 하고 있었다. 「裏切(うらぎ)ろうとしていた」는 「裏切(うらぎ)る」의 미연형에 화자의 의지를 나타내는 「～うとする」가 접속된 형태에, 다시 「～ていた」가 후접한 것이다.

[例]それは、相対的(そうたいてき)世界(せかい)を扱(あつか)おうとしていた。世界(せかい)は絶対的(ぜったいてき)イデアによって決定(けってい)されているのではなく、相対的(そうたいてき)に構成(こうせい)していくものだ。
(그것은 상대적 세계를 취급하려고 하고 있었다. 세계는 절대적 이데아에 의해 결정되어 있는 것이 아니라, 상대적으로 구성해 가는 법이다.)

そして今度(こんど)は何処(どこ)に連(つ)れて行(い)くか、頭(あたま)の中(なか)で地図(ちず)を広(ひろ)げて、目(め)ぼしい場所(ばしょ)を探(さが)し出(だ)そうとしていた。
(그리고 이번에는 어디로 끌고 갈 것인지, 머릿속에서 지도를 펼치고 유달리 눈에 띄는 장소를 찾아내려고 하고 있었다.)

若者(わかもの)たちは老人(ろうじん)からホームレスの知恵(ちえ)を真剣(しんけん)に学(まな)ぼうとしていた。
(젊은이들은 노인으로부터 홈리스(노숙자)의 지혜를 진지하게 배우려고 하고 있었다.)

ボクの大学(だいがく)生活(せいかつ)が始(はじ)まろうとしていた。
(내 대학 생활이 시작하려고 하고 있었다.)

また、家庭(かてい)と仕事(しごと)をどのようにしていったらよいのか、自分(じぶん)の将来(しょうらい)と関連(かんれん)させて考(かんが)えようとしていた。
(또 가정과 일을 어떻게 해 나가면 좋을지 자신의 미래와 관련시켜 생각하려고 하고 있었다.)

ナンナはわたしの頭(あたま)の後(うし)ろに手(て)を置(お)いていた。髪(かみ)を切(き)ってしまったところだ。指(ゆび)を動(うご)かしてわたしが何(なに)をしたのか調(しら)べようとしていた。
(난나는 내 머리 뒤에 손을 대고 있었다. 머리를 자른 곳이다. 손가락을 움직여서 내가 무엇을 했는지 조사하려고 하고 있었다.)
渡辺(わたなべ)さんは駆(か)け込(こ)み乗車(じょうしゃ)しようとしていた。しかし、すんでの所(ところ)でドアは閉(しま)ってしまい、ホイッスルが鳴(な)って電車(でんしゃ)は動(うご)き出(だ)した。
(와타나베 씨는 뛰어올라 차를 타려고 하고 있었다. 그러나 아슬아슬하게 문은 닫혀 버리고, 호각이 울리고 전철은 움직이기 시작했다.)

# ヨハネによる福音書
## - 第7章 -

⟨28⟩ [ヨハネによる福音書 7:1 - 7:9]

> [1]その後(のち)、[2]イエスはガリラヤを巡回(じゅんかい)しておられた。ユダヤ人(じん)たちが自分(じぶん)を殺(ころ)そうとしていたので、[3]ユダヤを巡回(じゅんかい)しようとはされなかった。[ヨハネによる福音書 7:1]
> (그 뒤에, 예수께서는 갈릴리를 순회하고 계셨다. 유대인들이 자기를 죽이려고 하고 있었기에 유대를 순회하려고 하시지는 않았다.)[7:1]

[1]その後(のち) : 그 뒤에. 「その後(のち)」는 「その後(ご)」와 마찬가지로 한국어의 「그 뒤에 / 이후」에 해당한다.

[例]自分(じぶん)の中(なか)に根(ね)がないので、しばらく続(つづ)くだけである。その後(のち)、御言(みことば)のために困難(こんなん)や迫害(はくがい)が起(お)ってくると、すぐつまずいてしまう。[口語訳 / マルコによる福音書 4:17]
(자기 속에 뿌리가 없어서 잠시만 계속될 뿐이다. 그 후, 말씀 때문에 환난이나 박해가 생기면 금방 좌절하고 만다.)[마가복음 4:17][87]

---

87) 李成圭(2018c)『일본어 구어역 마가복음의 언어학적 분석Ⅰ』시간의물레. p. 168에서 인용.

その後(のち)、書(か)く機会(きかい)のあった未刊(みかん)の論文(ろんぶん)「我(われ)について」においても、展開(てんかい)されることになった。
(그 후, 쓸 기회가 있었던 미간의 논문, 「나에 관해」에서도 전개되게 되었다.)

[2]イエスはガリラヤを巡回(じゅんかい)しておられた : 예수께서는 갈릴리를 순회하고 계셨다. 「巡回(じゅんかい)しておられた」는 「巡回(じゅんかい)している」의 레루형 경어「巡回(じゅんかい)しておられる」의 과거이다. 타 번역본에서 이 부분을 어떻게 묘사하고 있는지 살펴보자.

[例]イエスはガリラヤを巡回(じゅんかい)しておられた。[塚本訳1963]
(예수께서는 갈릴리를 순회하고 계셨다.)
イエスはガリラヤを巡(めぐ)っておられた。[新改訳1970]
(예수께서는 갈릴리를 돌아다니고 계셨다.)
イエスはガリラヤをめぐっておられた。[前田訳1978]
(예수께서는 갈릴리를 돌아다니고 계셨다.)
イエスはガリラヤを巡(めぐ)っておられた。[新共同訳1987]
(예수께서는 갈릴리를 돌아다니고 계셨다.)
イエスはガリラヤをめぐっていた。[岩波翻訳委員会訳1995]
(예수께서는 갈릴리를 돌아다니고 있었다.)

[塚本訳1963]에서는 구어역과 마찬가지로 「巡回(じゅんかい)しておられた」가, [新改訳1970][前田訳1978][新共同訳1987]에서는 「巡(めぐ)っておられた」와 같은 경어가, [岩波翻訳委員会訳1995]에서는 「めぐっていた」와 같이 비경칭이 쓰이고 있다.

[3]ユダヤを巡回(じゅんかい)しようとはされなかった : 유대를 순회하려고 하시지는 않았다. 「巡回(じゅんかい)しようとはされなかった」는 「巡回(じゅんかい)しようとはしなかった : 순회하려고 하지는 않았다」의 레루형 경어이다. 여기에서 「~{う・

よう}とされなかった」の例を挙げて見ると次のようだ。

[例]彼(かれ)らは苦(にが)みを混(ま)ぜたぶどう酒(しゅ)を飲(の)ませようとしたが、イエスはそれをなめただけで、飲(の)もうとされなかった。[口語訳 / マタイによる福音書 27:34]

(그들은 쓴맛을 섞은 포도주를 마시게 하려고 하였다. 예수께서는 그것을 핥을 뿐, 마시려고 하시지 않았다.)[마태복음 27:34]

それで食糧(しょくりょう)事情(じじょう)の悪(わる)かった永(なが)い時期(じき)のなごりで、最初(さいしょ)、誘(さそ)っても彼(かれ)はなかなか食卓(しょくたく)に着(つ)こうとされなかったのです。

(그래서 식량 사정이 나빴던 긴 시기의 자국으로 처음 같이 식사를 하자고 해도 그는 좀처럼 식탁에 앉으려고 하지 않았습니다.)

> [1]時(とき)に、[2]ユダヤ人(じん)の仮庵(かりいお)の祭(まつり)が近(ちか)づいていた。[ヨハネによる福音書 7:2]
> (그런데, 유대인의 초막절이 다가오고 있었다.[7:2])

[1]時(とき)に : 그런데. 「時(とき)に」는 「ところで」「さて」와 마찬가지로 화제를 바꾸는 데에 쓰이는 접속사이다.

[例]時(とき)に、お子(こ)さんはおいくつになりましたか。

(그런데 자제 분은 몇 살이 되었습니까?)

日本(にほん)では、児童(じどう)虐待(ぎゃくたい)の犠牲者(ぎせいしゃ)の10%(じゅっパーセント)が双子(ふたご)であった。時(とき)に、双子(ふたご)の一方(いっぽう)だけが虐待(ぎゃくたい)されることもある。

(일본에서는 아동 학대의 희생자의 10퍼센트가 쌍둥이였다. 그런데 쌍둥이의 한쪽만이 학대당하는 경우도 있다.)

[2]ユダヤ人(じん)の仮庵(かりいお)の祭(まつり) : 유대인의 초막절. 「仮庵(かりいお)の 祭(まつり)」는 초막절(草幕節). 장막절(帳幕節). 수장절(收藏節).

초막절[草幕節, feast of booths] : 수장절이라고도 하며, 유월절(과월절) 및 칠칠절(맥추절, 오순절)과 함께 이스라엘의 3대 명절이다(출애굽기 34:22). 명절을 축하하는 동안 장막집에서 살던 그들의 습관에서 나왔으며, 선조들이 40년 동안 장막에서 살며 방랑하던 유목생활을 기억하여 기념하는 명절이다. 유대력으로 티쉬레이 달(Tishrei ; 태양력의 9~10월에 해당)의 15일(추분일에 가까운 보름달)부터 1주간 지켜졌는데, 첫날과 마지막 날에는 성회가 열렸다. 농사력이 끝나는 가을에 지켜졌다.

일년 중 가장 마지막 명절이며, 큰 명절로 여겼는데, 초막절은 단순히 명절이라고 언급되었다(요한복음 5:1). 회당에서는 전도서가 낭독되고, 성전에서는 성대한 희생제사가 연일 행해졌다. 또한 명절이 끝나는 날에는 비와 이슬의 은혜를 구하는 기도가 행해지고, 실로암 못에서 물을 길어 매일 제단에 붓는 행사가 행해졌다(요한복음 7:37~38). 예수 그리스도가 이 날 물의 설교를 한 것은 뜻깊은 일이다(요한복음 4장).
[네이버 지식백과] 초막절 [feast of booths, 草幕節] (두산백과)[88]

> そこで、[1]イエスの兄弟(きょうだい)たちがイエスに言(い)った、「あなたがしておられるわざを弟子(でし)たちにも見(み)せるために、ここを去(さ)り[2]ユダヤに行(い)ってはいかがです。[ヨハネによる福音書 7:3]
> (그런데, 예수 형제들이 예수에게 말했다. "형님께서 하고 계시는 일을 제자들에게도 보여주기 위해 이곳을 떠나 유대에 가는 것이 좋지 않겠습니까?"[7:3])

[1]イエスの兄弟(きょうだい)たち : 예수의 형제들.

---

88) https://terms.naver.com/entry.nhn?docId=1198271&cid=40942&categoryId=31599에서 인용.

성서의 몇 군데에서 예수의 형제들이 나온다. [마태복음 12:46][누가복음 8:19]이다. [마가복음 3:31]에서는 예수의 어머니와 형제들이 예수를 만나러 왔다고 되어 있다. 성서에서는 예수에게는 4명의 남동생, 야고보, 요셉, 시몬, 유다가 있었다고 한다[마태복음 13:55].

성서에서는 또 예수에게는 여동생이 있었다고도 쓰고 있는데, 그 이름과 인원수는 기록되어 있지 않다[마태복음 3:56].

[요한복음 7:1-10]에서는 예수가 나중에 남고, 남동생들만 축제에 가는 것을 서술하고 있다. [사도행전 1:14]에서는 예수의 어머니와 남동생들이 사도들과 함께 기도하고 있는 것이 쓰여 있다.

[갈라디아서 1:19]에서는 야고보가 예수의 형제인 것을 서술하고 있다. 이들 기록에서 가장 자연스러운 결론은 예수에게 실제로 피를 나눈 이부형제(異父兄弟)가 있었다는 해석이다.[89]

[2]ユダヤに行(い)ってはいかがです : 유대에 가는 것이 좋지 않겠습니까?「〜ては{いかがです·いかがですか}」는「〜ては{どうです·どうですか}」의 정중체로「〜하는 것이 어떠십니까?」「〜하는 것이 좋지 않겠습니까?」와 같은 권유의 의미를 나타낸다.

[例] 責任(せきにん)をもつと言(い)うのなら、信頼(しんらい)して任(まか)せてみてはどうですか。

(책임을 진다고 한다면 믿고 맡겨보는 것이 좋지 않습니까?)

社会(しゃかい)見学(けんがく)のつもりで一回(いっかい)見学(けんがく)に行(い)ってはいかがですか?

(사회 견학이란 생각으로 한 번 견학하러 가는 것이 좋지 않겠습니까?)

作(つく)り方(かた)はとても簡単(かんたん)。庭(にわ)のいろいろな植物(しょくぶつ)で試(ため)してみてはいかがですか。

(만드는 방법은 무척 간단합니다. 뜰의 여러 가지 식물로 시험해 보지 않으시겠습니까?)

---

89) https://www.gotquestions.org/Japanese/Japanese-Jesus-siblings.html에서 인용하여 번역함.

職場(しょくば)の社員(しゃいん)や上司(じょうし)に話(はな)してみてはいかがですか。
(직장 사원이나 상사에게 이야기해 보는 것이 좋지 않겠습니까?)
自分(じぶん)の症状(しょうじょう)や目的(もくてき)に合(あ)ったものを選(えら)んで、飲(の)んでみてはいかがですか。
(자기 증상이나 목적에 맞는 것을 골라 마셔 보는 것이 좋지 않겠습니까?)
区役所(くやくしょ)・市役所(しやくしょ)などでお聞(き)きになられてみてはいかがですか?
(구청・시청 등에서 물어 보시는 것이 좋지 않겠습니까?)
希望(きぼう)大学(だいがく)の文化祭(ぶんかさい)に手当(てあ)たりしだい見学(けんがく)なさってはいかがですか?
(희망 대학의 축제에 닥치는 대로 견학하시는 것이 좋지 않겠습니까?)

[1]自分(じぶん)を公(おおや)けに現(あらわ)そうと思(おも)っている人(ひと)で、[2]隠(かく)れて仕事(しごと)をする者(もの)はありません。[3]あなたがこれらのことをするからには、自分(じぶん)をはっきりと世(よ)に現(あらわ)しなさい」。[ヨハネによる福音書 7:4]
(자신이 일반에게 알려지기를 바라고 있는 사람 중에서 숨어서 일을 하는 사람은 없습니다. 형님이 이런 일들을 하는 이상은 자신을 확실히 세상에 내보이세요.[7:4])

[1]自分(じぶん)を公(おおや)けに現(あらわ)そうと思(おも)っている人(ひと)で、: 자신을 공공연하게 나타내려고 생각하고 있는 사람 중에서. 자신이 일반에게 알려지기를 바라고 있는 사람 중에서.

[2]隠(かく)れて仕事(しごと)をする者(もの)はありません : 숨어서 일을 하는 사람은 없습니다. 「隠(かく)れて」는 「隠(かく)れる」의 テ형이 부사화된 말이다.

[例]物陰(ものかげ)に隠(かく)れて様子(ようす)を窺(うかが)っていると、一台(いちだい)のトラックが中(なか)から出(で)て来(き)た。
(보이지 않는 곳에 숨어서 상황을 살피고 있자, 트럭 1대가 안에서 나왔다.)
それに、いくらなんでも、人殺(ひとごろ)しを隠(かく)れて計画(けいかく)するような陰険(いんけん)なことを考(かんが)える性格(せいかく)ではございません。
(게다가 아무리 뭐라고 해도 살인을 숨어서 계획하는 그런 음험한 일을 생각하는 성격은 아닙니다.)
古今(ここん)の童話(どうわ)に登場(とうじょう)する妖精(ようせい)たちが、世(よ)の中(なか)が邪悪(じゃあく)になって以来(いらい)、ひっそりと隠(かく)れて暮(く)らしていた。
(고금의 동화에 등장하는 요정들이 세상이 사악해지고 나서 조용히 숨어서 살고 있었다.)

[3]あなたがこれらのことをするからには : 형님이 이런 일들을 하는 이상은.「〜からには」는 용언의 종지형에 접속되어「〜{한·하는} 이상에는 / 〜이니까 당연히 / 〜할 바에는}에 상당하는 뜻을 나타내는 형식이다.

[例]わざわざ、今(いま)そんなことを言(い)うからには、何(なに)か変(か)わったことが起(お)きたのね。
(일부러 지금 그런 말을 하는 이상은 무엇인가 색다른 일이 일어났나.)
模擬(もぎ)裁判劇(さいばんげき)を上演(じょうえん)するからには、できるだけ多(おお)くの観客(かんきゃく)を集(あつ)めたいものです。
(모의 재판극을 상연하는 이상, 가능한 한 많은 관객을 모았으면 합니다.)
それは、構造(こうぞう)改革(かいかく)によって潜在(せんざい)GDPを拡大(かくだい)させるからには、きわめて強力(きょうりょく)な需要(じゅよう)政策(せいさく)をそれと併存(へいぞん)させる必要(ひつよう)があるという点(てん)である。
(그것은 구조 개혁에 의해 잠재 GDP를 확대시키는 이상은 극히 강력한 수요 정책을 그것과 병존시킬 필요가 있다는 점이다.)

こう言(い)ったのは、兄弟(きょうだい)たちも[1]イエスを信(しん)じていなかったからである。[ヨハネによる福音書 7:5]
(이렇게 말한 것은 형제들도 예수를 믿고 있지 않았기 때문이다.[7:5])

[1]イエスを信(しん)じていなかったからである : 예수를 믿고 있지 않았기 때문이다. 「信(しん)じていなかったからである」는 「信(しん)じている」의 과거 부정에 원인・이유를 나타내는 「〜からである」가 접속된 것이다.

[例]彼女(かのじょ)も同(おな)じ境遇(きょうぐう)の者(もの)なのだろうとしか思(おも)っていなかったからである。
(그녀도 같은 처지의 사람일 것이라고밖에 생각하고 있지 않았기 때문이다.)
その利益(りえき)は直接的(ちょくせつてき)で、代償(だいしょう)はいまだ顕在化(けんざいか)していなかったからである。
(그 이익은 직접적으로, 대상은 아직 현재화되어 있지 않았기 때문이다.)
その頃(ころ)彼(かれ)は、ドイツ語(ご)の名詞(めいし)は大文字(おおもじ)で書(か)き始(はじ)める、という規則(きそく)さえ知(し)らなかった。まともな学校(がっこう)教育(きょういく)を受(う)けていなかったからである。
(그 무렵, 그는 독일어 명사는 대문자로 쓰기 시작한다고 하는 규칙조차 몰랐다. 제대로 된 학교 교육을 받고 있지 않았기 때문이다.)

そこでイエスは彼(かれ)らに言(い)われた、「[1]わたしの時(とき)はまだ来(き)ていない。しかし、[2]あなたがたの時(とき)はいつも備(そな)わっている。[ヨハネによる福音書 7:6]
(그래서 예수께서는 그들에게 말씀하셨다. "내 때는 아직 오지 않았다. 그러나 너희 때는 늘 준비되어 있다."[7:6])

[1]わたしの時(とき)はまだ来(き)ていない : 내 때는 아직 오지 않았다. 「まだ〜てない」

는 미완료[미실현]이라는 애스펙트적 의미를 나타내고 완료[실현]은 「もう〜た」로 나타낸다.

[例] まだ送(おく)っていない。
　　(아직 보내지 않았다.)
　　かぜがまだよくなっていない。
　　(감기가 아직 낫지 않았다.)
　　あそこにはまだ行(い)っていない。
　　(거기에는 아직 가지 않았다.)
　　それはまだ届(とど)いていない。
　　(그것은 아직 도착하지 않았다.)
　　それはまだ終(お)わっていない。
　　(그것은 아직 끝나지 않았다.)
　　まだ確認(かくにん)されていない。
　　(아직 확인되지 않았다.)

A : 石田(いしだ)さんと大木(おおき)さん、もう来(き)ましたか。
　　(이시다 씨와 오키 씨, 벌써 왔습니까?)
B : 石田(いしだ)さんはもう来(き)ましたが、大木(おおき)さんはまだ来(き)ていません。
　　(이시다 씨는 이미 왔습니다만, 오키 씨는 아직 안 왔습니다.)

A : 冬休(ふゆやす)みの予定(よてい)、もう決(き)めましたか。
　　(겨울 방학의 예정, 이제 정했습니까?)
B : はい、もう決(き)めましたよ。飛行機(ひこうき)のチケットももう取(と)りました。
　　(네, 이미 정했습니다. 비행기 표도 이미 구했습니다.)
A : 早(はや)いですね。

(빠르네요.)

B: ホテルはまだ予約(よやく)していないんですけど。

(호텔은 아직 예약하지 않았는데요.)

A: あの映画(えいが)、もう見(み)ましたか。

(그 영화, 벌써 보았습니까?)

B: いいえ、まだ見(み)ていないんですよ。まだ、やっていますか。

(아니오, 아직 보지 않았어요. 아직 하고 있습니까?)

A: まだ着替(きが)えてないの。早(はや)くパジャマ、脱(ぬ)いで、洗濯機(せんたくき)に入(い)れて。

(아직 옷을 갈아입지 않았어? 빨리 파자마, 벗어서 세탁기에 넣어.)

B: うん、わかったよ。

(응, 알았어.)

[2] あなたがたの時(とき)はいつも備(そな)わっている : 너희 때는 늘 준비되어 있다. 「備(そな)わっている」는 「備(そな)わる ; 갖추어지다 / 구비되다」에 「〜ている」가 접속되어 결과의 상태를 나타낸다.

[例] そういう特別(とくべつ)なものが彼女(かのじょ)には生(う)まれつき備(そな)わっている。

(그런 특별한 것이 그녀에게는 태어나면서부터 구비되어 있다.)

世(よ)の中(なか)を見(み)ていると、人望(じんぼう)があると言(い)われるグループの長(ちょう)やリーダーは、まず、この自己(じこ)抑制力(よくせいりょく)が備(そな)わっている。

(세상을 보고 있으면, 인망이 있다고 불리는 그룹의 장이나 리더는 먼저 이 자기 억제력이 구비되어 있다.)

217

バイクに乗(の)っていた男(おとこ)が倒(たお)れている。
(오토바이에 타고 있던 남자가 쓰러져 있다.)
店先(みせさき)に紙(かみ)くずが落(お)ちている。この紙(かみ)くずを拾(ひろ)うのは誰(だれ)の役割(やくわり)だろう。
(가게 앞에 휴지가 떨어져 있다. 이 휴지를 줍는 것은 누구의 역할일까?)
彼(かれ)は死(し)ななかった。自力(じりき)で呼吸(こきゅう)を続(つづ)けたばかりか、写真(しゃしん)のように元気(げんき)に生(い)きている。
(그는 죽지 않았다. 자력으로 호흡을 계속했을 뿐만 아니라, 사진과 같이 건강하게 살아 있다.)

[1]世(よ)はあなたがたを憎(にく)み得(え)ないが、わたしを憎(にく)んでいる。わたしが[2]世(よ)の行(おこな)いの悪(わる)いことを、証(あか)ししているからである。[ヨハネによる福音書 7:7]
(세상은 너희를 미워할 수 없지만, 나를 미워하고 있다. 내가 세상이 하는 행위가 악하다는 것을 증언하고 있기 때문이다.[7:7])

[1]世(よ)はあなたがたを憎(にく)み得(え)ないが : 세상은 너희를 미워할 수 없지만. 「憎(にく)み得(え)ない」는 「憎(にく)む」의 연용형 「憎(にく)み」에 「—得(え)ない」와 같은 불가능을 나타내는 것이 접속된 것으로 「憎(にく)むことができない」에 상당하는 뜻을 나타낸다.
[例]経営者(けいえいしゃ)がなさねばならぬ仕事(しごと)は学(まな)ぶことができる。しかし経営者(けいえいしゃ)が学(まな)び得(え)ないが、どうしても身(み)につけていなければならない資質(ししつ)が一(ひと)つある。
(경영자가 하지 않으면 안 되는 일은 배울 수 있다. 그러나 경영자가 배울 수 없지만, 무슨 일이 있어도 몸에 익히고 있지 않으면 안 되는 자질이 하나 있다.)

自粛(じしゅく)のようなものがあったのかどうか、そうした内情(ないじょう)までは詳(くわ)しくは知(し)り得(え)ないが、何(なん)らかの力(ちから)が働(はたら)いたであろうことは、外部(がいぶ)からでも観察(かんさつ)できた。

(자숙과 같은 것이 있었는지 어떤지 그런 내부 사정까지는 자세히 알 수 없지만, 어떤 힘이 작용했을 것이라는 것은 외부에서도 관찰할 수 있었다.)

経済(けいざい)のソフト化(か)、鋼材(こうざい)需要(じゅよう)の伸(の)び悩(なや)みの傾向(けいこう)は否定(ひてい)し得(え)ないが、社会(しゃかい)基盤(きばん)、産業(さんぎょう)基盤(きばん)の整備(せいび)には鉄(てつ)が不可欠(ふかけつ)であることもまた事実(じじつ)である。

(경제의 소프트화, 강재 수요의 침체 경향은 부정할 수 없지만, 사회 기반, 산업 기반의 정비에는 철이 불가결인 것도 또한 사실이다.)

[2] 世(よ)の行(おこな)いの悪(わる)いこと : 세상의 행위가 악한 것. 세상이 하는 행위가 악하다는 것. 「[[世(よ)の行(おこな)い]の[悪(わる)い]]こと」의 「〜の」는 연체수식절 내에서 주격 역할을 한다.

[例] ところが、イエスはひどく意地(いじ)の悪(わる)いことを言(い)う。

(그런데, 예수는 몹시 심술궂은 말을 한다.)

私(わたし)は、ぞっとするような気味(きみ)の悪(わる)いことを描(えが)き出(だ)すことに夢中(むちゅう)になっているわけではない。

(나는 오싹하는 그런 기분 나쁜 것을 그려내는 일에 열중하고 있는 것은 아니다.)

このように私(わたし)たちの心(こころ)には、自分(じぶん)にとって都合(つごう)の悪(わる)いことを意識(いしき)から閉(し)め出(だ)してしまう働(はたら)きがありますが。

(이와 같이 우리들의 마음에는 나로서는 계제가 안 좋은 것을 의식에서 배제해 버리는 기능이 있습니다만.)

> あなたがたこそ祭(まつり)に行(い)きなさい。[1]わたしはこの祭(まつり)には行(い)かない。[2]わたしの時(とき)はまだ満(み)ちていないから」。[ヨハネによる福音書 7:8]
>
> (너희야 말로 초막절에 가거라. 나는 이 명절에는 가지 않겠다. 내 때가 아직 차지 않았기 때문에.[7:8])

[1]わたしはこの祭(まつり)には行(い)かない : 나는 이 명절에는 가지 않겠다. 「行(い)かない」는 「行(い)く」의 부정으로 여기에서는 화자의 의지를 나타내고 있다.

   [例]俺(おれ)は言(い)わないよ。俺(おれ)は感謝(かんしゃ)もしないかわりに愚痴(ぐち)は絶対(ぜったい)言(い)わない。
   (나는 말하지 않겠어. 나는 감사도 하지 않는 대신에 푸념은 절대 하지 않겠다.)

   誰(だれ)にも話(はな)さないと約束(やくそく)してちょうだい。お父様(とうさま)にも、他(た)の誰(だれ)にも話(はな)さない、と。
   (누구에게도 이야기하지 않겠다고 약속해 줘. 아버님에게도 다른 누구에게도 이야기 하지 않겠다고.)

   同(おな)じ理由(りゆう)で彼(かれ)も絶対(ぜったい)呼(よ)ばない。
   (같은 이유에서 그도 절대로 부르지 않겠다.)

   今日(きょう)は帰(かえ)らない。帰(かえ)りたくない。
   (오늘은 돌아가지 않겠다. 돌아가고 싶지 않다.)

   子供(こども)たちに、そういう悲(かな)しい思(おも)いをさせない。絶対(ぜったい)に死(し)なない。
   (어린이들에게 그런 슬픈 생각을 하게 하지 않겠다. 절대로 죽지 않겠다.)

   噴火(ふんか)には絶対(ぜったい)に負(ま)けない。
   (분화에는 절대로 지지 않겠다.)

[2]わたしの時(とき)はまだ満(み)ちていないから : 내 때가 아직 차지 않았기 때문에.

「まだ満(み)ちていない」는「まだ~ていない」로 쓰여 미완료 또는 미실현을 나타낸다.

[例]私(わたし)の時期(じき)がまだ満(み)たされてはいないからだ。[岩波翻訳委員会訳1995]

(내 시기가 아직 차지 않았기 때문이다.)

方針(ほうしん)はまだ確定(かくてい)していない。

(방침은 아직 확정되지 않았다.)

まだ彼(かれ)の小説(しょうせつ)全(すべ)てを読(よ)み終(お)わっていない。

(아직 그의 소설 전부를 다 읽지 않았다.)

ちょっと待(ま)って。まだ服(ふく)をちゃんと着(き)ていないんだ。

(잠시 기다려. 아직 옷을 제대로 입지 않았어.)

とにかく、どこにあるのかはまだわかっていない。

(여하튼 어디에 있는지는 아직 모르고 있다.)

イラクではテロ攻撃(こうげき)がいまだによく起(お)きていて、イラクの情勢(じょうせい)はまだ安定(あんてい)していない。

(이라크에서는 테러 공격이 아직도 자주 일어나고 있어, 이라크 정세는 아직 안정되지 않았다.)

---

彼(かれ)らにこう言(い)って、[1]イエスはガリラヤにとどまっておられた。[ヨハネによる福音書7:9]
(그들에게 이렇게 말하고 예수께서는 갈릴리에 머무르고 계셨다.[7:9])

---

[1]イエスはガリラヤにとどまっておられた : 예수께서는 갈릴리에 머무르고 계셨다.「とどまっておられた」는「とどまっている」의 レル형 경어「とどまっておられる」의 과거로 <イエス>에 관해 쓰이고 있다.

221

[例]しかし、彼(かれ)は出(で)て行(い)って、自分(じぶん)の身(み)に起(お)った事(こと)を盛(さか)んに語(かた)り、また言(い)い広(ひろ)めはじめたので、イエスはもはや表立(おもてだ)っては町(まち)に、入(はい)ることができなくなり、外(そと)の寂(さび)しい所(ところ)にとどまっておられた。しかし、人々(ひとびと)は方々(ほうぼう)から、イエスのところに続々(ぞくぞく)と集(あつ)まって来(き)た。[マルコによる福音書 1:45]

(그러나 그가 나가서 자기 몸에 생긴 일을 계속해서 이야기하고 또 말을 퍼뜨리기 시작했기 때문에, 예수께서는 더 이상 드러나게는 마을에 들어갈 수 없게 되어 바깥 한적한 곳에 머물고 계셨다. 그러나 사람들이 여기저기에서 속속 예수에게 모여들었다.) [마가복음 1:45][90]

そして、如来(にょらい)は人々(ひとびと)を救(すく)うために本願力(ほんがんりき)をもってこの世(よ)にとどまっておられます。

(그리고 여래(부처)는 사람들을 구하기 위해 본원력으로써 이 세상에 머무르고 계십니다.)

しかし、兄弟(きょうだい)たちが祭(まつり)に行(い)ったあとで、イエスも[1]人目(ひとめ)に立(た)たぬように、[2]ひそかに行(い)かれた。[ヨハネによる福音書 7:10]
(그러나 형제들이 명절에 간 뒤에, 예수께서도 사람들 눈에 띄지 않도록 몰래 가셨다.[7:10])

[1]人目(ひとめ)に立(た)たぬように : 사람들 눈에 띄지 않도록.「目(め)に立(た)つ」는「눈에 띄다」의 뜻을 나타내는 관용적 표현이고,「人目(ひとめ)に立(た)たぬ」는「人目(ひとめ)に立(た)つ」의 미연형에 부정의「〜ぬ」가 접속된 것이다.

[例]放火(ほうか)して逃(に)げた人間(にんげん)が放火(ほうか)の現場(げんば)を

---

90) 李成圭(2018c)『일본어 구어역 마가복음의 언어학적 분석Ⅰ』시간의물레. p. 68에서 인용.

確認(かくにん)せねば気(き)が済(す)まぬように、トムは、自分(じぶん)が家(いえ)を出(で)た後(あと)の二人(ふたり)の様子(ようす)が気(き)になって仕方(しかた)がない。
(방화해서 도망친 사람이 방화 현장을 확인하지 않으면 마음이 안 놓이는 것처럼, 톰은 자기가 집을 나온 뒤의 두 사람의 모습이 신경이 쓰여 어쩔 수 없다.)

死(し)なぬように、ただただ少(すこ)しでもはやく死(し)ぬことがないように、もがき続(つづ)けてきた。
(죽지 않도록 오로지 조금이라도 빨리 죽지 않도록 계속 발버둥 쳤다.)

草木(くさき)の創造(そうぞう)は尽(つ)きるところを知(し)らぬように、新(あたら)しい形(かたち)、新(あたら)しい色(いろ)が次々(つぎつぎ)と生(う)まれた。
(초목의 창조는 다하는 것을 모르는 것처럼, 새로운 형태, 새로운 색이 계속해서 태어났다.)

そこに摩擦(まさつ)が起(お)きぬように、国民(こくみん)年金(ねんきん)が二十五年(にじゅうごねん)で今(いま)五万円(ごまんえん)になるからそれに合(あ)わせたんだ。
(거기에 마찰이 일어나지 않도록 국민 연금이 25년에 지금 5만 엔이 되니까 그것에 맞췄다.)

心(こころ)の中(なか)でそうつぶやきながらも、七瀬(ななせ)は誰(だれ)にも見(み)られぬように、ノリオの手(て)をぐっと強(つよ)く握(にぎ)りしめた。
(마음속에서 그렇게 중얼거리면서도 나나세는 누구에게도 들키지 않도록 노리오의 손을 꽉 강하게 줬다.)

酒(さけ)も、自室内(じしつない)では自由(じゆう)である。部屋(へや)の外(そと)へ出歩(であるく)かぬように、江本(えもと)の息子(むすこ)が若(わか)い社員(しゃいん)と共(とも)に見張(みは)っていた。
(술도 자기 방에서는 자유이다. 방 밖으로 나와 돌아다니지 않도록 에모

토의 아들이 젊은 사원과 함께 감시하고 있었다.)

「四名(よんめい)を誰(だれ)にするかは、あとで君(きみ)と決(き)めよう」そう言(い)って、有無(うむ)を言(い)わせぬように、戸田(とだ)は立(た)ち上(あ)がった。

(「4명을 누구로 할 것인지는 나중에 자네와 결정하겠다.」 그렇게 말하고 불문곡직하고 도다는 일어났다.)

[2] ひそかに行(い)かれた : 몰래 가셨다. 「行(い)かれた」는 「行(い)く」의 레루형 경어 「行(い)かれる」의 과거로, 다른 예를 들면 다음과 같다.

[例] イエスはこれを知(し)って、そこを去(さ)って行(い)かれた。

(예수께서는 그것을 알고 거기를 떠나셨다.)

朝(あさ)から熱(ねつ)が出(で)たら午後(ごご)になってから、行(い)かれてはどうですか?

(아침부터 열이 나면 오후가 된 다음 가시는 것이 좋지 않겠습니까?)

これも何(なに)か総理(そうり)が沖縄(おきなわ)に行(い)かれたときのお土産(みやげ)だというような報道(ほうどう)もありました。

(이것도 무엇인가 총리가 오키나와에 가셨을 때의 선물이라는 그런 보도도 있었습니다.)

各病院(かくびょういん)によって設備(せつび)に違(ちが)いがありますので、病棟(びょうとう)に移(うつ)る前(まえ)に病室(びょうしつ)をチラッと見学(けんがく)に行(い)かれてはどうでしょうか?

(각 병원에 따라 설비에 차이가 있으니, 병동에 옮기기 전에 병실을 흘끗 견학하러 가시면 어떨까요?)

## 《29》[ヨハネによる福音書 7:10 - 7:13]

> [1]ユダヤ人(じん)らは祭(まつり)の時(とき)に、「[2]あの人(ひと)はどこにいるのか」と言(い)って、イエスを捜(さが)していた。[ヨハネによる福音書 7:11]
> (유대인들은 명절 때에 "그 사람은 어디 있느냐?" 하고 말하며 예수를 찾고 있었다.[7:11])

[1]ユダヤ人(じん)ら : 「~ら」는 사람을 나타내는 말에 붙어 복수를 나타내는데, 「~たち」에 비해 문장체적인 성격이 강하다.

[例] 今(いま)来(きた)る、われらの父(ちち)ダビデの国(くに)に、祝福(しゅくふく)あれ。いと高(たか)き所(ところ)に、ホサナ」。[口語訳 / マルコによる福音書 11:10]
(지금 다가오는 우리들 아버지 다윗의 나라에 축복이 있어라! 가장 높은 곳에 호산나!")[마가복음 11:10][91]

そして、彼(かれ)らは「だれが、わたしたちのために、墓(はか)の入口(いりぐち)から石(いし)を転(ころ)がしてくれるのでしょうか」と話(はな)し合(あ)っていた。[口語訳 / マルコによる福音書 16:3]
(그래서 그녀들은 "누가 우리들을 위해 무덤 입구에서 돌을 굴려 줄까요?"라고 서로 이야기하고 있었다.)[마가복음 16:3][92]

むしろ私(わたし)にはあっちのほうの人(ひと)らは洗脳(せんのう)されて生(い)きているようにしか見(み)えないなぁ。
(오히려 내게는 그쪽 사람들은 세뇌당해 살고 있는 것처럼 밖에 보이지 않아.)

---

91) 李成圭(2019c)『일본어 구어역 마가복음의 언어학적 분석Ⅲ』시간의물레. p. 83에서 인용.
92) 李成圭(2020b)『일본어 구어역 마가복음의 언어학적 분석Ⅳ』시간의물레. p. 227에서 인용.

外国人(がいこくじん)らはまた'韓国(かんこく)を最(もっと)もよく知(し)らせる団体(だんたい)'で企業(きぎょう)(48.39%)を最(もっと)も多く挙(あ)げた.
(외국인들은 또 '한국을 가장 잘 알리는 단체'로 기업(48.39%)을 많이 들었다.)

[2]あの人(ひと)はどこにいるのか : 그 사람은 어디 있느냐? 본 절의「あの人(ひと)は」의「あの」는 문맥지시 용법으로 쓰인 것이다. 타 번역본에서도 다음과 같이 문맥지시의「あの」가 쓰이고 있다.

[例]あの方(かた)はどこにおられるのか。[新改訳1970]
(그 분은 어디에 계시느냐?)

あの人(ひと)はどこか。[前田訳1978]
(그 사람은 어디에 있느냐?)

あの男(おとこ)はどこにいるのか。[新共同訳1987]
(그 남자는 어디에 있느냐?)

あの男(おとこ)はどこにいるのだ。[岩波翻訳委員会訳1995]
(그 남자는 어디에 있느냐?)

群衆(ぐんしゅう)の中(なか)に、イエスについていろいろと[1]うわさが立(た)った。ある人々(ひとびと)は、「[2]あれはよい人(ひと)だ」と言(い)い、他(た)の人々(ひとびと)は、「いや、あれは[3]群衆(ぐんしゅう)を惑(まど)わしている」と言(い)った。[ヨハネによる福音書 7:12]
(군중 중에 예수에 관해 여러 가지 소문이 났다. 어떤 사람들은 "그는 좋은 사람이다."라고 하고, 다른 사람들은 "아냐, 그는 군중을 미혹하고 있다."고 말했다.[7:12])

[1]うわさが立(た)った : 소문이 났다.「うわさ[噂]が立(た)つ」는「소문이 나다」의 뜻

을 나타내는 관용표현인데 구어역 신약성서에서는 본 절의 예와 다음 예로 총 2회 출현한다.

예를 들면 다음과 같다.

[例] 幾日(いくにち)か経(た)って、イエスがまたカペナウムにお帰(かえ)りになったとき、家(いえ)におられるといううわさが立(た)ったので、[口語訳 / マルコによる福音書 2:1]

(며칠 지나 예수께서 다시 가버나움에 돌아가셨을 때, 집에 계신다고 하는 소문이 나자,)[마가복음 2:1][93]

[2] あれはよい人(ひと)だ : 그는 좋은 사람이다. 본 절의 「あれ」는 인칭대명사로 전용되어 쓰이고 있다.

[例] すると、農夫(のうふ)たちは『あれは跡取(あとと)りだ。さあ、これを殺(ころ)してしまおう。そうしたら、その財産(ざいさん)はわれわれのものになるのだ』と話(はな)し合(あ)い、[口語訳 / マルコによる福音書 12:7]

(그러자, 농부들은 '저 사람은 상속자다. 자, 이 사람을 죽여 버리자. 그렇게 하면 그 재산은 우리들 것이 된다.'고 의논하고,)[마가복음 12:7][94]

[3] 群衆(ぐんしゅう)を惑(まど)わしている : 군중을 미혹하고 있다. 「惑(まど)わしている」의 「惑(まど)わす」는 「어지럽히다 / 미혹하다 / 현혹하다」의 뜻을 나타내는데, 구어역 신약성서에서 예를 들면 다음과 같다.

[例] そこで、イエスは話(はな)しはじめられた、「人(ひと)に惑(まど)わされないように気(き)をつけなさい。[口語訳 / マルコによる福音書 13:5]

(그래서 예수께서 말씀하기 시작하셨다. "사람들에게 현혹당하지 않도록 조심해라.")[마가복음 13:5][95]

---

93) 李成圭(2018c)『일본어 구어역 마가복음의 언어학적 분석Ⅰ』시간의물레. p. 69에서 인용.
94) 李成圭(2019c)『일본어 구어역 마가복음의 언어학적 분석Ⅲ』시간의물레. p. 143에서 인용.
95) 李成圭(2019c)『일본어 구어역 마가복음의 언어학적 분석Ⅲ』시간의물레. p. 225에서 인용.

ああ、物(もの)分(わ)かりの悪(わる)いガラテヤ人(びと)よ。十字架(じゅうじか)につけられたイエス・キリストが、あなたがたの目(め)の前(まえ)に描(えが)き出(だ)されたのに、いったい、だれがあなたがたを惑(まど)わしたのか。[口語訳 / ガラテヤ人への手紙 3:1]

(아, 잘 이해하지 못하는 갈라디아 사람들이여, 십자가에 매달린 예수 그리스도께서 여러분의 눈앞에 묘사하고 계신데, 도대체 누가 너희를 미혹했느냐?)[갈라디아서 3:1]

しかし、ユダヤ人(じん)らを恐(おそ)れて、イエスのことを[1]公然(こうぜん)と[2]口(くち)にする者(もの)はいなかった。[ヨハネによる福音書 7:13]
(그러나 유대인들을 무서워하여 예수에 관한 것을 공공연하게 말하는 사람은 없었다.[7:13])

[1]公然(こうぜん)と口(くち)にする : 공공연하게 말하다. 「公然(こうぜん)」은 「ー{と・たる}」계열의 형용동사적 용법도 있고 「公然(こうぜん)の」와 같은 명사적 용법도 겸비하고 있다.

### 1. 형용동사적 용법

[例]ヤミではあるものが半(なか)ば公然(こうぜん)と売(う)られており、貧(まず)しい人(ひと)がこれに手(て)を出(だ)す。
(암거래에서는 어떤 것이 거의 공공연하게 팔리고 있고, 가난한 사람들이 이것에 손을 댄다.)

純潔(じゅんけつ)の説教(せっきょう)は反自然(はんしぜん)を公然(こうぜん)と扇動(せんどう)することである。
(순결의 설교는 반자연을 공공연하게 선동하는 것이다.)

代議士(だいぎし)になるための選挙(せんきょ)運動(うんどう)を公然(こうぜ

ん)と行(おこ)なっていた。

(국회의원가 되기 위한 선거 운동을 공공연하게 행하고 있었다.)

ブッシュ政権(せいけん)の二(ふた)つの国際(こくさい)政策(せいさく)に公然(こうぜん)と反対(はんたい)を唱(とな)える誘惑(ゆうわく)に抗(こう)している。

(부시 정권의 두 가지 국제 정책에 공공연하게 반대를 주창하는 유혹에 맞서고 있다.)

ルターの主張(しゅちょう)を公然(こうぜん)と支持(しじ)することまではしませんでした。

(루터의 주장을 공공연하게 지지하는 것까지는 하지 않았습니다.)

ひとたび噂(うわさ)が公然(こうぜん)たる事実(じじつ)になれば、彼(かれ)はこの町(まち)では破滅(はめつ)だ。

(일단 소문이 공공연한 사실이 되면 그는 이 도시에서는 파멸이다.)

それを皮切(かわき)りに、公然(こうぜん)たる領土(りょうど)の侵犯(しんぱん)や兼併(けんぺい)が始(はじ)まった。

(그것을 시초로 공공연한 영토 침범과 겸병이 시작되었다.)

信仰(しんこう)の自由(じゆう)を認(みと)めることは、回教(かいきょう)の場合(ばあい)、公然(こうぜん)たる一夫多妻(いっぷたさい)の容認(ようにん)と切(き)り離(はな)せない。

(신앙의 자유를 인정하는 것은 회교의 경우, 공공연한 일부다처의 용인과 따로 뗄 수가 없다.)

今(いま)では学者(がくしゃ)や文化人(ぶんかじん)の間(あいだ)では半(なか)ば公然(こうぜん)たる定説(ていせつ)となっているくらいではないか。

(지금은 학자나 문화인 사이에서는 거의 공공연한 정설로 되어 있을 정도가 아닌가?)

## 2. 명사적 용법

[例]公然(こうぜん)の秘密(ひみつ)だ。

(공공연한 비밀이다.)

公然(こうぜん)の課題(かだい)である。

(공공연한 과제이다.)

二国(にこく)の公然(こうぜん)の敵(てき)であるオランダ人(じん)をまず保護(ほご)するつもりであったようだ。

(두 나라의 공공연한 적인 네덜란드인을 우선 보호할 생각이었던 것 같다.)

実際(じっさい)、後者(こうしゃ)はより低(ひく)いインフレと低(ひく)い公然(こうぜん)の失業(しつぎょう)に対(たい)して人口(じんこう)の貧(まず)しい部分(ぶぶん)によって払(はら)われる税(ぜい)にひとしい。

(실제로 후자는 보다 낮은 인플레와 낮은 공공연한 실업에 대해 인구의 가난한 부분에 의해 지불되는 세금과 같다.)

その思想(しそう)が基盤(きばん)を固(かた)めるのに確実(かくじつ)な貢献(こうけん)をなす文化的(ぶんかてき)業績(ぎょうせき)が存在(そんざい)していたことは公然(こうぜん)の事実(じじつ)である。

(그 사상이 기반을 굳이는 데에 확실한 공헌을 하는 문화적 업적이 존재하고 있던 것은 공공연한 사실이다.)


[2]口(くち)にする者(もの)はいなかった : 말하는 사람은 없었다. 형식동사「～する」는 기본적으로는 한국어의「～하다」에 대응하나,「신체 부위」를 나타내는 말과 같이 쓰여 '그 기능을 하다'의 뜻을 나타내는 용법이 있다.「口(くち)にする」는「言(い)う」에 상당하는 뜻을 나타낸다. 같은 유형의 예를 들면 다음과 같다.

[例]下手(へた)なことを口(くち)にすると、ぼくの命(いのち)も危(あぶ)ない。今(いま)は黙(だま)っているのが得策(とくさく)だ。

(섣불리 입을 열면 내 목숨도 위험하다. 지금은 잠자코 있는 것이 상책이다.)

妙(みょう)な噂(うわさ)を耳(みみ)にしたんだけど、本当(ほんとう)かな。
이상한 소문을 들었는데 사실일까?)

大金(たいきん)を手(て)にすると、とかく人間(にんげん)は判断(はんだん)を誤(あやま)りがちだ。
큰돈을 손에 쥐면 자칫하면 사람은 판단을 그르치기 십상이다.)[96]


⟪30⟫ [ヨハネによる福音書 7:14 - 7:24]

祭(まつり)も半(なか)ばになってから、イエスは宮(みや)に上(のぼ)って[1]教(おし)え始(はじ)められた。[ヨハネによる福音書 7:14]
(명절이 중반에 접어들고 나서, 예수께서는 성전에 올라가서 가르치기 시작하셨다.[7:14])

[1]教(おし)え始(はじ)められた : 가르치기 시작하셨다. 「教(おし)え始(はじ)められた」는 복합동사 「教(おし)え始(はじ)める」의 レル형 경어 「教(おし)え始(はじ)められる」의 과거로 구어역 신약성서에서는 본 절의 예가 유일하다.

すると、ユダヤ人(じん)たちは驚(おどろ)いて言(い)った、「[1][2]この人(ひと)は学問(がくもん)をしたこともないのに、どうして律法(りっぽう)の知識(ちしき)をもっているのだろう」。[ヨハネによる福音書 7:15]
(그러자, 유대인들은 놀라서 말했다. "이 사람은 배운 적도 없는데 어떻게 율법 지식을 가지고 있을까?"[7:15])

[1]この人(ひと)は学問(がくもん)をしたこともない : 이 사람은 배운 적도 없다. 「学問

---

96) 李成圭・権善和(2006d)『현대일본어 문법연구Ⅲ』시간의물레. p.27에서 인용하여 일부 수정.

(がくもん)をする」는 한어동사「学問(がくもん)する」에「〜を」가 삽입되어, 한어 어기와「する」가 분리된 것으로 직역하면「학문을 하다」인데 문어적인 뉘앙스를 내포하고 있어 여기에서는「배우다」로 번역해 둔다.

[例]あるいは亡(な)くなるまで教養型(きょうようがた)の学問(がくもん)をしたいとおっしゃる高齢者(こうれいしゃ)もおいでになる。

(혹은 죽을 때까지 교양형 학문을 하고 싶다고 말씀하시는 고령자도 계신다.)

その上(うえ)また学問(がくもん)をしたくなったら大学(だいがく)に帰(かえ)る、そのほうが学問(がくもん)への動機(どうき)づけができる。これを再帰教育(さいきょういく)と称(しょう)し、ふつうのドロップ・アウトと区別(くべつ)してストップ・アウトという。

(게다가 또 배우고 싶어지면 대학에 돌아간다, 그 쪽이 학문에 대한 동기 부여를 할 수 있다. 이것을 재귀교육이라고 칭하고, 보통의 드롭아웃(dropout)와 구별하여 스톱아웃(stop out)이라고 한다.)

그리고「学問(がくもん)する」가 한어동사로 쓰이는 예를 들면 다음과 같다.

[例]30代(さんじゅうだい)なら、今(いま)から学問(がくもん)して研究者(けんきゅうしゃ)の道(みち)も夢(ゆめ)ではありません。

(30대라면 지금부터 학문을 해서 연구자의 길도 꿈은 아닙니다.)

どんなに学問(がくもん)しても、やはり本当(ほんとう)にはわからないのだ。私(わたし)もわかっていなかった。

(아무리 공부해도 역시 정말 모르겠다. 나도 모르겠다.)

いや、学問(がくもん)する者(もの)の初歩的(しょほてき)な知識(ちしき)としてもっていなければならないことでしょう。

(아니, 학문하는 자의 초보적 지식으로서 가지고 있어야 하는 것이겠지요.)

学問(がくもん)したいからという必死(ひっし)の理由(りゆう)があれば、救(すく)われる。しかるに現在(げんざい)では、学問(がくもん)するための便利(べんり)な方

法(ほうほう)が、ほかにいくらもあるのだから、それさえ理由(りゆう)にはならなくなっている。

(배우고 싶다고 해서, 라는 필사적인 이유가 있다면, 구원받는다. 그런데 현재는 배우기 위한 편리한 방법이 그 밖에 얼마든지 있으니까, 그것마저 이유는 안 되고 있다.)

[2]この人(ひと)は学問(がくもん)をしたこともない : 이 사람은 배운 적도 없다. 「したこともない」의 「〜たこともない」는 「〜한 적도 없다」의 뜻으로 과거의 경험을 나타낸다.

[例]柿崎(かきさき)や柳沢(やなぎさわ)なんて人(ひと)には、会(あ)ったこともないって、何度(なんど)も言(い)ってるだろう?

(가키사키나 야나기사와 같은 사람은 만난 적이 없다고 몇 번이고 말했잖아?)

私(わたし)自身(じしん)は、うつ病(びょう)だという自覚(じかく)はない。また、うつ病(びょう)という診断(しんだん)を受(う)けたこともない。

(내 자신은 울증이라는 자각은 없다. 또 울증이라는 진단을 받은 적도 없다.)

顔(かお)を見(み)たこともないけれど、その声(こえ)も聞(き)いたことはないけれど、わたしの母(かあ)さんは素晴(すば)らしい人(ひと)だったのだ。

(얼굴을 본 적도 없지만, 그 소리도 들은 적은 없지만, 내 어머니는 멋진 사람이었다.)

---

そこでイエスは彼(かれ)らに答(こた)えて言(い)われた、「[1]わたしの教(おし)えはわたし自身(じしん)の教(おし)えではなく、わたしを遣(つか)わされた方(かた)の教(おし)えである。[ヨハネによる福音書 7:16]
(그러자 예수께서는 그들에게 대답하여 말씀하셨다. "내 가르침은 내 자신의 가르침이 아니라, 나를 보내신 분의 가르침이다."[7:16])

[1]わたしの教(おしえ)はわたし自身(じしん)の教(おしえ)ではなく、わたしを遣(つか)わされた方(かた)の教(おしえ)である : 내 가르침은 내 자신의 가르침이 아니라, 나를 보내신 분의 가르침이다. 이 문장은 2개 명사술어문이 「[わたしの教(おしえ)はわたし自身(じしん)の教(おしえ)]ではなく、[わたしを遣(つか)わされた方(かた)の教(おしえ)]である。」와 같이 [부정 + 긍정]으로 연결된 것이다.

[例]両者(りょうしゃ)の差(さ)は意味的(いみてき)なものではなく、構造的(こうぞうてき)ものである。

(양자의 차는 의미적인 것이 아니라, 구조적인 것이다.)

イエスはこれを聞(き)いて言(い)われた、「丈夫(じょうぶ)な人(ひと)には医者(いしゃ)は要(い)らない。要(い)るのは病人(びょうにん)である。わたしが来(き)たのは、義人(ぎじん)を招(まね)くためではなく、罪人(つみびと)を[4]招(まね)くためである」。[口語訳 / マルコによる福音書 2:17]

(예수께서는 이것을 듣고 말씀하셨다. "건강한 사람에게는 의사가 필요 없다. 필요로 하는 이는 병자이다. 내가 온 것은 의인을 부르기 위한 것이 아니라 죄인을 부르기 위해서다.")[마가복음 2:17][97]

それは人(ひと)の心(こころ)の中(なか)に入(はい)るのではなく、腹(はら)の中(なか)に入(はい)り、そして、外(そと)に出(で)て行(い)くだけである」。イエスはこのように、どんな食物(しょくもつ)でも清(きよ)いものとされた。[口語訳 / マルコによる福音書 7:19]

(그것은 사람 마음속에 들어가는 것이 아니라, 뱃속에 들어가 그리고 밖으로 나갈 뿐이다."예수께서는 이와 같이 어떤 음식도 깨끗한 것으로 하셨다.)[마가복음 7:19][98]

---

97) 李成圭(2018c)『일본어 구어역 마가복음의 언어학적 분석Ⅰ』시간의물레. p. 90에서 인용.
98) 李成圭(2019a)『일본어 구어역 마가복음의 언어학적 분석Ⅱ』시간의물레. p. 98에서 인용.

「だれでも、このような幼子(おさなご)の一人(ひとり)を、わたしの名(な)のゆえに受(う)け入(い)れる者(もの)は、わたしを受(う)け入(い)れるのである。そして、わたしを受(う)け入(い)れる者(もの)は、わたしを受(う)け入(い)れるのではなく、わたしをお遣(つか)わしになった方(かた)を受(う)け入(い)れるのである」。[口語訳 / マルコによる福音書 9:37]

("누구든지 이런 어린이 한 사람을 내 이름 때문에 받아들이는 사람은 나를 받아들이는 것이다. 그리고 나를 받아들이는 사람은 나를 받아들이는 것이 아니라, 나를 보내신 분을 받아들이는 것이다.")[마가복음 9:37][99]

[1]神(かみ)のみこころを行(おこな)おうと思(おも)う者(もの)であれば、だれでも、[2]わたしの語(かた)っているこの教(おしえ)が神(かみ)からのものか、それとも、わたし自身(じしん)から出(で)たものか、わかるであろう。[ヨハネによる福音書 7:17]
(하나님의 뜻을 행하려고 하는 사람이라면 누구든지 내가 말하고 있는 이 가르침이 하나님으로부터 나온 것인지 그렇지 않으면 내 자신으로부터 나온 것인지 알 것이다.[7:17])

[1]神(かみ)のみこころを行(おこな)おうと思(おも)う者(もの)であれば、: 하나님의 뜻을 행하려고 하는 사람이라면. 「行(おこな)おうと思(おも)う」는 「行(おこな)う」의 미연형의 화자의 의지를 표명하는 「~うと思(おも)う」가 접속된 것이다.

[例]移動(いどう)もでき、安(やす)いので買(か)おうと思(おも)うのですが、実際(じっさい)使(つか)っている方(かた)がいたら、どんな物(もの)なのか教(おし)えてください。
(이동도 할 수 있고, 싸기 때문에 사려고 합니다만, 실제로 사용하고 있는 분이 있으면, 어떤 물건인지 가르쳐 주십시오.)

---

99) 李成圭(2019a)『일본어 구어역 마가복음의 언어학적 분석Ⅱ』시간의물레. p. 219에서 인용.

これから、わたしは船(ふね)まで戻(もど)ろうと思(おも)う。

(이제부터 나는 배로 돌아가려고 한다.)

インターネット書店(しょてん)にて頼(たの)もうと思(おも)うのですが、中身(なかみ)が見(み)れないために困(こま)っています。

(인터넷 서점에서 부탁하려고 합니다만, 내용물을 볼 수 없어서 곤란합니다.)

今(いま)から車検(しゃけん)を取(と)ろうと思(おも)うのですが、今年(ことし)の自動車税(じどうしゃぜい)を支払(しはら)ってからでないと車検(しゃけん)は受(う)けられないですか?

(이제부터 차량 검사를 받으려고 합니다만, 올해 자동차세를 내고 나서가 아니면 차량 검사는 받을 수 없습니까?)

この導入(どうにゅう)のスピードを速(はや)めようと思(おも)うならば、新(あら)たな付加価値(ふかかち)を追加(ついか)する必要(ひつよう)がある。

(이 도입 속도를 빨리 하려고 한다면 새로운 부가가치를 추가할 필요가 있다.)

[2] わたしの語(かた)っているこの教(おしえ)が神(かみ)からのものか、それとも、わたし自身(じしん)から出(で)たものか、: 내가 말하고 있는 이 가르침이 하나님으로부터 나온 것인지 그렇지 않으면 내 자신으로부터 나온 것인지. 「それとも」는 두 가지 사항 중에서 어느 하나를 선택할 때 쓰는 접속사로 「(그렇지) 않으면」「또는 / 혹은」에 상당하는 뜻을 나타낸다.

[例] それは偶然(ぐうぜん)? それとも運命(うんめい)?

(그것은 우연? 그렇지 않으면 운명?)

持(も)ち家(いえ)にお住(す)まいですか、それとも借家(しゃっか)ですか。

(자기 집에 사십니까? 그렇지 않으면 셋집입니까?)

映画(えいが)か、それとも芝居(しばい)か、あなたの好(す)きなほうを見(み)に行(い)きましょう。

(영화나 아니면 연극, 당신이 좋아하는 쪽을 보러 갑시다.)

彼(かれ)は日本人(にほんじん)だろうか、それとも、中国人(ちゅごくじん)だろうか。
(그는 일본인일까? 그렇지 않으면 중국인일까?)

おいしくないの、それとも、体(からだ)でも悪(わる)いの。
(맛없어? 아니면 몸이라도 안 좋아?)

このまま進(すす)むか、それとも、引(ひ)くか。
(이대로 진행할까? 아니면 물러날까?)

山(やま)へ行(い)こうか、それとも、海(うみ)にしようか。
(산에 갈까? 아니면 바다로 할까?)

やりますか、それとも、やめますか。
(하겠습니까? 아니면 그만두겠습니까?)

歩(ある)いて行(い)きますか。それともバスで行(い)きますか。
(걸어가겠습니까? 아니면 버스로 가겠습니까?)

あのう、しくしく痛(いた)むんですか、それともきりきり痛(いた)むんでしょうか。
(저, 살살 아픕니까? 그렇지 않으면 쑥쑥 쑤십니까?)

われわれの宇宙(うちゅう)が開(ひら)いているのか、それとも閉(と)じているのかを確定(かくてい)することは決(けっ)してできないだろうということである。
(우리 우주가 열려 있는 것인지 그렇지 아니면 닫혀 있는 것인지를 결코 확정할 수 없을 것이라는 것이다.)

主(しゅ)のもとに送(おく)り、「『来(き)たるべき方(かた)』はあなたなのですか。それとも、ほかにだれかを待(ま)つべきでしょうか」と尋(たず)ねさせた。[口語訳 / ルカによる福音書 7:19]
(주께 보내서 "오기로 되어 있는 분이 선생님이십니까? 그렇지 않으면, 그 밖에 누군가를 기다려야 합니까?"라고 물어 보게 하였다.)[누가복음 7:19]

するとペテロが言(い)った、「主(しゅ)よ、この譬(たとえ)を話(はな)しておられるの

はわたしたちのためなのですか。それとも、みんなの者(もの)のためなのですか」。
[口語訳 / ルカによる福音書 12:41]
(그러자, 베드로가 말했다. "주여, 이 비유를 말씀하고 계시는 것은 저희를 위해서입니까? 아니면 모든 사람을 위해서입니까?")[누가복음 12:41]

> 自分(じぶん)から出(で)たことを語(かた)る者(もの)は、自分(じぶん)の栄光(えいこう)を求(もと)めるが、自分(じぶん)を遣(つか)わされた方(かた)の栄光(えいこう)を求(もと)める者(もの)は[1]真実(しんじつ)であって、その人(ひと)の内(うち)には偽(いつわ)りがない。[ヨハネによる福音書 7:18]
> (자기로부터 나온 것을 말하는 사람은 자신의 영광을 구하지만, 자기를 보내신 분의 영광을 구하는 사람은 진실하며 그 사람 안에는 거짓이 없다.[7:18])

[1] 真実(しんじつ)であって、その人(ひと)の内(うち)には偽(いつわ)りがない : 진실하며 그 사람 안에는 거짓이 없다. 「真実(しんじつ)であって」는 형용동사 「真実(しんじつ)だ」의 문장체 표현인 「真実(しんじつ)である」의 テ형으로 단순연결을 나타내고 있고 「偽(いつわ)り」는 「偽(いつわ)る ; 거짓말하다 / 속이다」의 연용형이 전성명사화된 것으로 「偽(いつわ)りがない」는 「거짓이 없다」의 뜻을 나타낸다. 타 번역본에서는 이 부분을 어떻게 묘사하고 있는지 살펴보자.

[例] 真実(しんじつ)であり、(すこしも)偽(いつわ)りがない。[塚本訳1963]

(진실 되며 (조금도) 거짓이 없다.)

真実(しんじつ)であり、その人(ひと)には不正(ふせい)がありません。[新改訳 1970]

(진실 되며 그 사람에게는 부정이 없습니다.)

真(まこと)であり、そのうちに不義(ふぎ)がない。

(참되며 그 안에 불의가 없다.)

真実(しんじつ)な人(ひと)であり、その人(ひと)には<u>不義(ふぎ)がない</u>。[新共同訳1987]

(진실한 사람으로 그 사람에게는 불의가 없다.)

真実(しんじつ)であって、彼(かれ)のうちには<u>不義(ふぎ)がない</u>。[岩波翻訳委員会訳1995]

(진실 되며 그의 안에는 불의가 없다.)

　[塚本訳1963]에서는 구어역과 마찬가지로「偽(いつわ)りがない」가, [新改訳1970]에서는「不正(ふせい)がありません」이, [前田訳1978][新共同訳1987][岩波翻訳委員会訳1995]에서는「不義(ふぎ)がない」가 쓰이고 있다.

[1]モーセはあなたがたに律法(りっぽう)を与(あた)えたではないか。[2]それだのに、あなたがたのうちには、その律法(りっぽう)を行(おこな)う者(もの)が一人(ひとり)もない。あなたがたは、なぜわたしを殺(ころ)そうと思(おも)っているのか」。[ヨハネによる福音書 7:19]
(모세가 너희에게 율법을 주지 않았느냐? 그럼에도 불구하고 너희 중에는 그 율법을 행하는 사람이 한 사람도 없다. 너희는 왜 나를 죽이려고 하고 있느냐?[7:19])

[1]モーセはあなたがたに律法(りっぽう)を与(あた)えたではないか : 모세가 너희에게 율법을 주지 않았느냐?「モーセはあなたがたに律法(りっぽう)を与(あた)えた」라는 문에 부정 의문 형태의「〜ではないか」가 접속된 것이다.
[例]私(わたし)はここにあるはずだと<u>言(い)ったではないか</u>。

(나는 여기에 있을 것이라고 말하지 않았느냐?)

しかし禁止(きんし)したにもかかわらず、十戒(じっかい)を納(おさ)めた箱(はこ)の上(うえ)にケルビムの像(ぞう)を刻(きざ)むことをモーセに許(ゆる)しただけで

なく、神(かみ)自身(じしん)がそれを命(めい)じたではないか。
(그러나 금지했음에도 불구하고 십계를 넣어둔 상자 위에 케루빔의 상을 새기는 것을 모세에게 허락했을 뿐 아니라, 하나님 자신이 그것을 명하지 않았느냐?)

俺(おれ)は日本(にほん)を発(た)つ前(まえ)にグリズリーが怖(こわ)いという話(はなし)をさんざんおまえにしたではないか。
(나는 일본을 떠나기 전에 그리즐리가 무섭다는 이야기를 실컷 너에게 하지 않았느냐?)

これまで、こうやって何度(なんど)も失敗(しっぱい)して来(き)たではないか。
(지금까지 이렇게 몇 번이고 실패해 오지 않았느냐?)

見(み)よ、一切(いっさい)の人(ひと)が、一切(いっさい)の主義者(しゅぎしゃ)が、誰(だれ)も彼(かれ)も足(あし)もとを忘(わす)れては、倒(たお)れてしまったではないか。
(봐라! 모든 사람이 모든 주의자가 너나 할 것 없이 주위를 잊으면 쓰러져 버리지 않았느냐?)

あのドモリだった私(わたし)も、努力(どりょく)すればそのハンデを克服(こくふく)して弁論(べんろん)大会(たいかい)でも優勝(ゆうしょう)できたではないか。
(그 말을 더듬는 것으로 유명한 나도 노력하면 그 핸디캡을 극복해서 변론대회에서도 우승하지 않았느냐?)

[2]それだのに、あなたがたのうちには、その律法(りっぽう)を行(おこな)う者(もの)が一人(ひとり)もない : 그럼에도 불구하고 너희 중에는 그 율법을 행하는 사람이 한 사람도 없다. 「それだのに」는 접속사 「それなのに」의 고풍스러운 말씨로 「그런데도 / 그러함에도 불구하고」의 뜻을 나타낸다.

[例]そして、彼(かれ)らに教(おし)えて言(い)われた、「『わたしの家(いえ)は、すべての国民(こくみん)の祈(いの)りの家(いえ)と称(とな)えるべきである』と書(か)いてあるではないか。それだのに、あなたがたはそれを強盗(ごうとう)の巣(す)にして

しまった」。[口語訳 / マルコによる福音書 11:17]

(그리고 그들에게 가르치며 말씀하셨다. "'내 집은 모든 국민의 기도의 집이라고 불러야 한다.' 라고 쓰여 있지 않느냐? 그럼에도 불구하고 너희는 그것을 강도들의 소굴을 만들어 버렸다.")[마가복음 11:17][100]

「あなたがたのうちには ; 너희 중에는」의 「〜うち」는 형식명사로 범위나 한계를 나타낸다.

[例] この三人(さんにん)の内(うち)から選(えら)ぶ。

(이 3명 중에서 뽑는다.)

しかしエルサレムの予言者(よげんしゃ)のうちには、恐(おそ)ろしい事(こと)のあるのを見(み)た。

(그러나 예루살렘의 예언자 중에는 무서운 일이 있는 것을 보았다.)

さらに私(わたし)は、この〔イエスの〕魂(たましい)のうちには、いかなる人間(にんげん)の魂(たましい)の場合(ばあい)とも同様(どうよう)に、滅(ほろ)びうる感覚的(かんかくてき)本性(ほんしょう)が存在(そんざい)していたことを観(み)ますが、〔今(いま)は天国(てんごく)にいるキリストにおいて〕それが知性的(ちせいてき)で滅(ほろ)びることのない本性(ほんしょう)のうちに現実(げんじつ)に存在(そんざい)していることをも観(み)るのです。

(또한 나는 이 [예수]의 영혼 중에는 어떤 인간의 영혼의 경우와도 마찬가지로 없어질 수 있는 감각적 본성이 존재했던 것을 보지만, [지금은 천국에 있는 예수 안에서] 그것이 지성적이고 없어지지 않는 본성 안에 현실에 존재하고 있는 것도 봅니다.)

この点(てん)に関(かん)して、皆(みな)さんのうちには、もしかして一度(いちど)は手(て)にされた方(かた)もあろうが、私(わたし)のあの本(ほん)の序文(じょぶん)でこう述(の)べておいたところを参照(さんしょう)していただきたく思(おも)う。

---

100) 李成圭 (2019c) 『일본어 구어역 마가복음의 언어학적 분석Ⅲ』 시간의물레. p. 101에서 인용.

(이 점에 관해 여러분 중에는 어쩌면 한 번은 손을 대신 분도 있겠지만, 내가 쓴 그 책의 서문에서 이렇게 서술해 둔 것을 참조해 주셨으면 한다.)

群衆(ぐんしゅう)は答(こた)えた、「あなたは悪霊(あくれい)に取(と)りつかれている。[1]だれがあなたを殺(ころ)そうと思(おも)っているものか」。[ヨハネによる福音書 7:20]
(군중이 대답했다. "너는 악령이 들렸다. 누가 너를 죽이려고 하고 있다는 것이냐?[7:20])

[1]だれがあなたを殺(ころ)そうと思(おも)っているものか : 누가 너를 죽이려고 하고 있다는 것이냐? 형식명사 「〜もの」에는 화자의 주장을 강조하는 용법이 있는데, 본 절의 「殺(ころ)そうと思(おも)っているものか」의 「〜ものか」와 같이 「〜か」를 수반하면 의문·반어·역접적 감정을 강조하게 된다.

[例]すると、何(なん)と言(い)ったらよいか。偶像(ぐうぞう)に捧(ささ)げる供(そな)え物(もの)は、何(なに)か意味(いみ)があるのか。また、偶像(ぐうぞう)は何(なに)かほんとうにあるものか。[口語訳 / コリント人への第一の手紙 10:19]
(그러면 뭐라고 말하면 좋을까? 우상에 바치는 제물은 무슨 의미가 있는가? 또 우상은 무엇인가 정말 있는 것일까?)[고린도전서 10:19]

では、律法(りっぽう)は神(かみ)の約束(やくそく)と相容(あいい)れないものか。断(だん)じてそうではない。もし人(ひと)を生(い)かす力(ちから)のある律法(りっぽう)が与(あた)えられていたとすれば、義(ぎ)はたしかに律法(りっぽう)によって実現(じつげん)されたであろう。[口語訳 / ガラテヤ人への手紙 3:21]
(그러면 율법은 하나님의 약속과 서로 양립되지 않는 것인가? 결코 그렇지 않다. 만일 사람을 살리는 힘이 있는 율법이 주어져 있다고 한다면, 의는 틀림없이 율법에 의해 실현되었을 것이다.)[갈라디아서 3:21]

だれか教(おし)えてくれる人(ひと)がいないものか、捜(さが)し歩(ある)いた。
(누구 가르쳐 줄 사람이 없는 것일까? 찾아다녔다.)

毎日(まいにち)毎日(まいにち)の勉強(べんきょう)に音(おと)を上(あ)げて親(おや)に食(く)ってかかったことがある。こんな勉強(べんきょう)なんか役(やく)に立(た)つものか。
(매일 매일의 공부에 소리를 지르며 부모에게 대든 일이 있다. 이런 공부 같은 것이 도움이 될까?)

この大波(おおなみ)、この激流(げきりゅう)、この大渦巻(おおうずま)き、この雨水(あまみず)の大滝(おおたき)を見(み)るがいい。誰(だれ)が沈(しず)む者(もの)を教(おし)えるものか。
(이 큰 파도, 이 격류, 이 큰 소용돌이, 이 빗물의 큰 폭포를 보아라. 누가 가라앉는 사람을 가르칠까?)

いまどき女(おんな)の事務員(じむいん)に宿舎(しゅくしゃ)など与(あた)えるものか。女(おんな)は新聞(しんぶん)を拾(ひろ)って住所(じゅうしょ)を頼(たよ)りに、道(みち)を聞(き)きながら歩(ある)き出(だ)した。
(요즘 세상에 여자 사무원에게 숙사 등을 주겠는가? 여자는 신문을 주워 주소에 의지하며 길을 물으면서 걷기 시작했다.)

国籍(こくせき)が異(こと)なってもこんなにも心(こころ)が一(ひと)つになれるものか。
(국적이 달라도 이렇게도 마음이 하나가 될 수 있을까?)

二十年(にじゅうねん)経(た)った今(いま)でも彼女(かのじょ)らから来(く)るクリスマスカードにはその夜(よる)の感激(かんげき)が回想(かいそう)されている。
(20년 지난 지금도 그녀들에게서 오는 크리스마스카드에는 그 밤의 감격이 회상되었다.)

作(つく)った人間(にんげん)が守(まも)れない規則(きそく)に、他(た)の誰(だれ)が従(したが)うものか。自分(じぶん)を棚(たな)に上(あ)げて正論(せいろん)は語(かた)れない。

(만든 사람이 지킬 수 없는 규칙에 다른 누가 따를 것인가? 자기에게 불리한 일은 제쳐두고 정론은 말할 수 없다.)

> イエスは彼(かれ)らに答(こた)えて言(い)われた、「[1]わたしが一(ひと)つのわざをしたところ、あなたがたは皆(みな)それを見(み)て驚(おどろ)いている。[ヨハネによる福音書 7:21]
> (예수께서 그들에게 대답하여 말씀하셨다. "내가 한 가지 일을 했는데, 너희는 모두 그것을 보고 놀라고 있다.[7:21])

[1]わたしが一(ひと)つのわざをしたところ、あなたがたは皆(みな)それを見(み)て驚(おどろ)いている。: 내가 한 가지 일을 했는데, 너희는 모두 그것을 보고 놀라고 있다. 「〜ところ」는 「〜たところ」와 같이 동사의 과거에 접속되어 쓰이면 앞에서 서술한 내용을 조건으로 하여 문을 연결시키는 기능을 한다.

「〜たところ」는 순접으로도 역접으로도 쓸 수 있는데 본 절에서는 후자의 용법으로 해석된다. 참고로 타 번역본에서의 서술을 살펴보면, 순접인 경우도 있고 역접인 경우도 있다.

[例]わたしが[この間(かん)安息日(あんそくにち)に三十八年(さんじゅうはちねん)の足(あし)なえを直(なお)すという]一(ひと)つの業(わざ)をしたので、あなた達(たち)は皆(みな)驚(おどろ)いている。[塚本訳1963]

(내가 [이 동안 안식일에 38년 동안 앉은뱅이인 사람을 고친다고 하는] 하나의 일을 했기 때문에 너희들은 모두 놀라고 있다.)

わたしは一(ひと)つのわざをしました。それであなたがたはみな驚(おどろ)いています。[新改訳1970]

(나는 하나의 일을 했습니다. 그래서 여러분은 모두 놀라고 있습니다.)

わたしが一(ひと)つの業(わざ)を行(おこ)なったというので、あなたたちは皆(みな)驚(おどろ)いている。[新共同訳1987]

(내가 하나의 일을 행했다고 해서, 너희는 모두 놀라고 있다.)

一(ひと)つの業(わざ)を私(わたし)が行(おこ)ない、あなたがたは皆(みな)驚(おどろ)いている。[岩波翻訳委員会訳1995]

(하나의 일을 내가 행해서, 너희는 모두 놀라고 있다.)

ただひとつのわざを[安息日(あんそくにち)に]したのにあなたがたは皆(みな)おどろいている。[前田訳1978]

(단지 하나의 일을 [안식일에] 했는데, 너희는 모두 놀라고 있다.)

1. 「～たところ」가 순접으로 쓰이는 경우

   [例]彼(かれ)はこの光景(こうけい)を見(み)て不思議(ふしぎ)に思(おも)い、それを見極(みきわ)めるために近寄(ちかよ)ったところ、主(しゅ)の声(こえ)が聞(きこ)えてきた、[口語訳 / 使徒行伝 7:31]

   (그는 이 광경을 보고 이상하게 여겨서, 그것을 확인하기 위해 가까이 갔더니, 주의 음성이 들려왔습니다.)[사도행전 7:31]

   尋(たず)ねたところ、不在(ふざい)だった。

   (찾아갔더니 부재였다.)

   仕事(しごと)をやめたいと父(ちち)に言(い)ったところ、父(ちち)は意外(いがい)にも賛成(さんせい)してくれた。

   (일을 그만두고 싶다고 아버지에게 말했더니, 아버지는 의외로 찬성해 주었다.)

   日本語(にほんご)の辞書(じしょ)についてネットで調(しら)べたところ、おもしろい記事(きじ)を見(み)つけた。

   (일본어 사전에 관해 인터넷에서 조사했더니, 재미있는 기사를 발견했다.)

   子供(こども)に「危(あぶ)ない場所(ばしょ)はどこか」聞(き)いたところ、大人(おとな)が想像(そうぞう)していないことを考(かんが)えていたことがわかった。

(아이에게「위험한 곳은 어디인가?」라고 물었더니, 어른이 상상하고 있지 않은 것을 생각하고 있던 것을 알았다.)

新型(しんがた)インフルエンザかと心配(しんぱい)していたが、医者(いしゃ)にみてもらったところ、大(たい)したことはなかった。[101]

(신형 인플루엔자일까 하고 걱정하고 있었는데, 의사의 진찰을 받아 보았더니, 별다른 일이 아니었다.)

この原因(げんいん)を明(あき)らかにするために、コーヒーのなかの金属(きんぞく)を調(しら)べましたところ、多(おお)くの種類(しゅるい)の金属(きんぞく)が含(ふく)まれていることがわかりました。

(이 원인을 확실하게 하기 위해 커피 속의 금속을 조사했더니, 많은 종류의 금속이 포함되어 있는 것을 알았습니다.)

子供(こども)の同級生(どうきゅうせい)が遊(あそ)びに来(き)ました。ちょうど、食(た)べようと思(おも)っていた時(とき)だったので、遊(あそ)べないと断(ことわ)ったところ、飼(か)い犬(いぬ)に石(いし)を投(な)げつけて帰(かえ)って行(い)きました。

(아이의 동급생이 놀러 왔습니다. 마침 먹으려고 하고 있었던 때여서 놀 수 없다고 거절했더니, 기르는 개에게 돌을 내던지고 돌아갔습니다.)

2. 「〜たところ」가 역접으로 쓰이는 경우

[例]そして、ムシヤのあたりに来(き)てから、ビテニヤに進(すす)んで行(い)こうとしたところ、イエスの御霊(みたま)がこれを許(ゆる)さなかった。[口語訳 / 使徒行伝 16:7]

(그리고 무시아 부근에 온 다음, 비두니아에 나아가려고 했지만, 예수의 영이 이것을 허락하지 않았다.) [사도행전 16:7]

---

101) http://blog.livedoor.jp/rosetea425/archives/975898.html에서 인용해서 번역함.

依頼(いらい)したところ、断(ことわ)られた。
(의뢰했지만, 거절당했다.)

友達(ともだち)や生徒(せいと)に話(はな)したところ、誰(だれ)一人(ひとり)として信用(しんよう)してくれず、急(いそ)いで私(わたし)に報告(ほうこく)に来(き)たという次第(しだい)です。
(친구나 학생에게 이야기했지만, 누구 하나 믿어 주지 않아 서둘러 내게 보고하러 왔다고 하는 것입니다.)

警察官(けいさつかん)の一人(ひとり)に聞(き)いたところ、彼(かれ)はもちろん、周囲(しゅうい)の警察官(けいさつかん)もほとんどベルリンのことを知(し)らず、答(こた)えられなかった。
(경찰관 한 사람에게 물어보았는데, 그는 물론 주위의 경찰관도 거의 베를린에 관한 것을 몰라 대답하지 못했다.)

最期(さいご)の時(とき)を、自宅(じたく)で過(す)ごさせてやったほうがいいのではないかと、家族(かぞく)に連絡(れんらく)したところ、家族(かぞく)は、あまりいい返事(へんじ)をしなかった。
(임종 때를 자택에서 보내게끔 해 주는 것이 좋지 않을까 하고 가족에게 연락했지만 가족들은 그다지 좋은 대답을 하지 않았다.)

モスクワで開催(かいさい)される国民(こくみん)経済(けいざい)会議(かいぎ)という会議(かいぎ)に出席(しゅっせき)するためにパスポートの申請(しんせい)をしたところ、外務大臣(がいむだいじん)がパスポートの発券(はっけん)を拒否(きょひ)した事件(じけん)です。
(모스크바에서 개최되는 국민 경제 회의라고 하는 회의에 출석하기 위해 여권 신청을 했더니 외무대신이 여권 발급을 거부한 사건입니다.)

> モーセはあなたがたに割礼(かつれい)を命(めい)じたので、[これは、実(じつ)は、モーセから始(はじ)まったのではなく、先祖(せんぞ)たちから始(はじ)まったものである] あなたがたは安息日(あんそくにち)にも[1]人(ひと)に割礼(かつれい)を施(ほどこ)している。[ヨハネによる福音書 7:22]
> (모세가 너희에게 할례를 명했기에, [이것은 실은 모세로부터 시작된 것이 아니고 선조들로부터 시작된 것이다] 너희는 안식일에도 사람에게 할례를 행하고 있다.[7:22])

[1] 人(ひと)に割礼(かつれい)を施(ほどこ)している : 사람에게 할례를 행하고 있다. 「施(ほどこ)す」는「行(おこな)う ; 행하다」의 격식 차린 말씨로 구어역 신약성서에서는「割礼(かつれい)を施(ほどこ)す ; 할례를 행하다」와「バプテスマを施(ほどこ)す ; 세례를 주다」로 쓰이고 있다.

[例] それゆえに、あなたがたは行(い)って、すべての国民(こくみん)を弟子(でし)として、父(ちち)と子(こ)と聖霊(せいれい)との名(な)によって、彼(かれ)らに<u>バプテスマを施(ほどこ)し</u>、[口語訳 / マタイによる福音書 28:19]

(그러므로 너희는 가서, 모든 민족을 제자로 삼아서, 아버지와 아들과 성령의 이름으로 그들에게 세례를 주고,)[마태복음 28:19]

オリゲネスの聖書(せいしょ)に関係(かんけい)する研究(けんきゅう)として忘(わす)れてはならないのが、聖書(せいしょ)の諸書(しょしょ)のそれぞれを、本文(ほんぶん)に即(そく)して、一言一句(いちげんいっく)詳細(しょうさい)な<u>説明(せつめい)を施(ほどこ)す</u>聖書(せいしょ)注解(ちゅうかい)である。

(오리게네스 성서에 관계하는 연구로서 잊어서는 안 되는 것이 성서의 ([제서(諸書 : しょしょ) ; 히브리어:מיבותכ])란, 히브리 성서 (ך"נת)에 수록된 24권 - 기독교에서는 구약 39권에 포함된다 - 을 카테고리별로 분류할 때에 사용되는 유대교의 개념)의 각각을 본문에 의거하여 일언일구 상세한

설명을 하는 성서 주해이다.)

脳出血(のうしゅっけつ)といえば、手術(しゅじゅつ)を施(ほどこ)し、脳硬塞(のうこうそく)と見(み)れば血栓(けっせん)溶解術(ようかいじゅつ)を施(ほどこ)し、結果(けっか)として多(おお)くのベジを作(つく)って来(き)た老教授(ろうきょうじゅ)たちの医療(いりょう)行為(こうい)は、この二重(にじゅう)結果(けっか)の原則(げんそく)に照(て)らして見直(みなお)されねばならない。

(뇌출혈이라고 하면 수술을 하고, 뇌경색이라고 보면 혈전 용해술을 하고, 결과로서 많은 베지를 만들어 온 노 교수들의 의료 행위는 이 이중 결과의 원칙을 비추어 재고되지 않으면 안 된다.)

脚(あし)が痛(いた)い、しびれる。でも、痛(いた)い痺(しび)れるその個所(かしょ)に手当(てあ)てを施(ほどこ)しても全然(ぜんぜん)効(き)かない。それが座骨(ざこつ)神経痛(しんけいつう)です。

(다리가 아프다, 저리다. 하지만 아프고 저린 그 곳에 처치를 해도 전혀 효과가 없다. 그것이 좌골신경통입니다.)

彼(かれ)らに恩恵(おんけい)を施(ほどこ)している間(あいだ)は一人(ひとり)残(のこ)らずあなたの側(がわ)へついてくるが、先(さき)にも言(い)ったように、それは必要(ひつよう)が差(さ)し迫(せま)っていないかぎりのことであり、…。

(그들에게 은혜를 베풀고 있는 동안은 한 사람 빠짐없이 당신 쪽에 따라 오지만, 아까도 말한 것처럼 그것은 필요가 임박하지 않은 경우의 일이고….)

ママが私(わたし)の腕(うで)を押(お)さえ付(つ)ける係(かかり)になり、医者(いしゃ)が私(わたし)の体(からだ)に処置(しょち)を施(ほどこ)した。

(엄마가 내 팔을 꽉 누르는 일을 맡고, 의사가 내 몸에 처치를 했다.)

> もし、[1]モーセの律法(りっぽう)が破(やぶ)られないように、安息日(あんそくにち)であっても[2]割礼(かつれい)を受(う)けるのなら、安息日(あんそくにち)に[3]人(ひと)の全身(ぜんしん)を丈夫(じょうぶ)にしてやったからといって、どうして、そんなに怒(おこ)るのか。[ヨハネによる福音書 7:23]
> (만일 모세의 율법이 깨지지 않도록 안식일이어도 할례를 받는다면 안식일에 사람의 전신을 튼튼하게 해 주었다고 해서, 어째서 화를 내느냐?[7:23])

[1]モーセの律法(りっぽう)が破(やぶ)られないように、: 모세의 율법이 깨지지 않도록. 모세의 율법을 어기지 않도록.「破(やぶ)られないように」는「破(やぶ)る」의 수동「破(やぶ)られる」의 부정에 목적을 나타내는「〜ように」가 접속된 것이고, 이를 능동으로 해석할 경우에는「〜がモーセの律法(りっぽう)を破(やぶ)らないように;〜가 모세의 율법을 {깨지 / 어기지} 않도록」이 된다.

[例]相手(あいて)が欲(ほ)しがっている絵(え)や骨董(こっとう)は、なんとか相手(あいて)に買(か)われないように、欲(ほ)しくもないのに、競(せ)り落(お)としてしまう。
(상대가 원하고 있는 그림이나 골동품은 어떻게해서든지 상대가 사지 않도록 필요하지도 않은데, 경락시키고 만다.)

中学生(ちゅうがくせい)たちは、先生(せんせい)に気(き)づかれないように、見張(みは)りをしているのかもしれない。
(중학생들은 선생님에게 들키지 않도록 감시하고 있는지도 모른다.)

こういう馬鹿話(ばかばなし)に騙(だま)されないように、今(いま)に国民(こくみん)大衆(たいしゅう)が自分(じぶん)の判断(はんだん)を信(しん)じるようになってくる日(ひ)を待(ま)つよりほかないのかね。
(이런 터무니없는 이야기에 속지 않도록 머지않아 국민 대중이 자기 판단을 믿게 되는 날을 기다리는 수밖에 없군.)

[2]割礼(かつれい)を受(う)けるのなら、: 할례를 받는다면.「割礼(かつれい)を受(う)

ける」에 가정조건을 나타내는「～のなら」가 접속된 것이다.「～なら」에「～の」가 삽입될 경우에는 청자의 발언이나 구체적 상황에 입각하여「당신이 그렇게 말한다면」「그것이 사실이라면」과 같은 특정의 의미를 나타낸다고 되어 있다.[102]

[例] 私(わたし)の知(し)ってる事(こと)が役(やく)に立(た)つというのなら、喜(よろこ)んで話(はな)そう。

(내가 알고 있는 일이 도움이 된다면 기꺼이 이야기하겠다.)

車(くるま)の記事(きじ)を書(か)くのなら、その車(くるま)に実際(じっさい)に試乗(しじょう)してみないと書(か)けない、と、私(わたし)は思(おも)う。

(차 기사를 쓸 생각이라면 그 차를 실제로 시승해 보지 않으면 못 쓴다, 고 나는 생각한다.)

他人(たにん)と同(おな)じように暮(く)らすのなら、自分(じぶん)が生(い)きている意味(いみ)は少(すこ)しもない。

(다른 사람과 똑같이 산다면 자기가 살아 있는 의미는 조금도 없다.)

きみの誓(ちか)いが少(すこ)しでも意味(いみ)を持(も)つのなら、きみの持(も)ち物(もの)を僕(ぼく)の寝室(しんしつ)に運(はこ)ぶようにイリーサに言(い)うんだね。

(자네의 맹세가 조금이라도 의미를 지닌다면, 자네의 소유물을 내 침실에 옮기라고 루미에게 말해.)

だけど、もしお前(まえ)が望(のぞ)むのなら、俺(おれ)は特急便(とっきゅうびん)でお前(まえ)を地獄(じごく)に送(おく)ってやるよ。

(하지만 만일 자네가 바란다면 나는 특급편으로 너를 지옥에 보내 주겠다.)

[3] 人(ひと)の全身(ぜんしん)を丈夫(じょうぶ)にしてやったからといって、 : 사람의 전신을 튼튼하게 해 주었다고 해서.「丈夫(じょうぶ)にしてやった ; 튼튼하게 해 주었다」의「～てやった」는 수수표현「～てやる」의 과거이다.

[例] 彼(かれ)はそれからハンカチを出(だ)して涙(なみだ)を拭(ふ)いてやった。

---

102) 李成圭(2018c)『일본어 구어역 마가복음의 언어학적 분석Ⅰ』시간의물레. p. 138에서 인용.

(그는 그리고 나서 손수건을 꺼내서 눈물을 닦아 주었다.)
私(わたし)は、そんな筈(はず)はないと、署長(しょちょう)に、言(い)ってやった。
(나는 그럴 리는 없다고 서장에게 말해 주었다.)
私(わたし)は、その一人(ひとり)一人(ひとり)を、ルミに教(おし)えてやった。
(나는 그 한 사람, 한 사람을 루미에게 가르쳐 주었다.)
人(ひと)なつこい目(め)をしたその犬(いぬ)の背(せ)を、彼(かれ)はゆっくりと撫(な)でてやった。
(사람을 잘 따르는 눈을 한 그 개의 등을 그는 천천히 쓰다듬어 주었다.)
千鶴(ちづる)は独身寮(どくしんりょう)の部屋(へや)まで行(い)って、あれこれ生活(せいかつ)の必需品(ひつじゅひん)を整(ととの)えてやった。
(치즈루는 독신 기숙사 방까지 가서 이것저것 생활의 필수품을 정돈해 주었다.)
加入(かにゅう)していない者(もの)がどうして事前(じぜん)報告(ほうこく)する義務(ぎむ)があるのかと反論(はんろん)してやった。
(가입하지 않은 사람이 어째서 사전 보고할 의무가 있는 것인지 반론해 주었다.)

그리고 「~からといって」는 한국어의 「~라고 해서」에 해당하는 표현으로 다른 사람이 말한 이유를 인용하는 데 사용한다.
[例]用事(ようじ)があるからといって、彼女(かのじょ)は途中(とちゅう)で帰(かえ)った。
(볼일이 있다고 해서 그녀는 도중에 돌아갔다.)
いくらおふくろだからといって、ぼくの日記(にっき)を読(よ)むなんて許(ゆる)せない。
(아무리 어머니라고 하더라도 내 일기를 읽다니 용서할 수 없다.)
電車(でんしゃ)の中(なか)でおなかがすくといけないからといって、見送(みおく)りに来(き)た母(はは)は売店(ばいてん)であれこれ買(か)っている。
(전철 안에서 배가 고프면 안 된다고 해서, 배웅하러 나온 어머니는 매점

에서 이것저것 사고 있다.)

信号(しんごう)が青(あお)だからといって、すぐに飛(と)び出(だ)してはいけません。
(신호가 청색으로 바뀌었다고 해서 금방 뛰어들면 안 됩니다.)

医者(いしゃ)の息子(むすこ)に生(う)まれたからといって、医者(いしゃ)にならなければならないということはありません。
(의사의 자식으로 태어났다고 해서 의사가 되지 않으면 안 된다는 일은 없습니다.)

「〜からといって」는 앞의 문장의 근거에서 통상적으로 내리는 판단이 항상 바르다고는 할 수 없다. 즉 맞지 않는 경우도 있다고 하는 뜻을 나타낸다. 이때는 뒤에「〜とは限(かぎ)らない」「〜わけではない」등과 같은 부정 표현을 수반하는 경우가 많다.

[例] 金持(かねも)ちだからといって、幸(しあわ)せとは限(かぎ)らない。
(부자라고 해서 반드시 행복한 것은 아니다.)

簡単(かんたん)に見(み)えるからといって、すぐにできるとは限(かぎ)りません。
(쉽게 보인다고 해서 반드시 금방 할 수 있는 것은 아닙니다.)

学校(がっこう)の成績(せいせき)がいいからといって、別(べつ)に偉(えら)いわけではない。
(학교 성적이 좋다고 해서 특별히 위대한 것은 아니다.)

近代化(きんだいか)したからといって、必(かなら)ずしも民衆(みんしゅう)の生活(せいかつ)が向上(こうじょう)したり、社会(しゃかい)が進歩(しんぽ)したりするわけではない、というのも意見(いけん)の一致点(いっちてん)であった。
(근대화되었다고 해서 반드시 민중의 생활이 향상되거나 사회가 진보하는 것은 아니라고 하는 것에도 의견의 일치가 있었다.)

日本人(にほんじん)だからといって、すべて日本文化(にほんぶんか)について知(し)っているわけではありません。

(일본인이라고 해서 모두 일본문화에 대해 알고 있는 것은 아닙니다.)[103]

> [1]うわべで [2]人(ひと)を裁(さば)かないで、[3]正(ただ)しい裁(さば)きをするがよい」。[ヨハネによる福音書 7:24]
> (겉모양으로 사람을 판단하지 말고, 올바른 판단을 하라.[7:24])

[1]うわべで : 겉모양으로.

　[例]うわべだけで誠意(せいい)がない。
　　(겉치레만 그럴싸하고 성의가 없다.)
　　うわべだけの同情(どうじょう)は要(い)らない。
　　(겉치레에 불과한 동정은 필요하다.)
　　うわべだけで裁(さば)くのをやめ、正(ただ)しい裁(さば)きをしなさい。[新共同訳 1987]
　　(겉모양으로만 판단하는 것을 그만두고 올바른 판단을 하라.)
　　人(ひと)はうわべで相手(あいて)を判断(はんだん)することが多いようである。
　　(사람은 겉모양으로 상대를 판단하는 경우가 많은 것 같다.)
　　人(ひと)はうわべを見(み)るが、神(かみ)は心(こころ)を見(み)る。
　　(사람은 겉모양을 보지만, 하나님은 마음을 본다.)
　　いい友情(ゆうじょう)もあれば、もちろん上辺(うわべ)だけの軽(かる)い友情(ゆうじょう)もあるでしょう。
　　(좋은 우정도 있고, 물론 겉치레뿐인 가벼운 우정도 있겠지요.)

[2]人(ひと)を裁(さば)かないで、: 사람을 판단하지 말고.「裁(さば)く」는 구어여 신약성서에서는「심판하다」의 의미로 많이 쓰이고 있는데, 본 절에서는「판가름하다 / 판단하다」로 번역해 둔다. 그리고「～ないで」는 동사 부정의 접속법으로 주로 단순 연결을 나타낼 때 쓰인다.

---

103) 李成圭·權善和(2006e)『현대일본어 문법연구Ⅳ』시간의물레. pp. 218-219에서 인용.

[例]そんなこと言(い)わないで、彼(かれ)に貸(か)してください。

(그런 말을 하지 말고 그에게 빌려 주세요.)

明(あ)くる日(ひ)、民生(たみお)は学校(がっこう)へ行(い)かないで、途中(とちゅう)の山(やま)へのぼり、何時間(なんじかん)も海(うみ)を見(み)ていた。

(다음날 다미오는 학교에 가지 않고 도중에 산에 올라가 몇 시간이고 바다를 보고 있었다.)

食事(しょくじ)は一気(いっき)に減(へ)らさないで、今(いま)までより少(すこ)しずつ減(へ)らしていけば、ストレスもなく続(つづ)けられます。

(식사는 한꺼번에 줄이지 말고, 지금까지보다 조금씩 줄여 가면 스트레스도 없이 지속할 수 있습니다.)

そしたら、もう未練(みれん)は残(のこ)さないで、次(つぎ)なる恋(こい)のために自分(じぶん)をベストコンディションに持(も)っていけばいいのです。

(그러면 더 이상 미련은 남기지 않고 다음 사랑을 위해 자신을 베스트 컨디션으로 가지고 가면 됩니다.)

そんな甘(あま)い期待(きたい)は持(も)たないで、最初(さいしょ)から「いい人(ひと)は来(こ)ないものだ」と思(おも)って人(ひと)を育(そだ)てる気持(きも)ちを持(も)つことが重要(じゅうよう)です。

(그런 달콤한 기대는 갖지 말고 처음부터 「좋은 사람은 오지 않는 법이다.」라고 생각하고 사람을 키우는 기분을 갖는 것이 중요합니다.)

[3] 正(ただ)しい裁(さば)きをするがよい : 올바른 판단을 하는 것이 좋다. 올바른 판단을 하라. 「裁(さば)きをするがよい」는 「さばきをする」(연체형)에 「〜がよい : 〜하는 것이 좋다」가 접속된 것인데, 본 절에서는 「〜がよい」가 명령의 의미로 쓰이고 있다.

[例]「さあ、これに乗(の)っていくがよい」五人(ごにん)が乗(の)ると、神様(かみさま)は、そーっと静(しず)かに息(いき)を吹(ふ)きかけました。

(「자, 이것을 타고 가!」5명이 타자 하나님은 휴 하고 조용히 입김을 내뿜었

습니다.)

行(い)け、我(わ)が息子(むすこ)よ、走(はし)ってお前(まえ)の妻(つま)の部屋(へや)に入(はい)り、幸福(こうふく)に過(す)ごすがよい。

(가! 내 아들아, 달려서 네 처의 방에 들어가 행복하게 살아라.)

すると、光(ひかる)博士(はかせ)は身(み)を乗(の)り出(だ)して、彼(かれ)に杯(さかずき)をわたした。「飲(の)むがよい!」彼(かれ)は杯(さかずき)を唇(くちびる)に当(あ)てた。

(그러자 히카루 박사는 몸을 앞으로 쑥 내밀고 그에게 술잔을 건넸다. 「마셔!」그는 술잔을 입술에 댔다.)

したがって、私(わたし)を必要(ひつよう)とする時(とき)はいつでも遠慮(えんりょ)なく、私(わたし)のところへ来(く)るがよい。

(따라서 나를 필요로 할 때는 언제든지 사양치 말고 내게 와라.)


### ⟨31⟩ [ヨハネによる福音書 7:25 - 7:31]

> さて、[1]エルサレムのある人(ひと)たちが言(い)った、「この人(ひと)は人々(ひとびと)が殺(ころ)そうと思(おも)っている者(もの)ではないか。[ヨハネによる福音書 7:25]
> (그런데, 예루살렘의 어떤 사람들이 말했다. "이 사람은 사람들이 죽이려고 하고 있는 자가 아니냐?"[7:25])

[1]エルサレムのある人(ひと)たちが言(い)った : 예루살렘의 어떤 사람들이 말했다. 「ある人(ひと)たち; 어떤 사람들」의 「ある」는 연체사로 뒤에 오는 「人(ひと)たち」를 수식·한정하고 있다.

[例]けだし、このものを、或(あ)る人々(ひとびと)は一(ひと)つであると言(い)い、他

(た)の或(あ)る人々(ひとびと)は一(ひと)つより多(おお)くあると言(い)い、そしてそのうちの或(あ)る者(もの)どもは限(かぎ)られた数(かず)だけあるとし、…。
(생각건대, 이것을 어떤 사람들은 하나라고 하고, 다른 어떤 사람들은 하나보다 많이 있다고 하고, 그리고 그 중의 어떤 자들은 한정된 수만 있다고 하고,….)

「或(あ)る人(ひと)たちからは当然(とうぜん)の権利(けんり)を奪(うば)い、或(あ)る人(ひと)たちには特別(とくべつ)な権利(けんり)を与(あた)えることになる」ものね。それでは、国民(こくみん)が国家(こっか)からもらう権利(けんり)が同一(どういつ)にならないし、国民(こくみん)が国家(こっか)に対(たい)して負(お)う義務(ぎむ)も同一(どういつ)にならないから、国家(こっか)と国民(こくみん)の関係(かんけい)に於(お)いて全(すべ)ての国民(こくみん)に対(たい)して公平(こうへい)・平等(びょうどう)ということにならないわけだから。
(「어떤 사람들로부터는 당연한 권리를 빼앗고 어떤 사람들에게는 특별한 권리를 주게 되는」군. 그러면, 국민이 국가로부터 받는 권리가 동일하게 되지 않고 국민이 국가에 대해 짊어지는 의무도 동일하게 되지 않기 때문에 국가와 국민의 관계에 있어서 모든 국민에 대해 공평·평등이라는 것이 성립되지 않기 때문에.)

また或(あ)る場合(ばあい)にはかなりの偏見(へんけん)も含(ふく)まれていた。
(또 어떤 경우에는 상당한 편견도 포함되어 있었다.)

そこに或(あ)る日(ひ)の午後(ごご)君(きみ)は尋(たず)ねて来(き)たのだった。
(거기에 어느 날 오후 자네는 찾아온 것이었다.)

或(あ)る私立(しりつ)大学(だいがく)を出(で)て、十余年(じゅうよねん)のあいだ、種々(しゅじゅ)様々(さまざま)の職業(しょくぎょう)を転々(てんてん)しました。
(어떤 사립대학을 나와서 10여 년 동안 다종다양한 직업을 전전했습니다.)

> 見(み)よ、彼(かれ)は公然(こうぜん)と語(かた)っているのに、[1]人々(ひとびと)はこれに対(たい)して何(なに)も言(い)わない。[2]役人(やくにん)たちは、この人(ひと)がキリストであることを、[3]ほんとうに知(し)っているのではなかろうか。[ヨハネによる福音書 7:26]
> (보아라! 그는 공공연하게 말하고 있는데, 사람들은 이것에 대해 아무 말도 하지 않는다. 관리들은 이 사람이 그리스도인 것을 정말 알고 있는 것은 아닐까?[7:26])

[1]人々(ひとびと)はこれに対(たい)して何(なに)も言(い)わない : 사람들은 이것에 대해 아무 말도 하지 않는다. 「何(なに)も言(い)わない」는 「아무 것도 말하지 않다 / 아무 말도 하지 않다」의 뜻으로 - [표준새번역]에서는 「그에게 아무 말도 못합니다」로 되어 있는데, -「言(い)わない」는 「言(い)う」의 단순 부정이다.

[2]役人(やくにん)たちは、 : 관리들은. 타 번역본에서는 이 부분을 다음과 같이 서술하고 있다.

  [例][最高(さいこう)法院(ほういん)の]役人(やくにん)たちは、[塚本訳1963]
   ([최고 법원]의 관리들은,)
  議員(ぎいん)たちは、[新改訳1970]
   (의원들은,)
  司(つかさ)たちは [前田訳1978]
   (관리들은)
  議員(ぎいん)たちは、[新共同訳1987]
   (의원들은,)
  指導者(しどうしゃ)たちは [岩波翻訳委員会訳1995]
   (지도자들은)

[3]ほんとうに知(し)っているのではなかろうか : 정말 알고 있는 것은 아닐까?「知(し)っているのではなかろうか」의「〜ではなかろうか」는「〜ではないだろうか」의 문어

체적 표현이다.

[예] 若者(わかもの)たちが「最(もっと)も身近(みぢか)な買(か)い物(もの)の場所(ばしょ)は」と、質問(しつもん)されたとき、真(ま)っ先(さき)に浮(う)かぶのはコンビニではなかろうか。
(젊은이들이 「가장 가까운 장을 보는 장소는」이라는 질문을 받았을 때, 맨 처음 떠오르는 것은 편의점이 아닐까?)

かえって丈夫(じょうぶ)であるだけで、精神的(せいしんてき)にはまったく取(と)り柄(え)のない人(ひと)のほうが数(かず)としてはずっと多(おお)いのではなかろうか。
(오히려 튼튼하기만 하고 정신적으로는 전혀 쓸모가 없는 사람이 숫자로서는 훨씬 많은 것은 않을까?)

自然保護(しぜんほご)などといいますが、その発想(はっそう)がお寺(てら)の庭(にわ)や盆栽(ぼんさい)を大事(だいじ)にしようという程度(ていど)のスケールではどうしようもない、だいたい保護(ほご)などという言葉(ことば)自体(じたい)、かなり不遜(ふそん)なのではなかろうか。
(자연 보호 등이라고 합니다만, 그 발상이 절의 뜰이나 분재를 소중하게 하려고 하는 정도의 스케일로는 어쩔 수 없다. 대개 보호 등이라고 하는 말 자체가 상당히 불손한 것은 아닐까?)

しかし、実際(じっさい)にはその重要性(じゅうようせい)にあまり気(き)づかずに医療(いりょう)を行(おこ)なっているのではなかろうか。
(그러나 실제로는 그 중요성을 별로 알아차리지 못하고 의료를 행하고 있는 것은 아닐까?)

最近(さいきん)では、多(おお)くの人(ひと)が実践(じっせん)しているのではなかろうか。
(요즘은 많은 사람들이 실천하고 있는 것은 아닐까?)

그리고 「ではなかろうか」의 「～なかろう」는 보조형용사 「～ない」의 문어적 미연형「なかろ」에 추측의 조동사「～う」가 접속된 것인데, 현대어에서도 형용사의「～いだろう」에 대해 문어체 표현이나 관용적인 말씨에「～かろう」의 형태로 쓰인다.

[例]こうした経験(けいけん)は、よかろうと悪(わる)かろうと、今(いま)のこの瞬間(しゅんかん)ほど幸(しあわ)せだったときはなかったように思(おも)えます.

(이런 경험은 좋든 나쁘든 지금 이 순간만큼 행복했을 때는 없었던 것처럼 생각됩니다.)

大洪水(だいこうずい)などあろうとなかろうと、人間(にんげん)一度(いちど)は死(し)ぬんだから、そんなこと心配(しんぱい)するのは、もちろんばかばかしい話(はなし)だ。

(대홍수 등 있든 없든 간에 사람 한 번은 죽는 거니까, 그런 일을 걱정하는 것은 물론 멍청한 이야기다.)

運動(うんどう)を始(はじ)めるのが早(はや)かろうが遅(おそ)かろうが、健康(けんこう)にいいというのは変(か)わりません。

(운동을 시작하는 것이 빠르거나 늦거나 상관없이 건강에 좋다고 하는 것은 변함없습니다.)

だから、テロがあろうがなかろうが、日本(にほん)の場合(ばあい)の状況(じょうきょう)というのは近似(きんじ)しているわけですね。

(따라서 테러가 있든 없든 간에 일본 경우의 상황이라는 것은 유사한 셈이군요.)

休日(きゅうじつ)であろうが、なかろうが、この仕事(しごと)では関係(かんけい)ないみたい。

(휴일이든 아니든 이 일에서는 관계없는 것 같다.)

これもしかし、かよわい(?)女性(じょせい)ではあるし、不時着(ふじちゃく)してからの心掛(こころが)けと働(はたら)きぶりが良好(りょうこう)だったから、飛行機(ひこうき)の座席(ざせき)を与(あた)えてやってもよかろうと、感情(かんじょう)と常識

(じょうしき)は判断(はんだん)する。

(이것도 그러나 연약한(?) 여성이고, 불시착하고 나서의 마음가짐과 일하는 모습이 양호했기 때문에 비행기 좌석을 주어도 좋을 것이라고 감정과 상식은 판단한다.)

今夜(こんや)は、さぞ寒(さむ)かろう。

(오늘밤은 필시 추울 거야.)

彼(かれ)が聞(き)き上手(じょうず)だといえば、「?」と首(くび)を傾(かし)げる人(ひと)も多(おお)かろう。

(그가 남의 이야기를 잘 듣는 사람이라고 하면「?」라고 고개를 갸웃하는 사람도 많을 것이다.)

総理大臣(そうりだいじん)、あるいは高官(こうかん)たちが罪(つみ)を犯(おか)した場合(ばあい)、素直(すなお)に裁判所(さいばんしょ)に出頭(しゅっとう)した例(れい)はまず少(すく)なかろう。

(총리대신, 혹은 고관들이 죄를 범한 경우, 고분고분 재판소에 출두한 예는 일단 적을 것이다.)

相手(あいて)はさぞ悔(くや)しかろう。

(상대는 필시 분할 거다.)

そんなことばを解説(かいせつ)し合(あ)いながらの酒宴(しゅえん)はさぞかし楽(たの)しかろう。

(그런 말을 서로 해설하면서 하는 술자리는 필시 즐거울 것이다.)

> わたしたちはこの人(ひと)がどこから来(き)たのか知(し)っている。しかし、キリストが現(あらわ)れる時(とき)には、どこから来(く)るのか知(し)っている者(もの)は、[1]一人(ひとり)もいない[104]」。[ヨハネによる福音書 7:27]

---

104) 「이 발언은, 당시 유대인들이 메시아(그리스도)에 관해 가지고 있는 통속적인 생각을 보여주고 있다. 갈릴리 출신으로 알려져 있는 예수는 그들의 메시아 상(像)에 맞지 않는다.」이상은 フランシスコ会聖書研究所(1984)『新約聖書』산 파우로. p. 325 주(8)에서 인용하여 번역함.

(우리는 이 사람이 어디에서 왔는지 알고 있다. 그러나 그리스도가 나타날 때에는 어디에서 오는지 아는 사람은 한 사람도 없다.[7:27])

[1] 一人(ひとり)もいない : 한 사람도 없다. 구체적이고 개별적인 존재라는 점에서 「いる」의 부정인 「いない」가 쓰이고 있다고 해석된다.

[例] 同(おな)い年(どし)の「友(とも)」というべき人(ひと)が、彼女(かのじょ)には一人(ひとり)もいない。
(동갑내기의 「친구」라고 할 만한 사람이 그녀에게는 한 사람도 없다.)

ここにはあなたの新聞(しんぶん)のファンは一人(ひとり)もいない。
(여기에는 당신 신문의 팬은 한 사람도 없다.)

しかし、自分(じぶん)を理解(りかい)してくれている人間(にんげん)は一人(ひとり)もいない。
(그러나 자기를 이해해 주는 사람은 한 사람도 없다.)

彼女(かのじょ)がどこで働(はたら)いていたのか、どこへ越(こ)したのか、知(し)っている者(もの)は一人(ひとり)もいない。
(그녀가 어디에서 일하고 있었던지 어디로 이사했는지 아는 사람은 한 사람도 없다.)

どこにでもいる中年(ちゅうねん)のサラリーマンである彼(かれ)に注意(ちゅうい)を払(はら)う者(もの)は一人(ひとり)もいない。
(어디에서라도 있는 중년 샐러리맨인 그에게 주의를 기울이는 사람은 한 사람도 없다.)

イエスは宮(みや)の内(うち)で教(おし)えながら、叫(さけ)んで言(い)われた、「あなたがたは、わたしを知(し)っており、また、わたしがどこから来(き)たかも知(し)っている。しかし、[1]わたしは自分(じぶん)から来(き)たのではない。わたしを遣(つか)わされた方(かた)は真実(しんじつ)であるが、[2]あなた

がたは、その方(かた)を知(し)らない。[ヨハネによる福音書 7:28]
(예수께서는 성전 안에서 가르치면서 외치며 말씀하셨다. "너희는 나를 알고 있고, 그리고 내가 어디에서 왔는지도 알고 있다. 그러나 나는 내 스스로 온 것은 아니다. 나를 보내신 분은 진실한데 너희는 그 분을 모른다."[7:28])

[1]わたしは自分(じぶん)から来(き)たのではない : 나는 내 스스로 온 것은 아니다. 「自分(じぶん)から」는 직역하면 「자기 쪽에서」가 되지만 여기에서는 「내 스스로」로 번역해 둔다. 「自分(じぶん)から」의 예를 들면 다음과 같다.

[例]私(わたし)はこれまで自分(じぶん)から男性(だんせい)を食事(しょくじ)などに誘(さそ)ったことがないのですが、…。
(나는 지금까지 내 쪽에서 남성에게 식사 같은 데에 하러 가자고 권한 적이 없지만….)

愛(あい)されたい、話(はなし)を聞(き)いてほしいと思(おも)うなら、まず自分(じぶん)から相手(あいて)を愛(あい)し、その人(ひと)の話(はなし)に耳(みみ)を傾(かたむ)けることだ。
(사랑 받고 싶고, 이야기를 들어 주기를 바란다면, 우선 자기 쪽에서 상대를 사랑하고 그 사람의 이야기에 귀를 기울여야 한다.)

離婚(りこん)は自分(じぶん)から望(のぞ)み、家(いえ)を出(で)たのも自分(じぶん)からであった。そのときははっきり、「別(わか)れたい」と妻(つま)にもいい、義兄(ぎけい)にもその気持(きもち)を説明(せつめい)したはずである。
(이혼은 스스로 원했고 집을 나온 것도 내 자신이었다. 그 때는 확실히 「헤어지고 싶다」고 처에게도 말하고, 처남에게도 그 기분을 설명했을 것이다.)

自分(じぶん)から言(い)うのも何(なん)だが、まだまだ若(わか)い者(もの)には負(ま)けないよ。
(내 입으로 말하기는 뭐하지만, 아직 젊은 사람에게는 지지 않아.)

テーブルから離(はな)れてソファーのところまで自分(じぶん)から行(い)き、彼(かれ)の隣(とな)りに腰(こし)を落(お)とした。
　(테이블에서 멀어져서 소파에 직접 가서 그 옆에 앉았다.)
　最近(さいきん)は、リーダーとしてまず自分(じぶん)から行動(こうどう)するように心掛(こころが)けているという。
　(요즘은 리더로서 먼저 내가 직접 행동하도록 유의하고 있다고 한다.)
　子供(こども)の時(とき)から学問好(がくもんず)きで僧侶(そうりょ)になることを自分(じぶん)から選(えら)んだという。
　(어릴 때부터 학문을 좋아해서 승려가 되는 것을 스스로 선택했다고 한다.)

　그리고 타 번역본에서는 이 부분을 어떻게 묘사하고 있는지 살펴보자.
　[例]しかし、わたしは自分(じぶん)で来(き)たのではありません。[新改訳1970]
　　(그러나 나는 내 스스로 온 것은 아닙니다.)
　　しかし、わたしは自分(じぶん)から来(き)たのではない。[前田訳1978]
　　(그러나, 나는 스스로 온 것이 아니다.)
　　しかし私(わたし)は私(わたし)自身(じしん)から来(き)たのではない。[岩波翻訳委員会訳1995]
　　(그러나 나는 내 스스로 온 것이 아니다.)
　　だが、わたしは自分(じぶん)で勝手(かって)に来(き)たのではない。[塚本訳1963]
　　(하지만 나는 내 마음대로 온 것은 아니다.)
　　わたしは自分勝手(じぶんかって)に来(き)たのではない。[新共同訳1987]
　　(나는 내 멋대로 온 것은 아니다.)

[2]あなたがたは、その方(かた)を知(し)らない : 너희는 그 분을 모른다. 일반적으로 「知(し)る」라는 동사는 상태성과 동작성을 겸비하고 있어, ①현재 상태는 통상

현재형「知(し)る」라는 형태는 사용하지 않고「知(し)っている」로 표현한다는 점, ②그리고「知(し)っている」의 부정은「知(し)っていない」보다「知(し)らない」를 사용한다고 설명하고 있다. 그런데 실례를 보면 문맥적·상황적 조건이 허락되면 소위 안 쓰인다고 하는 형태도 제한적으로 사용되고 있다는 것을 알 수 있다. 그럼 활용과 용법을 중심으로「知(し)る」의 예를 살펴보자.

[例]りんごのおいしさの秘密(ひみつ)を、科学的(かがくてき)な面(めん)から知(し)ろう。[의지 / 권유]

(사과가 맛있는 것의 비밀을 과학적인 면에서 알자.)

どうして胸(むね)が大(おお)きくなったか、その訳(わけ)を誰(だれ)が知(し)ろう。[추측]

(어째서 가슴이 커진 것인지 그 까닭을 누가 알까?)

私(わたし)は挨拶(あいさつ)の仕方(しかた)を知(し)らない。[부정]

(나는 인사법을 모른다.)

A: 最近(さいきん)駅(えき)の近(ちか)くに新(あたら)しいレストランができたの知(し)ってる?

(요즘 역 근처에 새 레스토랑이 생긴 것 알아?)

B: え、知(し)らない。初(はじ)めて聞(き)いたよ。[부정]

(에! 몰라. 처음 들었어.)

彼(かれ)の車(くるま)から、自筆(じひつ)の遺書(いしょ)が出(で)た。父(ちち)を知(し)らず、母(はは)を殺(ころ)され、みじめな人生(じんせい)だったと。[부정]

(그의 차에서 자필 유서가 나왔다. 아버지를 모르고 어머니는 살해당하고 비참한 인생이었다고.)

日本人(にほんじん)は、まだ、よく、この味(あじ)を知(し)らぬ。[부정]

(일본인은 아직 이 맛을 잘 모른다.)

わたしのほうは決(けっ)して人(ひと)に知(し)られるようなことはしない。[수동]

(나는 결코 남에게 알려지는 그런 짓은 안 한다.)

引(ひ)っ越(こ)しをしたらすぐに、新(あたら)しい住所(じゅうしょ)を知(し)らせてください。[사역]

(이사를 하면 곧 새 주소를 알려 주세요.)

四十(しじゅう)にして惑(まど)わず。五十(ごじゅう)にして天命(てんめい)を知(し)る。[종지 / 격언]

(40에 불혹. 50에 지천명.)

ある日(ひ)、子供(こども)たちはカメラと出会(であ)い、自分(じぶん)たちに無限(むげん)の未来(みらい)と将来(しょうらい)があることを知(し)る。[종지 / 서술]

(어느 날, 어린이들은 카메라와 만나고 자신들에게 무한한 미래와 장래가 있는 것을 안다.)

知(し)る人(ひと)ぞ知(し)る日本(にほん)ブランドがある。[연체]

(아는 사람은 아는 일본의 브랜드가 있다.)

他(ほか)に愛(あい)する男(おとこ)がいることを知(し)りながら、それでも彼女(かのじょ)を愛(あい)そうとする彼(かれ)だったが。[연용]

(달리 사랑하는 남자가 있는 것을 알면서 그래도 그녀를 사랑하려고 하는 그였지만.)

答(こた)えをすぐ知(し)りたい気持(きも)ちは分(わ)かるけど、自分(じぶん)で調(しら)べたほうがいいよ。[연용 / 희망]

(답을 금방 알고 싶은 기분은 이해되지만, 직접 조사하는 편이 좋아.)

父(ちち)はそのことを知(し)っている。[テ형]

(아버지는 그것을 알고 있다.)

兄(あに)の事務所(じむしょ)で働(はたら)くとは聞(き)いていたが、いつからとは知(し)っていない。[テ형 / 부정]

(형 사무소에서 일한다고는 들었지만, 언제부터라고는 모른다.)

彼(かれ)は10年(じゅうねん)も前(まえ)から彼女(かのじょ)の秘密(ひみつ)を知(し)っていたのに、そのことを誰(だれ)にも言(い)わなかったらしい。[テ형 / 과거]

(그는 10년이나 전부터 그녀의 비밀을 알고 있었는데, 그 사실을 누구에게도 말하지 않았던 것 같다.)

時計(とけい)を見(み)て、すでに四時(よじ)に近(ちか)くなっていることを知(し)った。[과거]

(시계를 보니 벌써 4시가 가까워진 것을 알았다.)

人(ひと)は出会(であ)い、話(はなし)をすると、たくさんのことを知(し)ります。話(はなし)をすると、その人(ひと)のことがだんだん分(わ)かってくる。[정중 / 현재 / 서술]

(다른 사람과 만나서 이야기를 하면 많은 것을 압니다. 이야기를 하면 그 사람에 관한 것을 점점 알게 된다.)

今回(こんかい)の放送(ほうそう)で初(はじ)めて知(し)りました。[정중 / 과거]

(이번 방송에서 처음 알았습니다.)

いったん知(し)れば、忘(わす)れることはできない。[가정]

(일단 알면 잊을 수 없다.)

汝(なんじ)自身(じしん)を知(し)れ。[명령]

(네 자신을 알라.)

> [1]わたしは、その方(かた)を知(し)っている。[2]わたしはその方(かた)のもとから来(き)た者(もの)で、その方(かた)がわたしを遣(つか)わされたのである」。[ヨハネによる福音書 7:29]
>
> (나는 그 분을 알고 있다. 나는 그 분에게서 온 사람으로 그 분이 나를 보내셨기 때문이다.[7:29])

[1]わたしは、その方(かた)を知(し)っている : 나는 그 분을 알고 있다.「〜を知(し)る」의 현재 상태를 나타내는「〜を知(し)っている ; 〜을 {알고 있다 / 안다}」의 예를 들면 다음과 같다.

[例]私(わたし)は確(たし)かにこの男(おとこ)を知(し)っている。

(나는 틀림없이 이 남자를 알고 있다.)

彼女(かのじょ)は先天的(せんてんてき)に人(ひと)の扱(あつか)い方(かた)を知(し)っている。

(그녀는 선천적으로 사람을 다루는 방법을 알고 있다.)

速達(そくたつ)じゃないと、休日(きゅうじつ)に配達(はいたつ)しないことを知(し)っている。

(속달이 아니면 휴일에 배달하지 않는 것을 알고 있다.)

わたしはもっと奇妙(きみょう)な事件(じけん)を知(し)っている。

(나는 더 기묘한 사건을 알고 있다.)

[2]わたしはその方(かた)のもとから来(き)た者(もの)で、その方(かた)がわたしを遣(つか)わされたのである:나는 그 분에게서 온 사람으로 그 분이 나를 보내셨기 때문이다. 본 절의 「その方(かた)がわたしを遣(つか)わされたのである」의 「〜のである」는 어떤 사실이 틀림없다는 것을 상대에게 설명하여 납득시키는 용법으로 쓰이고 있다. 이 점을 타 번역본에서 살펴보기로 하자.

[例]わたしはその方(かた)のところから来(き)、その方(かた)から遣(つか)わされたのだから。[塚本訳1963]

(나는 그 분에게서 왔고, 그 분이 보냈기 때문에.)

わたしはその方(かた)から出(で)たのであり、その方(かた)がわたしを遣(つか)わしたからです。[新改訳1970]

(나는 그 분에게서 왔고, 그 분이 나를 보냈기 때문이다.)

わたしは彼(かれ)のところから来(き)、彼(かれ)がわたしを遣(つか)わされたから。[前田訳1978]

(나는 그에게서 왔고, 그가 나를 보내셨기 때문에.)

私(わたし)はその方(かた)から〔来(き)た者(もの)〕であり、その方(かた)が私(わたし)を遣(つか)わしたのだからである。[岩波翻訳委員会訳1995]

(나는 그 분에게서 [온 사람]이고, 그 분이 나를 보낸 것이기 때문이다.)

> そこで人々(ひとびと)は[1]イエスを捕(とら)えようと計(はか)ったが、[2]だれ一人(ひとり)手(て)をかける者(もの)はなかった。イエスの時(とき)が、まだ来(き)ていなかったからである。[ヨハネによる福音書 7:30]
> (그래서 사람들은 예수를 잡으려고 계획했지만, 누가 하나 손을 대는 사람은 없었다. 예수의 때가 아직 오지 않았기 때문이다.[7:30])

[1]イエスを捕(とら)えようと計(はか)ったが、: 예수를 잡으려고 계획했지만. 본 절의 「計(はか)る」는 「계획하다 / 꾸미다 / 꾀하다」의 뜻으로 쓰이고 있다.

[例]所詮(しょせん)死(し)ぬならば、口論(こうろん)の相手(あいて)の三上(みかみ)を殺(ころ)して死(し)のうと計(はか)ったのであろうという。

(어차피 죽을 것이라면, 말싸움의 상대인 미카미를 죽이고 죽으려고 계획한 것이라고 한다.)

コンニャクを食(た)べさせて、以後(いご)その時(とき)一緒(いっしょ)にいた男(おとこ)と行動(こうどう)を共(とも)にしたということを強調(きょうちょう)しようと計(はか)ったんだ。

(곤약을 먹이고 이후 그 때 함께 있었던 남자와 행동을 함께 했다고 하는 것을 강조하려고 계획했다.)

[2]だれ一人(ひとり)手(て)をかける者(もの)はなかった : 누가 하나 손을 대는 사람은 없었다. 「手(て)をかける」에는 ①「손을 대다」②「노력[시간]을 들이다.」③「자기 자신이 하다」의 뜻이 있는데, 본 절에서는 ①의 의미로 쓰이고 있다.

[例]人々(ひとびと)はイエスに手(て)をかけて捕(つか)まえた。[口語訳 / マルコによる福音書 14:46]

(사람들은 예수에게 손을 대어 잡았다.)

[마가복음 14:46][105]

このとき、律法(りっぽう)学者(がくしゃ)たちや祭司長(さいしちょう)たちはイエスに手(て)をかけようと思(おも)ったが、民衆(みんしゅう)を恐(おそ)れた。いまの譬(たとえ)が自分(じぶん)たちに当(あ)てて語(かた)られたのだと、悟(さと)ったからである。[口語訳 / ルカによる福音書 20:19]

(이 때, 율법학자들과 대제사장들은 예수에게 손을 대려고 생각했지만, 민중을 두려워 했다. 지금의 비유가 자신들을 겨냥해서 말해진 것이라고 알아차렸기 때문이다.)[누가복음 20:19]

しかし、[1]群衆(ぐんしゅう)の中(なか)の多(おお)くの者(もの)が、イエスを信(しん)じて言(い)った、「キリストが来(き)ても、[2]この人(ひと)が行(おこな)ったよりも多(おお)くのしるしを行(おこな)うだろうか」。[ヨハネによる福音書 7:31]
(그러나 군중 중의 많은 사람들이 예수를 믿고 말했다. "그리스도가 와도 이 사람이 행한 것보다도 많은 표적을 행할까?"[7:31])

[1]群衆(ぐんしゅう)の中(なか)の多(おお)くの者(もの)が : 군중 중의 많은 사람들이. 「多(おお)くの者(もの) ; 많은 사람들이」는「多(おお)い」의 연용형「多(おお)く」가 명사화되어「多(おお)くの」의 형태로 뒤에 오는「者(もの)」를 수식·한정하고 있는 것이다.

[예]あまりにも厳(きび)しい自然(しぜん)の条件(じょうけん)に負(ま)けて、多(おお)くの者(もの)が餓死(がし)した。
(너무나도 혹독한 자연 조건에 져서 많은 사람들이 아사했다.)

多(おお)くの者(もの)が、最高(さいこう)速度(そくど)の引(ひ)き下(さ)げ、信号機(しんごうき)の設置(せっち)、見(み)やすい道路(どうろ)標識(ひょうしき)の設置

---

105) 李成圭(2020b)『일본어 구어역 마가복음의 언어학적 분석Ⅳ』시간의물레. p. 99에서 인용.

(せっち)等(など)が必要(ひつよう)であると答(こた)えている。

(많은 사람들이 최고 속도를 낮추는 것, 신호기의 설치, 보기 쉬운 도로 표지 설치 등이 필요하다고 대답하고 있다.)

多(おお)くの者(もの)が、埋葬(まいそう)されてから三日目(みっかめ)に蘇(よみがえ)ったと信(しん)じる一方(いっぽう)、別(べつ)の者(もの)たちは彼(かれ)の遺体(いたい)が人々(ひとびと)を欺(あざむ)くために墓(はか)から盗(ぬす)まれたのだと言(い)うのです。

(많은 사람들이 매장되고 나서 사흘 째 되는 날에 부활했다고 믿는 한편, 다른 사람들은 그의 시신이 사람들을 속이기 위해 무덤에서 도난당했다고 말합니다.)

[2]この人(ひと)が行(おこな)ったよりも多(おお)くのしるしを行(おこな)うだろうか : 이 사람이 행한 것보다도 많은 표적을 행할까?「この人(ひと)が行(おこな)ったよりも ; 이 사람이 행한 것보다도」의「行(おこな)ったよりも」는 동사의 과거형「行(おこな)った」에 비교의「〜より」와「〜も」가 접속된 것이다. 여기에서「〜よりも」의 예를 들면 다음과 같다.

[例]わかったのは、カメラが思(おも)ったよりも高価(こうか)だということくらいだった。

(알게 된 것은 카메라가 생각한 것보다도 고가라고 하는 것 정도였다.)

すると、普通(ふつう)の水(みず)で作(つく)ったよりも長持(ながも)ちする氷(こおり)ができます。

(그러면, 보통 물로 만든 것보다도 오래 가는 얼음을 만들 수 있습니다.)

よく見(み)ると、聞(き)いていたよりもはるかに大(おお)きい。山々(やまやま)が向(む)こうに見(み)え、見晴(みは)らしもよかった。

(잘 보면, 들었던 것보다도 훨씬 크다. 산들이 건너편에 보이고 전망도 좋았다.)

貿易(ぼうえき)とは従来(じゅうらい)考(かんが)えられていたよりも、ずっと複雑(ふくざつ)なものであることが次第(しだい)に分(わ)かってきた。

271

(무역이란 것이 종래 생각되어진 것보다도 훨씬 복잡한 것이라는 것을 점차 알게 되었다.)

解釈者(かいしゃくしゃ)は、法律(ほうりつ)をその創造者(そうぞうしゃ)が<u>理解(りかい)</u>したよりも、もっとよく理解(りかい)することができ、法律(ほうりつ)は、その制定者(せいていしゃ)よりも、もっと聡明(そうめい)であることができる—むしろ、法律(ほうりつ)は、その制定者(せいていしゃ)よりも、もっと聡明(そうめい)でなければならない。

(해석자는 법률을 그 창조자가 이해한 것보다도 더 잘 이해할 수 있었고, 법률은 그 제정자보다도 더 총명할 수 있다 - 오히려 법률은 그 제정자보다도 더 총명하지 않으면 안 된다.)

神殿(しんでん)の中(なか)は、<u>予想(よそう)</u>していたよりもさらに広(ひろ)かった。
(신전 안은 예상했던 것보다도 더 넓었다.)

## 〚32〛 [ヨハネによる福音書 7:32 - 7:36]

[1]群衆(ぐんしゅう)がイエスについてこのような噂(うわさ)をしているのを、[2]パリサイ人(びと)たちは耳(みみ)にした。そこで、祭司長(さいしちょう)たちやパリサイ人(びと)たちは、イエスを捕(とら)えようとして、[3]下役(したやく)どもを遣(つか)わした。[ヨハネによる福音書7:32]
(군중이 예수에 관해 이와 같은 이야기를 하고 있는 것을 바리새파 사람들이 들었다. 그래서 대제사장들과 바리새파 사람들은 예수를 잡으려고 부하들을 보냈다.[7:32])

[1]群衆(ぐんしゅう)がイエスについてこのような噂(うわさ)をしているのを、: 군중이 예수에 관해 이와 같은 이야기를 하고 있는 것을. 「噂(うわさ)する」는 「거기에 없

는 사람을 화제로 삼아 이리저리 이야기하다」의 뜻을 나타내는데, 본 절에서는 「噂(うわさ)をする」와 같이 「～を」가 삽입되어 명사어기와 형식동사 「する」가 분리되어 쓰이고 있다.

[例] 同僚(どうりょう)の交遊(こうゆう)関係(かんけい)を噂(うわさ)する。

(동료의 교유 관계에 관해 이리저리 이야기하다.)

仲間(なかま)が集(あつ)まって笑(わら)いながら話(はな)しているのも、きっと自分(じぶん)のにおいのことを噂(うわさ)しているにちがいない、そう確信(かくしん)するようになった。

(동료들이 모여 웃으면서 이야기하고 있는 것도 틀림없이 자기 냄새에 관해 이리저리 이야기하는 것임에 틀림없다, 그렇게 확신하게 되었다.)

ほかの人(ひと)たちが貴方(あなた)の信心(しんじん)について、信心(しんじん)が無(な)いなどと噂(うわさ)しているのを耳(みみ)にしましたので、あのように失礼(しつれい)なことを申(もう)したまでです。

(다른 사람들이 당신의 신심에 관해 신심이 없다든가 하고 이야기하는 것을 들었기에 그와 같이 실례되는 말을 한 것뿐입니다.)

噂(うわさ)をすれば影(かげ)がさす。

(호랑이도 제 말하면 온다.)

人(ひと)の噂(うわさ)も七十五日(しちじゅうごにち)。

(남의 이야기도 75일. 소문이란 오래 가지 않는다.)

ただ恵(めぐ)みによってのみ救(すく)われた私(わたし)たちに、他(た)の人(ひと)の批判(ひはん)や噂(うわさ)をする権利(けんり)はないのです。

(단지 은혜에 의해서만 구원받은 우리에게 다른 사람의 비판이나 이야기를 할 권리는 없습니다.)

学生(がくせい)を呼(よ)び止(と)めて聞(き)くよりも、噂(うわさ)をしている中(なか)に入(はい)って行(い)ったほうがよい。事件(じけん)は昨日(きのう)のことだ。まだ噂(うわさ)は消(き)えていないはずだ。

(학생을 불러 세우고 묻기보다도 이리저리 이야기를 하는 것 속에 들어가는 편이 낫다. 사건은 어제 일이다. 아직 소문은 가시지 않았을 것이다.)

[2] パリサイ人(びと)たちは耳(みみ)にした : 바리새파 사람들이 들었다. 「耳(みみ)にした」의 「耳(みみ)にする」는 신체 부위를 이용한 관용표현으로 「聞(き)く; 듣다」의 뜻을 나타낸다.

[例] そんな話(はなし)を耳(みみ)にすると、もうじっとしてはおれません。

(그런 이야기를 들으면 더 이상 가만히 있을 수가 없습니다.)

そんな噂(うわさ)を耳(みみ)にしたことはありました。

(그런 이야기를 들은 적은 있었습니다.)

高血圧(こうけつあつ)などの生活習慣病(せいかつしゅうかんびょう)が複合(ふくごう)する状態(じょうたい)を示(しめ)す「メタボリック症候群(しょうこうぐん)」という名称(めいしょう)をよく耳(みみ)にするようになりました。

(고혈압 등의 생활습관병(성인병)이 복합하는 상태를 나타내는 「대사증후군(metabolic syndrome)」이라는 명칭을 자주 듣게 되었습니다.)

その間(あいだ)には隣(となり)のベッドで元気(げんき)におしゃべりしていた人(ひと)が、急(きゅう)に姿(すがた)を見(み)せなくなり、しばらくすると、「あの人(ひと)も死(し)んだらしい」という噂(うわさ)を耳(みみ)にすることも少(すく)なくなかったようです。

(그러는 사이에 옆 침대에서 건강하게 잡담하고 있던 사람이 갑자기 모습을 안 보이게 되고, 얼마 후, 「그 사람도 죽은 것 같다.」고 하는 이야기를 듣는 것도 적지 않았던 것 같습니다.)

[3] 下役(したやく)どもを遣(つか)わした : 부하들을 보냈다. 「下役(したやく)」는 「지위가 낮은 사람 / 부하 / 말단」을 의미하는 단어이고, 「~ども」는 사람을 나타내는 명사에 접속되어 쓰이면 복수를 나타내는데 「~たち」에 비해 경의도(敬意度)가 낮아 경멸하거나 얕잡아 보는 뜻을 수반한다. 「下役(したやく)ども」에 관해서는 [표준새번역]에서는 「하인들」「성전 경비병」으로 번역되어 있다.

[例]ペテロは遠(とお)くからイエスについて行(い)って、大祭司(だいさいし)の中庭(なかにわ)まで入(はい)り込(こ)み、その下役(したやく)どもに混(ま)じって座(すわ)り、火(ひ)に当(あ)たっていた。[口語訳/マルコによる福音書14:54]
(베드로는 멀리서 예수를 따라가서, 대제사장의 마당 한 가운데까지 깊숙이 들어가서 그 부하들과 섞여 앉아 불을 쬐고 있었다.)[마가복음 14:54][106]

타 번역본에서는 이 부분을 어떻게 묘사하고 있는지 살펴보자.

[例]下役(したやく)らをやった。[塚本訳1963]

(부하들을 보냈다.)

役人(やくにん)たちを遣わした。[新改訳1970]

(관리들을 보냈다.)

祭司長(さいしちょう)とパリサイ人(びと)は使(つか)いたちをやってイエスを捕(と)らえようとした。[前田訳1978]

(대제사장과 바리새파 사람들은 부하들을 보내 예수를 잡으려고 했다.)

下役(したやく)たちを遣(つか)わした。[新共同訳1987]

(부하들을 보냈다.)

下役(したやく)たちを遣(つか)わした。[岩波翻訳委員会訳1995]

(부하들을 보냈다.)

イエスは言(い)われた、「[1]今(いま)しばらくの間(あいだ)、わたしはあなたがたと一緒(いっしょ)にいて、それから、[2]わたしをお遣(つか)わしになった方(かた)のみもとに行(い)く。[ヨハネによる福音書7:33]
(예수께서 말씀하셨다. "지금 잠시 동안 나는 너희와 함께 있다가 그라고 나서 나를 보내신 분께 간다.[7:33])

---

106) 李成圭(2020b)『일본어 구어역 마가복음의 언어학적 분석Ⅳ』시간의물레. p. 107에서 인용.

[1] 今(いま)しばらくの間(あいだ) : 지금 잠시 동안. 「しばらく」는 ①「잠시 / 잠깐」과 같이 그다지 길지 않은 약간의 시간을 나타내는 용법과, ②「당분간 / 오랫동안」과 같이 조금 긴 시간을 나타내는 용법이 있는데, 본 절에서는 ①의 용법으로 쓰인 것이다.

1. 「잠시 / 잠깐」의 의미로 쓰이는 경우.
   [例] しばらくお待(ま)ちくださいませ。
   (잠시만 기다려 주십시오.)
   その広(ひろ)い通(とお)りをしばらく行(い)くと、交差点(こうさてん)に出(で)ます。
   (그 넓은 길을 조금 가면 교차로가 나옵니다.)
   しばらくしてから、重役(じゅうやく)たちが会議室(かいぎしつ)に集(あつ)まって、会議(かいぎ)が始(はじ)まった。
   (잠시 지나고 나서 중역들이 회의실에 모여 회의가 시작되었다.)
   ご飯(はん)が炊(た)けたら、すぐ蓋(ふた)を開(あ)けないで、しばらく蒸(む)らしておいてください。
   (밥이 되면 금방 뚜껑을 열지 말고 잠시 뜸을 들여 주세요.)

2. 「당분간 / 한 동안 / 오랫동안」의 의미로 쓰이는 경우.
   [例] しばらくぶりで、国(くに)に帰(かえ)った。
   (오랜만에 고향에 돌아왔다.)
   あの人(ひと)からしばらく手紙(てがみ)が来(こ)ない。
   (그 사람에게서 한 동안 편지가 안 온다.)
   やあ、しばらくですね。お元気(げんき)ですか。
   (아, 오랜만이군요. 별고 없습니까?)
   日本(にほん)へ来(き)てしばらくは、日本語(にほんご)が分(わ)からなくて困(こま)ったけど、三ヶ月(さんかげつ)ぐらいでかなり分(わ)かるようになりました。

(일본에 와서 얼마 동안은 일본어를 몰라서 고생했지만, 3개월쯤 지나고 나서는 꽤 알 게 되었습니다.)

今月(こんげつ)の初(はじ)めにちょっと降(ふ)っただけで、しばらく雨(あめ)が降(ふ)らない。

(이번 달 초에 조금 왔을 뿐으로 한 동안 비가 오지 않는다.)

[2] わたしをお遣(つか)わしになった方(かた)のみもとに行(い)く : 나를 보내신 분께 간다. 「お遣(つか)わしになった」는 「遣(つか)わす」의 ナル형 경어 「お遣(つか)わしになる」의 과거로, 구어역 신약성서에서는 <神(かみ)>나 <신적 예수> 또는 일반인을 대상으로 사용되고 있다.

**1. <神(かみ)>를 대상으로 쓰이는 경우.**

[例]「だれでも、このような幼子(おさなご)の一人(ひとり)を、わたしの名(な)のゆえに受(う)け入(い)れる者(もの)は、わたしを受(う)け入(い)れるのである。そして、わたしを受(う)け入(い)れる者(もの)は、わたしを受(う)け入(い)れるのではなく、わたしをお遣(つか)わしになった方(かた)を受(う)け入(い)れるのである」。[口語訳 / マルコによる福音書 9:37]

("누구든지 이런 어린이 한 사람을 내 이름 때문에 받아들이는 사람은 나를 받아들이는 것이다. 그리고 나를 받아들이는 사람은 나를 받아들이는 것이 아니라, 나를 보내신 분을 받아들이는 것이다.")[마가복음 9:37][107]

わたしたちは、父(ちち)が御子(みこ)を世(よ)の救主(すくいぬし)としてお遣(つか)わしになったのを見(み)て、その証(あか)しをするのである。[口語訳 / ヨハネの第一の手紙 4:14]

---

107) 李成圭(2019a)『일본어 구어역 마가복음의 언어학적 분석Ⅱ』시간의물레. p. 219에서 인용.

(우리는 아버지께서 아들을 세상의 구세주로 보내신 것을 보고, 그 증언을 하는 것이다.)[요한일서 4:14]

**2. <イエス = 신적 예수>를 대상으로 쓰이는 경우.**

[例]その後(のち)、主(しゅ)は別(べつ)に七十二人(しちじゅうににん)を選(えら)び、行(い)こうとしておられたすべての町(まち)や村(むら)へ、二人(ふたり)ずつ先(さき)にお遣(つか)わしになった。[口語訳 / ルカによる福音書 10:1]

(그 후, 주께서는 별도로 72명을 골라, 가려고 하신 모든 도시와 마을에 두 사람씩 먼저 보내셨다.)[누가복음 10:1]

**3. 일반인을 대상으로 쓰이는 경우.**

[例]そこで声(こえ)をあげて言(い)った、『父(ちち)、アブラハムよ、わたしをあわれんでください。ラザロをお遣(つか)わしになって、その指先(ゆびさき)を水(みず)で濡(ぬ)らし、わたしの舌(した)を冷(ひ)やさせてください。わたしはこの火炎(かえん)の中(なか)で苦(くる)しみ悶(もだ)えています』。[口語訳 / ルカによる福音書 16:24]

(그래서 소리를 질러 말했다. '조상님, 아브라함여, 나를 불쌍히 여겨 주십시오. 나사로를 보내서, 그 손가락 끝을 물로 적셔, 내 혀를 시원하게 해 주십시오. 나는 이 화염 속에서 고통을 받고 몸부림치고 있습니다.)[누가복음 16:24]

---

[1]あなたがたはわたしを捜(さが)すであろうが、見(み)つけることはできない。そして[2]わたしのいる所(ところ)に、あなたがたは来(く)ることができない」。[ヨハネによる福音書 7:34]

(너희는 나를 찾겠지만, 찾을 수는 없다. 그리고 내가 있는 곳에 너희는 올 수가 없다."[7:34])

[1]あなたがたはわたしを捜(さが)すであろうが : 너희는 나를 찾겠지만. 「捜(さが)すであろうが」는 「捜(さが)す」에 추측의 「~だろうが」의 문어체 표현인 「~であろうが」가 접속된 것이다.

[例]この世(よ)に痕跡(こんせき)を残(のこ)したところで何(なに)になる? などと、夏江(なつえ)は悟(さと)りすましたように言(い)うであろうが、それはやはり、人生(じんせい)やるところまでやったと自負(じふ)を持(も)っている人間(にんげん)の言葉(ことば)であろう。

(이 세상에 흔적을 남겨봤자, 무슨 소용이 있나? 등과 같이 나쓰에는 완전히 안 것처럼 말하겠지만, 그것은 역시 인생 하는 데까지 했다고 자부를 가지고 있는 사람의 말일 것이다.)

日本人(にほんじん)には、職能(しょくのう)資格(しかく)制度(せいど)はもはや「当(あ)たり前(まえ)」のものになっているであろうが、この制度(せいど)は、世界(せかい)でも特異(とくい)な、日本(にほん)独特(どくとく)のものであることを十分(じゅうぶん)念頭(ねんとう)に置(お)く必要(ひつよう)がある。

(일본인에게는 직능자격제도는 이미 「당연한」 것으로 되어 있겠지만, 이 제도는 세계에서도 특이한 일본의 독특한 것이라는 것을 충분히 염두에 둘 필요가 있다.)

それを否定(ひてい)することはこの哲学(てつがく)体系(たいけい)自体(じたい)の崩壊(ほうかい)を招(まね)くであろうが、批判(ひはん)哲学(てつがく)の崩壊(ほうかい)を望(のぞ)まない我々(われわれ)としては、この傍点部(ぼうてんぶ)に「必然性(ひつぜんせい)請求(せいきゅう)の合法性(ごうほうせい)」という意味(いみ)を認(みと)めなければならない。

(그것을 부정하는 것은 이 철학 체계 자체의 붕괴를 초래하겠지만, 비판 철학의 붕괴를 바라지 않는 우리로서는 이 방점부에 「필연성 청구의 합법성」이라는 의미를 인정하지 않으면 안 된다.)

もちろん、その最終決定(さいしゅうけってい)に至(いた)るまでに個々(ここ)の人

々(ひとびと)に意見(いけん)表明(ひょうめい)の機会(きかい)が<u>与(あた)えられる</u>であろうが、最終的(さいしゅうてき)には組織体(そしきたい)としての判断(はんだん)が優先(ゆうせん)する。

(물론 그 최종 결정에 이르기까지 각각의 사람들에게 의견 표명의 기회가 주어지겠지만, 최종적으로는 조직체로서의 판단이 우선한다.)

[2]わたしのいる所(ところ)に、あなたがたは来(く)ることができない : 내가 있는 곳에 너희는 올 수가 없다. 「わたしのいる所(ところ)」의 「の」는 연체수식절 내에서 주격 역할을 하고 있는데, 「わたしのいる」와 같이 「사람＋の＋동사」인 구조의 예를 들면 다음과 같다.

[例] 話(はな)す前(まえ)に聞(き)くけれど、<u>わたしの言(い)うこと</u>を信(しん)じてくれる?

(이야기하기 전에 묻겠지만, 내가 하는 말을 믿어 줄래?)

彼女(かのじょ)は判断(はんだん)し、彼(かれ)を救(すく)いました。<u>わたしの言(い)うこと</u>を誤解(ごかい)しないでくださいね。

(그녀는 판단하여 그를 구했습니다. 내가 하는 말을 오해하지 마세요.)

<u>先方(せんぽう)の話(はな)して</u>おられたことは、これはあちらの側(がわ)に立(た)てば当然(とうぜん)なのでございましょうが。

(상대방이 이야기하고 계신 것은, 이것은 그쪽에 보면 당연한 것이겠지만.)

以上(いじょう)が<u>わたしの感(かん)じた疑問(ぎもん)</u>で、このやや曖昧(あいまい)な段落(だんらく)では十分(じゅうぶん)な答(こた)えになっていない。

(이상이 내가 느낀 의문으로, 이 약간 애매한 단락으로는 충분한 답이 되지 않는다.)

---

そこでユダヤ人(じん)たちは互(たが)いに言(い)った、「[1]わたしたちが見(み)つけることができないというのは、[2]どこへ行(い)こうとしているのだろう。ギリシヤ人(じん)の中(なか)に[3]離散(りさん)している人(ひと)たちのところにでも行(い)って、ギリシヤ人(じん)を教(おし)えようというのだろうか。[ヨハ

ネによる福音書 7:35]
(그러자 유대인들은 서로 말했다. "우리가 찾을 수 없다고 하는 것은 어디로 가려고 하는 것일까? 그리스 사람들 사이에 흩어져 있는 사람들이 있는 데라도 가서 그리스 사람을 가르치려고 하는 것일까?"[7:35])

[1]わたしたちが見(み)つけることができないというのは、 : 우리가 찾을 수 없다고 하는 것은.「〜というのは」는「〜라고 하는 것은」의 뜻으로 앞 문장을 인용해서 그 전체를 명사절로 만드는 기능을 한다.

[例]あまり喉(のど)の渇(かわ)きを感(かん)じないというのは、体調(たいちょう)がいいという事(こと)でしょうか?
(별로 목의 갈증을 느끼지 않는다는 것은 몸 상태가 좋다는 것일까요?)
自分(じぶん)をありのままに表出(ひょうしゅつ)できないというのは、大(おお)きなストレスとなります。
(자기를 있는 그대로 표출할 수 없다는 것은 큰 스트레스가 됩니다.)
こんなことをやっていたら二一世紀(にじゅういっせき)にわれわれが生(い)き延(の)びることができないというのは、誰(だれ)が見(み)ても明(あき)らかです。
(이런 것을 하고 있으면 21세기에 우리가 살아남을 수 없다는 것은 누가 보아도 분명합니다.)
要(よう)するに仮定(かてい)の話(はなし)なので答弁(とうべん)は言(い)えないという話(はなし)だと思(おも)いますが、仮定(かてい)の話(はなし)だから答弁(とうべん)できないというのは、なってみないとわからないという話(はなし)ですよ。
(요컨대 가정 이야기 때문에 답변은 할 수 없다는 이야기라고 생각합니다만, 가정 이야기이기 때문에 답변할 수 없다고 하는 것은, 되어 보지 않으면 알 수 없는 이야기이에요.)

[2]どこへ行(い)こうとしているのだろう : 어디로 가려고 하는 것일까?「行(い)こうとし

ているのだろう」는「行(い)く」의 미연형에 화자의 의지를 나타내는「~とする」가 접속되고 다시「~ている」가 연결된 것에 어떤 근거에 기초하여 추측을 나타내는「~のだろう」가 후접된 것이다.

[例]なぜ自分(じぶん)は簡単(かんたん)なことをわざわざ難(むずか)しく書(か)こうとしているのだろう。

(왜 나는 간단한 것을 일부러 어렵게 쓰려고 하는 것일까?)

いったい、わたしはこれからどこへ行(い)こうとしてしているのだろう。

(도대체 나는 지금부터 어디에 가려고 하는 것일까?)

さて、大蔵省(おおくらしょう)は水(みず)を増(ふ)やそうとしているのだろうか、それとも増(ふ)えるのを抑(おさ)えようとしているのだろうか?

(그런데 대장성은 차이를 늘이려고 하는 것일까? 그렇지 않으면 느는 것을 억제하려고 하는 것일까?)

社長(しゃちょう)は何(なに)をしようとしているのだろう? 社長(しゃちょう)が本心(ほんしん)を言(い)う前(まえ)に、『もし自分(じぶん)の本心(ほんしん)を明(あき)らかにしたりすれば身(み)の破滅(はめつ)だ』などと考(かんが)えて、皆(みな)は、どうすれば顧客(こきゃく)により高(たか)い価値(かち)を提供(ていきょう)できるかではなく、社長(しゃちょう)が聞(き)きたがりそうな答(こた)えを、いかに捻(ひね)り出(だ)すかについて何時間(なんじかん)も話(はな)し合(あ)うのです。

(사장은 무엇을 하려고 하는 것일까? 사장이 본심을 말하는 전에 '만일 자기의 본심을 분명히 하거나 하면 일신의 파멸이다.' 등이라고 생각해서 여러분은 어떻게 하면 고객에게 보다 비싼 가치를 제공할 수 있을지가 아니라 사장이 듣고 싶어 하는 것 같은 답을 어떻게 짜낼 것인지에 관해 몇 시간이고 대화하는 것이다.)

[3] 離散(りさん)している人(ひと)たちのところにでも行(い)って、: 흩어져 있는 사람들이 있는 데라도 가서.「離散(りさん)する」는「이산하다 / 뿔뿔이 흩어지다」의 뜻을 나타내는 한어동사이다.

[例]一家(いっか)が離散(りさん)する。

(일가가 뿔뿔이 흩어지다.)

実(じつ)は、彼女(かのじょ)の家族(かぞく)は、借金(しゃっきん)で離散(りさん)している。住宅(じゅうたく)ローンが払(はら)えずに故郷(こきょう)を夜逃(よに)げしている。

(실은 그녀 가족은 빚 때문에 뿔뿔이 흩어졌다. 주택 융자를 갚지 못해 고향을 야반도주하고 있다.)

つまり、自分(じぶん)たちですら正当(せいとう)と考(かんが)えられなくなることに踏(ふ)み出(だ)せば、協力(きょうりょく)する人々(ひとびと)は離散(りさん)するし、転落(てんらく)はあっというまだということだ。

(즉 자기들조차 정당하다고 생각할 수 없게 된 것에 발을 내디디면 협력할 사람들은 이산하고, 눈 깜작할 사이에 전락한다.)

1923年の関東大震災(かんとうだいしんさい)により壊滅(かいめつ)状態(じょうたい)に陥(おちい)った東京(とうきょう)から寿司(すし)職人(しょくにん)が離散(りさん)し、江戸前寿司(えどまえずし)が日本(にほん)全国(ぜんこく)に広(ひろ)まったとも言(い)われる。

(1923년의 관동대지진에 의해 괴멸 상태에 빠진 도쿄에서 초밥 장인이 이산하여 에도마에즈시가 일본 전국에 퍼지게 되었다고도 한다.)

また、『[1]わたしを捜(さが)すが、見(み)つけることはできない。そしてわたしのいる所(ところ)には来(く)ることができないだろう』と言(い)ったその言葉(ことば)は、[2]どういう意味(いみ)だろう」。[ヨハネによる福音書 7:36]
(그리고 '나를 찾지만 찾을 수는 없다. 그리고 내가 있는 곳에는 올 수가 없을 것이다.'라고 한 말은 무슨 의미일까?"[7:36])

[1]わたしを捜(さが)すが、見(み)つけることはできない : 나를 찾지만 찾을 수는 없다.

「わたしを捜(さが)すが」의「〜が」는 접속조사로서 본 절에서는 역접의 의미로 쓰이고 있다.

[例]むだな人間(にんげん)はやめさせていくと言(い)うが、一体(いったい)むだなと言(い)うのはどこがむだなんですか。
(쓸모없는 사람은 그만두게 해 나간다고 하지만, 도대체 쓸모없다고 하는 것은 어디가 쓸모없는 것입니까?)

厳密(げんみつ)に言(い)えば、韓国(かんこく)でも職能(しょくのう)資格(しかく)制度(せいど)を導入(どうにゅう)している企業(きぎょう)があると聞(き)くが、いずれにしても世界(せかい)全体(ぜんたい)で見(み)れば特異(とくい)な制度(せいど)であることに変(か)わりはない。
(엄밀하게 말하면 한국에서도 직능 자격 제도를 도입하고 있는 기업이 있다고 듣지만, 여하튼 간에 세계 전체에서 보면 특이한 제도라는 것에 차이는 없다.)

映画(えいが)の後半(こうはん)、入院中(にゅういんちゅう)のお母(かあ)さんにトウモロコシを届(とど)けようと一人(ひとり)で向(む)かったメイは、迷子(まいご)になってしまう。村人(むらびと)が総出(そうで)で捜(さが)すが、見(み)つからない。
(영화 후반, 입원 중의 어머니에게 옥수수를 전달하려고 혼자서 나간 메이는 길을 잃고 만다. 마을 사람들이 총동원해서 찾지만 찾지 못한다.)

行動(こうどう)から次回(じかい)の行動(こうどう)を予測(よそく)することは、後(あと)で話(はな)すが、かなり確率(かくりつ)は高(たか)く、そのこと自体(じたい)、間違(まちが)った方法(ほうほう)ではない。
(행동에서 다음 행동을 예측하는 것은 나중에 말하지만 상당히 확률은 높고 그것 자체가 틀린 방법은 아니다.)

[2]どういう意味(いみ)だろう: 무슨 의미일까? 「どういう」는 부사「どう」에 형식동사화된 「いう」가 결합하여 연체사로 전성된 것인데, 「こういう・そういう・ああいう・どういう」와 같이 계열을 이루고 있다.

[例]したがいまして、この点(てん)についでこれがプラスになりあるいはマイナスになる、こういう計算(けいさん)になろうかと思(おも)います。

(따라서 이 점에 더해 이것이 플러스가 되고 혹은 마이너스가 된다, 이런 계산이 될 것이라고 생각합니다.)

一体(いったい)このようなことが、国会(こっかい)で審議(しんぎ)の上(うえ)でそういう予算(よさん)が組(く)まれているのか、こういう問題(もんだい)もございます。

(도대체 이와 같은 것이 국회에서 심의되고 그런 예산이 편성되고 있는지 이런 문제도 있습니다.)

ああいう文章(ぶんしょう)はなかなか書(か)けない。

(저런 문장은 좀처럼 쓸 수 없다.)

ああいう特殊(とくしゅ)な状況(じょうきょう)で事件(じけん)が起(お)こることによって誰(だれ)が得(とく)をしたのか。

(그런 특수한 상황에서 사건이 발생함에 따라 누가 득을 보았는가?)

危機(きき)といえば危機(きき)だが、どういう危機(きき)なのか分類(ぶんるい)が難(むずか)しいところだ。

(위기라고 하면 위기이지만, 어떤 위기인지 분류가 어려운 점이다.)


⟨33⟩ [ヨハネによる福音書 7:37 - 7:39]

[1]祭(まつり)の終(おわ)りの大事(だいじ)な日(ひ)に、イエスは立(た)って、叫(さけ)んで言(い)われた、「[2]だれでも渇(かわ)く者(もの)は、わたしのところに来(き)て飲(の)むがよい。[ヨハネによる福音書 7:37]

(명절의 중요한 날인 마지막 날에 예수께서 일어나서 큰소리로 말씀하셨다. "누구든지 목마른 사람은 내게로 와서 마셔라."[7:37])

[1]祭(まつり)の終(おわ)りの大事(だいじ)な日(ひ)に、: 명절의 중요한 날인 마지막 날에.「終(おわ)りの大事(だいじ)な日(ひ)」를 문절 단위로 해석하면「마지막 중요한 날」이 되지만, 이것을 2개의 연체수식어로 분리하여「終(おわ)りの日(ひ)」와「大事(だいじ)な日(ひ)」가 동격 관계로 결합한 것으로 재해석할 경우,「마지막 날인 중요한 날」이 된다. 여기에서는 한국어에 맞게 전후 성분의 위치를 변경하여「중요한 날인 마지막 날」로 번역해 둔다.

참고로 타 번역본에서 어떻게 다루고 있는지를 살펴보자.

[例]祭(まつり)の最後(さいご)の大祭(たいさい)の日(ひ)に、[塚本訳1963]

(명절의 마지막 대제 날에,)

祭(まつ)りの終(お)わりの大(おお)いなる日(ひ)に、[新改訳1970]

(명절의 마지막 대제 날에,)

祭(まつ)りの最後(さいご)最大(さいだい)の日(ひ)に、[前田訳1978]

(명절의 마지막 가장 큰 날에,)

祭(まつ)りが最(もっと)も盛大(せいだい)に祝(いわ)われる終(お)わりの日(ひ)に、[新共同訳1987]

(명절이 가장 성대하게 축하되는 마지막 날에,)

祭(まつ)りの盛大(せいだい)な最終日(さいしゅうび)に、[岩波翻訳委員会訳1995]

(명절의 성대한 마지막 날에,)

[2]だれでも渇(かわ)く者(もの)は、: 누구든지 목마른 사람은.「渇(かわ)く」와 같은 생리현상을 나타내는 동사의 현재형은「지금 현재 목이 마르다」고 하는 현재의 상태가 아니라「목마른 상태에 있다」와 같은 초시적(超時的) 용법이나「(나중에) 목마르다」와 같은 미래 사실을 나타낸다.

[例]子供(こども)は寝(ね)る時(とき)も汗(あせ)をかきますし、喉(のど)も渇(かわ)くんでしょうね。喉(のど)が渇(かわ)くという症状(しょうじょう)で、まず頭(あたま)に浮(う)かぶのは糖尿病(とうにょうびょう)ですね。

(어린이는 잘 때도 땀을 흘리고, 목도 마르겠지요. 목이 마르다고 하는 증상 중에서 먼저 머리에 떠오르는 것은 당뇨병입니다.)

女(おんな)は言(い)った。「主(しゅ)よ、渇(かわ)くことがないように、また、ここに汲(く)みに来(こ)なくてもいいように、その水(みず)をください。」

(여자는 말했다. "선생님, 목이 마르지 않도록 그리고 여기에 물을 뜨러 오지 않아도 되도록 그 물을 주십시오.")

なるほど、特(とく)に炎天下(えんてんか)では喉(のど)がすぐに渇(かわ)くとか脱水(だっすい)状態(じょうたい)に陥(おちい)るなど、不足(ふそく)するとすぐに自覚(じかく)症状(しょうじょう)が表(あらわ)れる。

(역시, 특히 불볕더위에서는 목이 금방 마르다든가 탈수 상태에 빠지는 등, 부족하면 금방 자각 증상이 나타난다.)

ここは標高(ひょうこう)3800メートル以上(いじょう)あるから、少(すこ)し歩(ある)いていただけで息切(いきぎ)れがするし、喉(のど)がやたらと渇(かわ)く。

(여기는 표고 3800미터 이상이기 때문에 조금 걷기만 해도 숨이 차고 목이 몹시 마르다.)

> わたしを信(しん)じる者(もの)は、聖書(せいしょ)に書(か)いてあるとおり、[1] その腹(はら)から生(い)ける水(みず)が川(かわ)となって流(な)れ出(で)るであろう」。[ヨハネによる福音書 7:38]
> (나를 믿는 사람은 성서에 쓰여 있는 대로 그 배에서 살아 있는 물이 강이 되어 흘러나올 것이다."[7:38])

[1]その腹(はら)から生(い)ける水(みず)が川(かわ)となって流(な)れ出(で)るであろう : 그 배에서 살아 있는 물이 강이 되어 흘러나올 것이다. 「その腹(はら)から；그 배에서」에 관해서는 타 번역본에서는 다음과 같이 묘사되고 있다.

[例]その人(ひと)の心(こころ)の奥底(おくそこ)から、生(い)ける水(みず)の川(かわ)が流(なが)れ出(で)るようになる。[新改訳1970]

(그 사람의 마음속 깊은 곳에서 살아 있는 물의 강이 흘러나오게 된다.)

その人(ひと)の内部(ないぶ)から活(い)ける水(みず)の川(かわ)が〔何本(なんぼん)も〕流(なが)れ出(で)ることになる。[岩波翻訳委員会訳1995]

(그 사람의 내부에서 살아 있는 물의 강이 [몇 줄기나] 흘러나오게 된다.)

その人(ひと)の内(うち)から生(い)きた水(みず)が川(かわ)となって流(なが)れ出(で)るようになる。[新共同訳1987]

(그 사람의 내부에서 살아 있는 물이 강이 되어 흘러나오게 된다.)

そのお腹(なか)から、清水(しみず)が川(かわ)となって流(なが)れ出(で)るであろう。[塚本訳1963]

(그 배에서 맑은 물이 강이 되어 흘러나올 것이다.)

そのうちから清水(しみず)が川(かわ)となって流(なが)れ出(で)よう。[前田訳1978]

(그 속에서 맑은 물이 강이 되어 흘러나올 것이다.)

그리고 「生(い)ける水(みず)」에 대해서는 [新共同訳1987]에서는 「生(い)きた水(みず) ; 살아 있는 물」로, [塚本訳(1963)][前田訳1978]에서는 「清水(しみず) ; 맑은 물」로 등장하고 있다.

또한 복합동사 「流(なが)れ出(で)る ; 흘러나오다」는 「流(なが)れ出(だ)す」와 유의어 관계에 있고 이때 후항동사가 자동사인가 타동사인가의 대립은 중화된다.

[例]家(いえ)から数百(すうひゃく)メートル上手(かみて)には大(おお)きな池(いけ)があって、そこから水(みず)が流(なが)れ出(で)ていました。

(집에서 수백 미터 상류에는 커다란 연못이 있어, 거기에서 물이 흘러나

오고 있었습니다.)

水(みず)が切(き)れると、収穫量(しゅうかくりょう)が落(お)ちますので、灌水(かんすい)は夕方(ゆうがた)、鉢(はち)やプランターの場合(ばあい)は、底(そこ)から水(みず)が流(なが)れ出(で)るほどたっぷりとやります。
(물이 떨어지면 수확량이 떨어지기 때문에 관개는 저녁때, 화분이나 플랜터(planter)의 경우, 밑에서 물이 흘러나올 정도로 잔뜩 줍니다.)

池(いけ)の一(いっ)カ所(しょ)に水門(すいもん)があって、そこから池(いけ)の水(みず)が流(なが)れ出(だ)している。流(なが)れ出(だ)した水(みず)は小(ちい)さな水路(すいろ)を通(とお)って市街地(しがいち)の方(ほう)に流(なが)れているようだ。
(연못의 한 군데에 수문이 있어, 거기에서 연못물이 흘러나오고 있다. 흘러나온 물은 작은 수로를 통해 시가지 쪽으로 흘러가고 있는 것 같다.)

本人(ほんにん)の説明(せつめい)では、「動物(どうぶつ)が水(みず)を飲(の)みに来(き)ているところ」ということで、泉(いずみ)が涌(わ)き、水(みず)が流(なが)れ出(だ)していた。
(본인의 설명으로는「동물이 물을 마시러 와 있는 곳」이라는 것으로 샘이 솟아, 물이 흘러나오고 있었다.)

これは、イエスを信(しん)じる人々(ひとびと)が受(う)けようとしている御霊(みたま)を指(さ)して言(い)われたのである。すなわち、[1]イエスはまだ栄光(えいこう)を受(う)けておられなかったので、[2]御霊(みたま)がまだ下(くだ)っていなかったのである。[ヨハネによる福音書 7:39]
(이것은 예수를 믿는 사람들이 받으려고 하고 있는 성령을 가리켜서 말씀하신 것이다. 즉 예수께서 아직 영광을 받으시지 않았기 때문에 성령이 아직 내려와 있지 않았다.[7:39])

[1]イエスはまだ栄光(えいこう)を受(う)けておられなかったので、: 예수께서 아직 영광을 받으시지 않았기 때문에.「栄光(えいこう)を受(う)けておられなかった」는「栄光(えいこう)を受(う)けている」의 レル형 경어「栄光(えいこう)を受(う)けておられる」의 과거 부정이다.

[例] 国王(こくおう)はまだ狩猟(しゅりょう)から帰(かえ)っておられなかった。
　　(국왕은 아직 수렵에서 돌아오시지 않았다.)
その折(おり)にでも、お母(かあ)さんが何(なに)か言(い)っておられなかったですか、遺言状(ゆいごんじょう)のことで。
　　(그 때에도 어머니께서 무슨 말씀을 하고 계시지 않았습니까? 유언장에 관해.)
水野(みずの)さんが、まだ課長(かちょう)にもなっておられなかった頃(ころ)、カナダに転勤(てんきん)になり、お父(とう)さんのところへ挨拶(あいさつ)に行(い)かれたとか。
　　(미즈노 씨가 아직 과장도 되지 않으셨을 때, 캐나다에 전근되어 아버님에게 인사하러 가셨다든가.)
これらに対(たい)して全然(ぜんぜん)触(ふ)れておられなかったわけですけれども、先生(せんせい)の御意見(ごいけん)を聞(き)かしていただきたいと思(おも)います。
　　(이것들에 대해 전혀 언급하시지 않지만, 선생님의 의견을 들려 주셨으면 합니다.)
貴台(きだい)の令嬢(れいじょう)が本学(ほんがく)に三年(さんねん)以上(いじょう)も在籍(ざいせき)されながら、かような事態(じたい)に対(たい)する責任(せきにん)を自覚(じかく)しておられなかったことは痛惜(つうせき)に耐(た)えません。
　　(존체의 영애가 본 대학에 3년 이상이나 재적하시면서도 그와 같은 사태에 대한 책임을 자각하고 계시지 않았던 것은 몹시 애석해 마지않습니다.)

[2]御霊(みたま)がまだ下(くだ)っていなかったのである: 성령이 아직 내려와 있지 않았다.「下(くだ)っていなかった」는「下(くだ)っている」의 과거 부정이다.

[例]この時点(じてん)では、江戸川(えどがわ)も、まさか、この事件(じけん)が、井筒(いづつ)隊長(たいちょう)の予想(よそう)を越(こ)えて、とんでもない方向(ほうこう)に発展(はってん)し、もっと大(おお)きな事件(じけん)が起(お)きようとは、夢(ゆめ)にも思(おも)っていなかったのである。
(이 시점에서는 에도가와도 설마 이 사건이 이즈츠 대장의 예상을 넘어 엉뚱한 방향으로 발전해서 더 커다란 사건이 일어나리라고는 꿈에도 생각지 않았다.)

日産(にっさん)の系列(けいれつ)時代(じだい)は運賃(うんちん)も本社(ほんしゃ)からいわれるままで通用(つうよう)していたから、役員(やくいん)から平社員(ひらしゃいん)まで、コスト意識(いしき)がまるで育(そだ)っていなかったのである。
(일산 계열의 시절은 운임도 본사에서 말하는 대로 통용되고 있었기 때문에 임원에서 평사원까지 비용 의식이 전혀 생기지 않았다.)

しばらく前(まえ)から欠席(けっせき)続(つづ)きで顔(かお)も見(み)ていなかったし、学園祭(がくえんさい)にも来(き)ている様子(ようす)はなかった。
(얼마 전까지 계속해서 결석해서 얼굴도 보지 못했고 학원 축제에도 와 있는 모습은 없었다.)

彼(かれ)は読書(どくしょ)や思索(しさく)のみを学知(がくち)の対象(たいしょう)とは考(かんが)えていなかったのである。
(그는 독서나 사색만을 학지의 대상이라고는 생각하고 있지 않았다.)

この時点(じてん)で、彼(かれ)らはまだ、シカゴ博覧会(はくらんかい)自体(じたい)を高(たか)く評価(ひょうか)していなかったのである。
(이 시점에서 그들은 아직 시카고 박람회 자체를 높게 평가하고 있지 않았다.)

## 〘34〙[ヨハネによる福音書 7:40 - 7:52]

> [1]群衆(ぐんしゅう)のある者(もの)がこれらの言葉(ことば)を聞(き)いて、「この方(かた)は、ほんとうに、[2]あの預言者(よげんしゃ)である」と言(い)い、[ヨハネによる福音書 7:40]
> (군중 중의 어떤 사람은 이들 말을 듣고, "이 분은 정말로 바로 그 예언자다."라고 말하거나,[7:40])

[1]群衆(ぐんしゅう)のある者(もの)が : 군중 중의 어떤 사람은. 「ある者(もの) ; 어떤 사람」의 「ある」는 연체사로 쓰인 것이다.

  [例]さて、実質的(じっしつてき)に数人(すうにん)で会社(かいしゃ)を設立(せつりつ)し、発起人(ほっきにん)以外(いがい)の者(もの)も加(くわ)わって出資(しゅっし)し、そのうちのある者(もの)が社長(しゃちょう)に選任(せんにん)されるケースが現実(げんじつ)には多(おお)いでしょう。

  (그런데 실질적으로 몇 명으로 회사로 설립하고, 발기인 이외의 사람도 참가하여 출자하고 그 중 어떤 사람이 사장으로 선임되는 케이스가 현실적으로는 많겠지요.)

  いつも来(き)ている人(ひと)が、今日(きょう)は来(き)ていない。ある人(ひと)が「高島(たかしま)さんはどうしたのかしら」と心配顔(しんぱいがお)で言(い)う。またある人(ひと)がこれに応(おう)じる。「病気(びょうき)じゃなければいいんだけど…」

  (늘 오는 사람이 오늘은 와 있지 않다. 어떤 사람이「다카시마 씨는 무슨 일일까?」하고 걱정스러운 얼굴로 말한다. 그리고 어떤 사람이 이에 응한다.「병이 아니면 좋겠는데…」)

[2]あの預言者(よげんしゃ)である : 바로 그 예언자다. 「あの」는 문맥지시 용법으로 쓰인 것으로 예를 들면 다음과 같다.

[例]おれたちは死(し)ぬ気(き)だったし、あの人(ひと)たちもそれをよく分(わ)かっていた。
(우리들은 죽은 생각이었고, 그 사람들도 그것을 잘 알고 있었다.)

しかし後(のち)に名波(ななみ)は、「あのとき練習(れんしゅう)を休(やす)めばよかったのかもしれない」と後悔(こうかい)する。
(그러나 나중에 나나미는 「그 때, 연습을 쉬었으면 좋았을지는 모른다.」라고 후회한다.)

あの人(ひと)は学生時代(がくせいじだい)からアルバイトで暮(く)らしを立(た)てた。サラリーマンの経験(けいけん)はゼロです。
(그 사람은 학생시절부터 아르바이트로 생활을 했다. 샐러리맨의 경험은 제로이다.)

あの先生(せんせい)に出会(であ)わなければ、今(いま)もこんな風(ふう)に文章(ぶんしょう)を綴(つづ)ることを続(つづ)けていたかどうか分(わ)からない。
(그 선생님을 만나지 않았다면 지금도 이런 식으로 문장을 짓는 것을 계속하고 있었는지 어떤지 모른다.)

---

ほかの人(ひと)たちは「[1]この方(かた)はキリストである」と言(い)い、また、ある人々(ひとびと)は、「[2]キリストはまさか、ガリラヤからは出(で)て来(こ)ないだろう。[ヨハネによる福音書 7:41]
(다른 사람들은 "이 분은 그리스도이다."라고 말하고, 또는 어떤 사람들은 "그리스도가 설마 갈릴리에서는 나오지 않을 것이다.[7:41])

---

[1]この方(かた)はキリストである : 이 분은 그리스도이다. 본 절에서는 「この方(かた)＝キリスト」와 같이 예수에 대해 경칭이 쓰이고 있는데 타 번역본에서는 어떻게 다루고 있는지 살펴보자.

[例]この方(かた)はキリストだ。[新改訳1970]
(이 분은 그리스도이다.)

この人(ひと)は救世主(きゅうせいしゅ)だ [塚本訳1963]

(이 사람은 구세주이다.)

この人(ひと)はキリストである [前田訳1978]

(이 사람은 그리스도이다.)

この人(ひと)はメシアだ [新共同訳1987]

(이 사람은 메시아다.)

この人(ひと)はキリストだ [岩波翻訳委員会訳1995]

(이 사람은 그리스도이다.)

[新改訳1970]에서는「この方(かた)」와 같이 경칭을 사용하고 있고, 그 밖의 [塚本訳1963][前田訳1978][新共同訳1987][岩波翻訳委員会訳1995]에서는「この人(ひと)」와 같이 비경칭으로 쓰이고 있다.

[2]キリストはまさか、ガリラヤからは出(で)て来(こ)ないだろう : 그리스도가 설마 갈릴리에서는 나오지 않을 것이다.「まさか」는「설마 / 아무리 그렇다고 하더라도」에 해당하는 진술부사로서 일반적으로 뒤에 부정이나 추측을 나타내는 말을 수반하여, 그런 일은 도저히 있을 수 없거나 할 수 없다는 기분을 나타낼 때 쓴다. 본 절에서는「まさか～ないだろう」와 같이 호응하고 있다.

[例]まさか、本物(ほんもの)のカエルじゃないよね?

(설마 진짜 개구리는 아니지요? 그렇지?)

まさか大宇宙(だいうちゅう)までの旅(たび)となるとは想像(そうぞう)もしていなかったけれど。

(설마 대우주까지의 여행이 되리라고는 상상도 하고 있지 않았지만.)

まさかあなただとは思(おも)わなかったの!

(설마 당신이라고는 생각하지 않았어!)

まさかこんな大事(だいじ)になるなんてと、自分(じぶん)でも何(なに)がどうなっ

ているのか、わかりません。

(설마 이런 큰일이 되리라고는 나도 무엇이 어떻게 된 것인지 모르겠습니다.)

その時点(じてん)において何(なに)だというようなことはまさかないでしょうね。

(그 시점에서 무엇이라고 하는 그런 일은 설마 없겠지요.)

いくら新宗教(しんしゅうきょう)であっても、まさかそんなひどいことはしないだろう。

(아무리 신종교라고 해도 설마 그런 심한 일은 하지 않겠지.)

まさか、そんなことはありますまい。

(설마, 그런 일은 없겠지요.)

しかし大勢(おおぜい)が乗(の)り込(こ)む船(ふね)を、嵐(あらし)のさなかにまさか見捨(みす)てる船頭(せんどう)もあるまい、とは思(おも)う。

(그러나 많은 사람이 타는 배를 한창 폭풍우가 불 때 설마 내버리는 사공도 없겠지, 라고는 생각한다.)

それだっても、まさかうちの本(ほん)を読(よ)ますわけにもいきますまい。

(그렇다고 하더라도 설마 집에 있는 책을 읽힐 수도 없겠지요.)

キリストは、ダビデの子孫(しそん)から、またダビデのいたベツレヘムの村(むら)から出(で)ると、[1]聖書(せいしょ)に書(か)いてあるではないかと言(い)った。[ヨハネによる福音書 7:42]

(그리스도는 다윗의 자손에서 그리고 다윗이 있었던 베들레헴 마을에서 나온다고 성서에 쓰여 있지 않느냐고 말했다.[7:42])

[1]聖書(せいしょ)に書(か)いてあるではないかと言(い)った : 성서에 쓰여 있지 않느냐고 말했다. 본 절에서는 「聖書(せいしょ)に書(か)いてある」와 같이 타동사「書(か)く」에「~てある」가 접속되어 결과의 상태를 나타내는 형식으로 나와 있는데 타 번역본에서는 어떻게 묘사되고 있는지 살펴보자.

[例]聖書(せいしょ)に書(か)いてあるではないか。[新共同訳1987]

(성서에 쓰여 있지 않느냐?)

聖書(せいしょ)に、〜とあるではないか」といった。[前田訳1978]

(성서에 〜라고 되어 있지 않느냐」라고 했다.)

〜と聖書(せいしょ)が言(い)っているではないか。[塚本訳1963]

(〜라고 성서가 말하고 있지 않느냐.)

〜と聖書(せいしょ)が言(い)っているではないか。[新改訳1970]

(〜라고 성서가 말하고 있지 않느냐.)

聖書(せいしょ)が、〜と言(い)ったではないか。[岩波翻訳委員会訳1995]

(성서가 〜라고 말했지 않느냐?)

　[新共同訳1987]에서는「書(か)いてある」가, [前田訳1978]에서는「〜とある」가, [塚本訳1963][新改訳1970]에서는「聖書(せいしょ)が言(い)っている」가, [岩波翻訳委員会訳1995]에서는「聖書(せいしょ)が、〜と言(い)った」와 같이 다양하게 전개되고 있다.

こうして、群衆(ぐんしゅう)の間(あいだ)に[1]イエスのことで[2]分争(ふんそう)が生(しょう)じた。[ヨハネによる福音書 7:43]
(이렇게 해서 군중 사이에 예수 일로 분쟁(대립)이 생겼다.[7:43])

[1]イエスのことで : 예수 일로 인해.「〜のことで」는「〜의 일로」「〜(의 일) 때문에」와 같은 원인·이유를 나타내는 것으로 쓰이고 있다.

　[例]今回(こんかい)のことで、あなたに会(あ)えてよかった。

　　　(이번 일로 당신을 만나기를 잘 했다.)

　事件(じけん)のことで、すごくショックを受(う)けた人(ひと)を、私(わたし)、知(し)ってるわ。

　　　(사건 때문에 몹시 쇼크를 받은 사람을 나는 알아.)

弟(おとうと)の奥(おく)さんのことで、相談(そうだん)します。このごろ、あまり夫婦仲(ふうふなか)がよくないようだなと思(おも)っていたら…。

(남동생 부인 일로 의논합니다. 요즘 부부 사이가 별로 안 좋은 것 같다고 생각하고 있었는데.)

一人前(いちにんまえ)の男(おとこ)が、たかが女(おんな)のことで、こうまで変(か)わるものかと言(い)いたかった。

(다 큰 남자가 고작 여자 일로 이렇게까지 변하는 것인가 라고 말하고 싶었다.)

父親(ちちおや)のことで、なぜそれほどに思(おも)い煩(わずら)う必要(ひつよう)がある? 祭(まつ)りに行(い)って楽(たの)しむのだ。

(아버지 일로 왜 그렇게까지 이리저리 괴로워할 필요가 있나? 축제에 가서 즐겨라.)

[2] 分争(ふんそう)が生(しょう)じた : 분쟁(대립)이 생겼다[일어났다]. 「分争」라는 한자 표기는 구어역에만 쓰이고 있고 사전 등에는 해당 정보가 나와 있지 않다. [文語訳1917]에서도 「群衆のうちに紛争おこりたり」로 나와 있는 것을 보면, 혹시 「紛争(ふんそう)」의 오식(誤植?)이 아닌지 추측된다.

「분쟁이 생기다」에 관한 예를 들면 다음과 같다.

[例] そのことによって、今日(こんにち)まできわめて多(おお)くの国際(こくさい)紛争(ふんそう)が起(お)こった。

(그 일로 인해 오늘날까지 극히 많은 국제 분쟁이 발생했다.)

現実(げんじつ)の問題(もんだい)として紛争(ふんそう)が起(お)きた、そして代執行(だいしっこう)を行(おこ)なったという例(れい)があったでしょうか、なかったでしょうか。

(현실 문제로서 분쟁이 발생했다, 그리고 대집행을 행했다고 하는 예가 있었을까? 없었을까?)

構造的(こうぞうてき)対立(たいりつ)要因(よういん)の存在(そんざい)は、長期

的(ちょうきてき)な平均値(へいきんち)として武力(ぶりょく)紛争(ふんそう)が生(しょう)じる蓋然性(がいぜんせい)を高(たか)める。
(구조적 대립 요인의 존재는 장기적인 평균치로서 무력 분쟁이 생길 개연성을 높인다.)
大気汚染(たいきおせん)、水質(すいしつ)汚濁(おだく)等(など)による悲惨(ひさん)な疾病(しっぺい)が多発(たはつ)し、その被害(ひがい)住民(じゅうみん)と発生源(はっせいげん)とされた企業(きぎょう)との間(あいだ)で大規模(だいきぼ)な紛争(ふんそう)が生(しょう)じた。
(대기오염, 수질 오탁 등에 의한 비참한 질병이 다발하고, 그 피해 주민과 발생원으로 된 기업 사이에서 대규모 분쟁이 생겼다.)
法学部(ほうがくぶ)の教授(きょうじゅ)は、社会的(しゃかいてき)紛争(ふんそう)解決(かいけつ)の専門家(せんもんか)であるはずです。その法学部(ほうがくぶ)で学園(がくえん)紛争(ふんそう)が発生(はっせい)しました。
(법학부 교수는 사회적 분쟁 해결의 전문가일 것입니다. 그 법학부에서 학원 분쟁이 발생했습니다.)

> 彼(かれ)らのうちのある人々(ひとびと)は、[1][2]イエスを捕(とら)えようと思(おも)ったが、だれ一人(ひとり)手(て)をかける者(もの)はなかった。[ヨハネによる福音書 7:44]
> (그들 중에서 어떤 사람들은 예수를 잡으려고 했지만, 누가 하나 손을 대는 사람은 없었다.[7:44])

[1]イエスを捕(とら)えようと思(おも)ったが : 예수를 잡으려고 했지만. 「捕(とら)えようと思(おも)う」는 「捕(と)らえる」의 미연형에 화자의 의지를 나타내는 「～ようと思(おも)う」가 접속된 것이다.
[例]自分(じぶん)でも買(か)おうと思(おも)ったんですけど、何(なに)を買(か)ったらい

298

いのかわかりません。

(나도 사려고 했습니다만, 무엇을 사면 좋을지 모르겠습니다.)

わたしも、一緒(いっしょ)に行(い)こうと思(おも)ったんです。たまたま広島(ひろしま)まで出張(しゅっちょう)する仕事(しごと)があったので、足(あし)を伸(の)ばしてみました。

(나도 함께 가려고 했습니다. 우연히 히로시마에 출장 갈 일이 생겨서 가는 김에 발길을 뻗쳐 보았습니다.)

これが続(つづ)いているあいだ、私(わたし)は何度(なんど)も本当(ほんとう)に死(し)のうと思(おも)ったのよ。

(이것이 계속되고 있는 사이, 나는 몇 번이나 정말로 죽이려고 생각했어.)

子供(こども)はお父(とう)さんやお母(かあ)さんがおいしく食(た)べているのを見(み)て、自分(じぶん)も安心(あんしん)して食(た)べようと思(おも)うものだからです。

(아이는 아버지는 어머니가 맛있게 먹고 있는 것을 보고, 자기도 안심하고 먹으려고 하는 법이기 때문입니다.)

「ほんとうに、金(かね)目当(めあ)てで僕(ぼく)を誘拐(ゆうかい)しようと思(おも)ったのかい?」

(「정말 돈을 목적으로 나를 유괴하려고 생각한 거야?」)

ストレスがたまると、自分(じぶん)で自分(じぶん)の髪(かみ)の毛(け)を抜(ぬ)いてしまいます。これは病気(びょうき)なんでしょうか? やめようと思(おも)ってもやめられません。

(스트레스가 쌓이면 내가 내 머리카락을 뽑아 버립니다. 이것은 병인가요? 그만두려고 해도 그만둘 수 없습니다.)

[2] イエスを捕(とら)えようと思(おも)ったが、だれ一人(ひとり)手(て)をかける者(もの)はなかった : 예수를 잡으려고 했지만, 누가 하나 손을 대는 사람은 없었다. 본 절에서는 [잡으려고 하는 사람은 있었지만] <だれ一人(ひとり)手(て)をかける者(もの)はなかった>와 같이 존재의 부정을 「なかった」로 표현하고 있는데, 타 번역본

에서는 이 부분을 존재 표현을 사용하여 분리해서 묘사하고 있는 것도 있다.

[例]なかには彼(かれ)を捕(つか)まえようと思(おも)う者(もの)もあったが、手(て)をかける者(もの)はなかった。[塚本訳1963]

(그 중에는 그를 잡으려고 생각하는 사람도 있었지만, 손을 대는 사람은 없었다.)

その中(なか)にはイエスを捕(つか)まえたいと思(おも)った者(もの)もいたが、イエスに手(て)をかけた者(もの)はなかった。[新改訳1970]

(그 중에는 예수를 잡고 싶다고 생각한 사람도 있었지만, 예수에게 손을 댄 사람은 없었다.)

その中(なか)はイエスを捕(と)らえようと思(おも)う者(もの)もいたが、手(て)をかける者(もの)はなかった。[新共同訳1987]

(그 중에는 예수를 잡으려고 생각하는 사람도 있었지만, 손을 대는 사람은 없었다.)

---

さて、下役(したやく)どもが祭司長(さいしちょう)たちやパリサイ人(びと)たちのところに[1]帰(かえ)って来(き)たので、彼(かれ)らはその下役(したやく)どもに言(い)った、「なぜ、[2]あの人(ひと)を連(つ)れて来(こ)なかったのか」。[ヨハネによる福音書 7:45]

(그런데, 부하들이 대제사장들과 바리새파 사람들에게 돌아왔기 때문에 그들은 그 부하들에게 말했다. "왜 그 사람을 데리고 오지 않았느냐?"[7:45])

---

[1]帰(かえ)って来(き)たので、: 돌아왔기 때문에. 「帰(かえ)って来(く)る」는 「帰(かえ)る」와 「来(く)る」를 접속조사 「〜て」를 매개로 해서 연결시킨 것이다.

[例]フランスから帰(かえ)って来(き)たってのは聞(き)いてたけど。

(프랑스에서 돌아왔다는 것은 들었지만.)

結局(けっきょく)、その夜(よる)、0時(れいじ)になっても夫(おっと)・三朗(さぶろう)は帰(かえ)って来(こ)なかった。
(결국, 그 날 밤 0시가 되어도 남편 사부로는 돌아오지 않았다.)
午後(ごご)一時(いちじ)から加壽代(かずよ)が病院(びょういん)に行(い)き、こちらの報告(ほうこく)と、病院(びょういん)の状況(じょうきょう)を聞(き)いて帰(かえ)って来(き)た。
(오후 1시부터 가즈요가 병원에 가서 이쪽 보고와 병원 상황을 듣고 돌아왔다.)
夫(おっと)が帰(かえ)って来(き)たので、離(はな)れ座敷(ざしき)から家人(かじん)のいる母屋(もや)へ行(い)って食事(しょくじ)も何(なん)とか一緒(いっしょ)に食(た)べられた。
(남편이 돌아왔기 때문에 별채에서 집사람들이 있는 안채에 가서 식사도 그럭저럭 함께 먹을 수 있었다.)

「帰(かえ)って来(く)る」와 방향성을 달리하는「帰(かえ)って行(い)く」의 예를 들면 다음과 같다.
[例] お昼時(ひるどき)、近(ちか)くの小学校(しょうがっこう)の子供(こども)たちが三々五々(さんさんごご)、家(いえ)へと帰(かえ)って行(い)く。
(점심 때, 근처 초등학교 어린이들이 삼삼오오 집으로 돌아간다.)
でも、たとえどのように見(み)えても、やはりそこは自分(じぶん)が帰(かえ)って行(い)く場所(ばしょ)だった。
(하지만 설사 어떻게 보여도 역시 거기는 내가 돌아갈 장소였다.)

[2] あの人(ひと)を連(つ)れて来(こ)なかったのか : 그 사람을 데리고 오지 않았느냐?
「連(つ)れて来(こ)なかった」는「連(つ)れて来(く)る」의 부정 과거이다.
[例] そもそもこの合(ごう)コンは、安部(あべ)君(くん)が巨人(きょじん)の選手(せんし

ゅ)を五人(ごにん)連(つ)れて来(く)るって企画(きかく)だったんです。
(원래 단체 미팅은 아베 군이 거인 선수를 5명을 데리고 오는 기획이었습니다.)

これだけのことにわざわざ、自室(じしつ)まで連(つ)れて来(こ)ないでもいいのにと思(おも)った。
(이 정도의 일에 일부러 자기 방에 데리고 오지 않아도 되는데 라고 생각했다.)

どうして、ここにたった十九人(じゅうくにん)しか連(つ)れて来(こ)なかったんだ?
(어째서 여기에 단 19명밖에 데리고 오지 않았는가?)

「連(つ)れて来(く)る」와 방향성을 달리하는「連(つ)れて行(い)く」의 예를 들면 다음과 같다.
[例]だから、できるだけ公園(こうえん)等(など)に連(つ)れて行(い)くようにしています。
(따라서 가능한 한 공원 등에 데리고 가려고 하고 있습니다.)

病院(びょういん)に連(つ)れてったほうがいいですか? 連(つ)れて行(い)くにしてもなんて言(い)って

連(つ)れて行(い)けばいいのでしょうか?
(병원에 데리고 가는 것이 좋습니까? 데리고 간다고 해도 뭐라고 하고 데리고 가면 좋을까요?)

それどころか、小学校(しょうがっこう)入学前(にゅうがくまえ)の私(わたし)が腕(うで)の関節(かんせつ)を外(はず)して痛(いた)がって泣(な)いても、なかなか病院(びょういん)に連(つ)れて行(い)かなかったくらいなのだ。
(그러기는커녕 초등학교 입학 전의 내가 팔 관절이 빠져 아파하며 울어도 좀처럼 데리고 가지 않았을 정도다.)

下役(したやく)どもは答(こた)えた、「この人(ひと)の語(かた)るように語(かた)った者(もの)は、[1]これまでにありませんでした」。[ヨハネによる福音書 7:46]

(부하들이 대답했다. "이 사람이 말하는 것처럼 말한 사람은 지금까지 없었습니다."[7:46])

[1]これまでにありませんでした : 지금까지 없었습니다.「〜までに」는 도달점을 나타내는「〜まで」에 시점을 나타내는「〜に」가 접속된 것인데,「までに」와「まで」의 차이를 한국어로 구별하기가 쉽지 않다.

[例]午後(ごご)3時(さんじ)までにレポートを提出(ていしゅつ)してください。

(오후 3시까지 리포트를 제출해 주세요.)

何時(なんじ)までこのテストは続(つづ)くのかな。

(몇 시까지 이 시험은 계속될 것인가?)

1.「までに」는「返(かえ)す ; 반납하다」「提出(ていしゅつ)する ; 제출하다」와 같이 일회성, 계속되지 않는 행위·동작·사건을 나타내는 동사와 결합한다.

[例]この本(ほん)は、3月(さんがつ)31日(さんじゅういちにち){までに / に}返(かえ)してくださいね。

(이 책은 3월 31일{까지 /에} 돌려주세요.)

明日(あした)の朝(あさ)は10時(じゅうじ){までに / に}課長(かちょう)に企画書(きかくしょ)を提出(ていしゅつ)しよう。

(내일 아침은 10시{까지 /에} 과장에게 기획서를 제출하자.)

「に」와「まで・までに」의 차이는「に」가 그 시점 그 자체를 나타내는 것에 대해,「まで・までに」는「그 시점을 한계로 해서 그 시점보다 전에 - 통상은 그 시점도 포함한다 -」를 나타낸다. 따라서「3月31日」또는「朝10時」그 시점을 가리킬 때는 「に」로 나타내도 된다.

2. 「まで」는 「待(ま)つ ; 기다리다」「いる ; 있다」와 같이 일정 시간(기간) 계속되는 행위·동작·사건을 나타내는 동사와 결합한다.
    [例] 今日(きょう)どうして来(こ)なかったのですか。私(わたし)は6時(ろくじ)まで待(ま)ったんですよ!
    (오늘 어째서 오지 않았습니까? 나는 6시까지 기다렸어요.)
    来年(らいねん)3月(さんがつ)末(すえ)まで今(いま)の会社(かいしゃ)にいて、4月(しがつ)に新(あたら)しい仕事場(しごとば)に移(うつ)るつもりです。
    (내년 3월 말까지 지금 회사에 있다가 4월에 새로운 직장으로 옮길 예정입니다.)

3. 「までに」와 「まで」
    이것을 점(点)과 폭(幅)으로 나타내면, 「までに」는 점(点)을, 「まで」는 폭(幅)을 나타내는 동사와 결합하기 쉽다고 할 수 있다.
    점을 나타내는 동사에는 「返(かえ)す」「提出(ていしゅつ)する」 이외에도 「終(お)わる ; 끝나다」「結婚(けっこん)する ; 결혼하다」「出(だ)す ; 내다」「決(き)める ; 정하다」 등이 있고, 폭을 나타내는 동사에는 「待(ま)つ ; 기다리다」「いる ; 있다」 이외에도 「続(つづ)ける ; 계속하다」「働(はたら)く ; 일하다」「休(やす)む ; 쉬다」「生(い)きる ; 살다」 등이 있다.
    [例] 会議(かいぎ)は遅(おそ)くても4時(よじ){ × まで / ○ までに}終(お)わるだろう。
        (회의는 늦어도 4시까지는 끝날 것이다.)
        30歳(さんじゅっさい){ × まで / ○ までに}結婚(けっこん)したい。
        (30살까지 결혼하고 싶다.)
        大学(だいがく)を卒業(そつぎょう)する{ × まで / ○ までに}、就職先(しゅうしょくさき)を決(き)めたい。

(대학을 졸업할 때까지 취직할 곳을 정하고 싶다.)
来年(らいねん)の大会(たいかい){ ○ まで / × までに}テニスの練習(れんしゅう)を続(つづ)けるつもりだ。
(내년 대회까지 테니스 연습을 계속할 생각이다.)
この会社(かいしゃ)の人(ひと)は夜中(よなか){ ○ まで / × までに}働(はたら)くのが普通(ふつう)だ。
(이 회사 사람들은 밤중까지 일하는 것이 보통이다.)
うちの祖母(そぼ)は百歳(ひゃくさい){ ○ まで / × までに}生(い)きた。
(우리 할머니는 백 살까지 살았다.)

그런데, 동사에 따라서는 점과 폭 양쪽 모두 나타내는 것도 있다. 예를 들어, 동일 동사가 [ a ]에서는 점으로, [ b ]에서는 폭으로 사용되고 있다.

[例]1a. 子供(こども)は夜(よる)9時(くじ)までに寝(ね)たほうがいい。
(어린이는 밤 9시전에 자는 것이 좋다.)
1b. 今日(きょう)は日曜日(にちようび)なので、朝(あさ)11時(じゅういちじ)まで寝(ね)ていた。
(오늘은 일요일이어서 아침 11시까지 자고 있었다.)

2a. 12月(じゅうにがつ)5日(いつか)までに九州(きゅうしゅう)へ行(い)くつもりだ。
(12월 5일까지 규슈에 갈 생각이다.)
2b. 九州(きゅうしゅう)には2週間(にしゅうかん)行(い)っている予定(よてい)だ。
(규슈에는 2주일 가 있을 예정이다.)

3a. このページの内容(ないよう)は明日(あした)のテストまでに覚(おぼ)えなければならない。
(이 페이지 내용은 내일 시험 때까지 외워야 한다.)

3b. さっきまで覚(おぼ)えていたのに、忘(わす)れてしまった。

(아까까지 외우고 있었는데 잊어 버렸다.)

「まで＋폭(계속되고 있다)을 나타내는 동사」「までに＋점(계속되지 않다)을 나타내는 동사」가 원칙이지만, 폭과 점을 특정할 수 없는 동사의 경우, 또는 화자가 폭과 점을 명확히 나타내고 싶은 경우에는, 다음과 같이 하면 의미가 확실해진다.

① 폭(계속되고 있다)을 나타내고자 할 때는 동사에「～ている」나 복합동사「～続(つづ)ける」를 접속시킨다.

　[例]毎晩(まいばん)11時(じゅういちじ)まで起(お)きている。

　　　(매일 밤 11시까지 자지 않고 일어나 있다.)

　　　きのうは夜中(よなか)の1時(いちじ)まで勉強(べんきょう)していた。

　　　(어제는 밤 1시까지 공부하고 있었다.)

　　　彼(かれ)は朝(あさ)8時(はちじ)から11時(じゅういちじ)まで食(た)べ続(つづ)けている。

　　　(그는 아침 8시부터 11시까지 계속 먹고 있다.)

② 점(계속되지 않다)을 나타내고자 할 때는 동사에「～終(お)わる」「～てしまう」「～ておく」등을 접속시킨다.

　[例]急(いそ)ぐから、8時(はちじ)までに食(た)べ終(お)わってください。

　　　(바쁘니까, 8시까지 다 먹어 주세요.)

　　　友達(ともだち)が来(く)るまでに、勉強(べんきょう)してしまおう。

　　　(친구가 올 때까지 다 공부해 두자.)

　　　午前(ごぜん)10時(じゅうじ)までに書類(しょるい)を書(か)いておいてください。

(오전 11시까지 서류를 써 두세요.)

③ 그리고 동사가 부정이 되면, 점의 성질이 약해지고 폭을 나타내게 된다. 「結婚(けっこん)する」「提出(ていしゅつ)する」는 점을 나타내는 동사이지만, 다음과 같이 부정이 되면 폭을 나타낸다.

[例]私(わたし)は仕事(しごと)がおもしろいので、30歳(さんじゅっさい){ ○ まで / × までに}結婚(けっこん)しない。

(나는 일이 재미있어서 30살까지 결혼하지 않겠다.)

論文(ろんぶん)は締切(しめきり)ぎりぎり{ ○ まで / × までに}提出(ていしゅつ)しないつもりだ。[108]

(논문은 마감 임박까지 제출하지 않을 생각이다.)

パリサイ人(びと)たちが彼(かれ)らに答(こた)えた、「[1]あなたがたまでが、[2]騙(だま)されているのではないか。[ヨハネによる福音書 7:47]
(바리새파 사람들이 그들에게 대답했다. "너희까지도 속고 있는 것이 아니냐?[7:47])

[1]あなたがたまでが : 너희까지도. 「〜までが」는 부조사 「〜まで」에 격조사 「〜が」가 결합하여 「〜까지가 / 〜까지도」에 상당하는 뜻을 나타낸다.

[例]一見(いっけん)、何処(どこ)までが公道(こうどう)で、どこからが私道(しどう)なのかわかりにくくなっているのだ。

(언뜻 보기에 어디까지가 공도이고 어디부터가 사도인지 알기 어렵게 되어 있다.)

年端(としは)のいかない小(ちい)さな子供(こども)までが、水瓶(みずがめ)を頭

---

108) [日本語教育通信 文法を楽しく]「まで・までに」(市川保子 / 日本語国際センター客員講師) https://www.jpf.go.jp/j/project/japanese/teach/tsushin/grammar/200911.html에서 인용하여 일부 수정하고 적의 번역함.

(あたま)に載(の)せて歩(ある)いていた。
(아직 나이 어린 작은 아이까지도 물동이를 머리에 지고 걷고 있었다.)

道(みち)で会(あ)った人(ひと)、ほとんど忘(わす)れていたような人(ひと)までが次々(つぎつぎ)と頭(あたま)に浮(う)かんでくるようになったのです。
(길에서 만난 사람, 거의 잊고 있었던 그런 사람까지도 계속해서 머리에 떠오르게 되었습니다.)

[2]騙(だま)されているのではないか : 속고 있는 것이 아니냐? 「騙(だま)されている」는 「騙(だま)す」의 수동 「騙(だま)される」에 「～ている」가 접속된 것이다.

[例]前(まえ)にも言(い)ったけれど、騙(だま)されているわけではないからね。
(전에도 말했지만, 속고 있는 것은 아니니까.)

なんだか騙(だま)されているような気(き)もするが、もうなんでもいいや、という気(き)にもなってくる。
(왠지 속고 있는 것 같은 생각도 들지만, 이제 무엇이든지 좋다고 하는 기분도 든다.)

しかしおれは俺(おれ)だ、いつまでも意味(いみ)のないことに騙(だま)されているわけにはいかない。
(그러나 나는 나다. 언제까지나 의미 없는 것에 속고 있을 수는 없다.)

> 役人(やくにん)たちやパリサイ人(びと)たちの中(なか)で、[1]一人(ひとり)でも彼(かれ)を信(しん)じた者(もの)があっただろうか。[ヨハネによる福音書 7:48]
> (관리들이나 바리새파 사람들 중에서 한 사람이라도 그를 믿은 사람이 있었을까?[7:48])

[1]一人(ひとり)でも彼(かれ)を信(しん)じた者(もの)があっただろうか : 한 사람이라도 그를 믿은 사람이 있었을까? 그를 믿은 사람은 한 사람도 없을 것이다. 본 절에서는 사람의 존재에 대해 「ある」의 과거 「あった」가 쓰이고 있다.

[例]イエスはまた、弟子(でし)たちに言(い)われた、「ある金持(かねもち)のところに一人(ひとり)の家令(かれい)がいたが、彼(かれ)は主人(しゅじん)の財産(ざいさん)を浪費(ろうひ)していると、告(つ)げ口(ぐち)をする者(もの)があった。[口語訳 / ルカによる福音書 16:1]
(예수께서 다시 제자들에게 말씀하셨다. "어떤 부자에게 집안 관리인이 한 사람 있었는데, 그가 주인의 재산을 낭비하고 있다고 고자질하는 사람이 있었다.)[누가복음 16:1]

平凡(へいぼん)で、貧(まず)しい外交員(がいこういん)の夫(おっと)に、敵意(てきい)や怨恨(えんこん)を抱(いだ)く者(もの)があったとも思(おも)われないのだ。
(평범하고 가난한 외무 사원(영업 사원)인 남편에게 적의나 원한을 품는 사람이 있었다고도 생각되지 않는다.)
そこで、切符(きっぷ)を買(か)い求(もと)めていると、突然(とつぜん)後(うし)ろからポンと肩(かた)を叩(たた)く者(もの)があった。
(그래서 표를 구입하고 있었더니, 갑자기 뒤에서 툭하고 어깨를 치는 사람이 있었다.)

[1]律法(りっぽう)を弁(わきま)えないこの群衆(ぐんしゅう)は、[2]呪(のろ)われている」。[ヨハネによる福音書 7:49]
(율법을 모르는 이 군중은 저주받았다.[7:49]")

[1]律法(りっぽう)を弁(わきま)えないこの群衆(ぐんしゅう)は、: 율법을 모르는 이 군중은. 「弁(わきま)える」는 「변별하다 / 판별하다 / 분별하다」의 뜻을 나타내는 동사인데, 본 절에서는 「弁(わきま)えない」를 「알지 못하다 / 모르다」로 번역해 둔다. 타 번역본에서는 이 부분을 어떻게 표현하고 있는지 살펴보자.
[例]律法(りっぽう)[聖書(せいしょ)]を知(し)らない民衆(みんしゅう)は、[塚本訳1963]

(율법[성서]를 모르는 민중은,)

　　律法(りっぽう)を知(し)らないこの群衆(ぐんしゅう)は、[新改訳1970]

　　　(율법을 모르는 이 군중은,)

　　律法(りっぽう)を知(し)らないこの群衆(ぐんしゅう)は、[新共同訳1987]

　　　(율법을 모르는 이 군중은,)

　　律法(りっぽう)を知(し)らないこの群衆(ぐんしゅう)は[岩波翻訳委員会訳1995]

　　　(율법을 모르는 이 군중은)

　　律法(りっぽう)を知(し)らぬあんな群衆(ぐんしゅう)は[前田訳1978]

　　　(율법을 모르는 저런 군중은)


　[塚本訳1963][新改訳1970][新共同訳1987][岩波翻訳委員会訳1995]에서는
「知(し)る」의 부정「知(し)らない」가, [前田訳1978]에서는「知(し)らぬ」가 쓰이고
있다.


[2]呪(のろ)われている: 저주받았다.「呪(のろ)われている」는「呪(のろ)う;저주하다」
의 수동「呪(のろ)われる」에「～ている」가 접속된 것이다.

　[例]おまえ、自分(じぶん)が呪(のろ)われているという自覚(じかく)はないのか

　　　(너는 자신이 저주받고 있다는 자각은 없는가?)

　　私(わたし)は何(なに)かに呪(のろ)われているのだと思(おも)いました。

　　　(나는 무엇인가에 저주받고 있다고 생각했습니다.)

　　また人種差別主義(じんしゅさべつしゅぎ)は、先住民族(せんじゅうみんぞく)が
　　神(かみ)により呪(のろ)われているとするモルモン教(きょう)のイデオロギーにも
　　見(み)られる。

　　　(그리고 인종차별주의는 선주민족이 하나님에 의해 저주받았다고 하는
　　　모르몬교[말일 성도 예수 그리스도 교회]의 이데올로기에도 보인다.)

> 彼(かれ)らの中(なか)の一人(ひとり)で、[1]以前(いぜん)に[2]イエスに会(あ)いに来(き)たことのあるニコデモが、彼(かれ)らに言(い)った、[ヨハネによる福音書 7:50]
> (그들 중의 한 사람으로 전에 예수를 만나러 온 적이 있는 니고데모가 그들에게 말했다.[7:50])

[1]以前(いぜん)に : 전에. 「以前(いぜん)に」는 「以前(いぜん) ; 이전 / 전」에 시점을 나타내는 「～に」가 접속되어 부사처럼 쓰이는데 「前(まえ)に」보다 딱딱한 말씨이다. 「前(まえ)に」는 다소 구어적 말씨이고, 정식 문서 등에서는 문장체적 말씨이며 보다 정중한 느낌을 주는 「以前(いぜん)」을 사용한다.

[例]以前(いぜん)にトラブルがあったのだと典子(のりこ)から聞(き)いたことがある。
(전에 트러블이 생겼다고 노리코로부터 들은 적이 있다.)

以前(いぜん)にどこかの本(ほん)で見(み)たことあったので、HPで探(さが)してみたんですが、見(み)つけれませんでした。
(전에 어디 책에서 본 적이 있어서 HP에서 찾아보았는데, 찾을 수 없었습니다.)

以前(いぜん)に私(わたし)はこういうことを聞(き)いたことがあるんですが、高齢者(こうれいしゃ)の自殺(じさつ)の原因(げんいん)が老後(ろうご)の孤独感(こどくかん)というのが非常(ひじょう)に多(おお)いように聞(き)いたことがあるんですが、先(さき)ほどもお伺(うかが)いしますと、今(いま)単独(たんどく)世帯(せたい)というのがだんだんと増(ふ)えてきておりますので、そこらあたりがどうなのかと思(おも)いましてお尋(たず)ねをしてみたんです。
(전에 나는 이런 것을 들은 적이 있습니다만, 고령자 자살의 원인이 노후의 고독감 이라는 것이 대단히 많은 것처럼 들은 적이 있습니다만, 조금 전에도 여쭈어 보았더니 지금 단독 세대라고 하는 것이 점점 늘고 있어, 그 점에 관해 어떤가 하고 생각해서 물어본 것입니다.)

[2]イエスに会(あ)いに来(き)たことのある : 예수를 만나러 온 적이 있다. 동작의 목적을 나타내는「会(あ)いに来(く)る ; 만나러 오다」에 과거의 경험을 나타내는「～たことがある ; ～한 적이 있다」가 접속된 것이다.

[例] 金(かね)がないと私(わたし)に言(い)ってくる。以前(いぜん)、私(わたし)のバイト先(さき)まで金(かね)を借(か)りに来(き)たことがある。
(돈이 없다고 내게 말하러 온다. 전에 내가 아르바이트 하는 곳까지 돈을 빌리러 온 적이 있다.)

一日(いちにち)に四十人(よんじゅうにん)か五十人(ごじゅうにん)くらい、兄(あに)のところへ挨拶(あいさつ)に来(き)たことがあるのですよ。
(하루에 40명에서 50명 정도, 형에게 인사하러 온 적이 있어요.)

実(じつ)は次男(じなん)の試合(しあい)は見(み)に行(い)ったことがありません。来(く)るな! と言(い)われているので…次男(じなん)の性格(せいかく)は難(むずか)しいんです。
(실은 차남의 시합은 보러 간 적이 없습니다. 오지 마! 라는 말을 들었기 때문에… 차남 성격은 까다롭습니다.)

久高島(くだかじま)へ、豊年(ほうねん)を祝(いわ)う祭(まつ)りを見(み)に出(で)かけたことがあった。
(구다카지마에 풍년을 기원하는 축제를 보러 나간 적이 있었다.)

---

「[1]わたしたちの律法(りっぽう)によれば、まず[2]その人(ひと)の言(い)い分(ぶん)を聞(き)き、[3]その人(ひと)のしたことを知(し)った上(うえ)でなければ、[4]裁(さば)くことをしないのではないか」。[ヨハネによる福音書 7:51]
(우리 율법에 의하면, 먼저 그 사람의 할 말을 듣고, 그 사람이 한 것을 알고 난 다음이 아니면, 판결하지 않지 않는가?[7:51])

[1]わたしたちの律法(りっぽう)によれば : 우리 율법에 의하면.「～によれば」는「～に

よる」의 가정형으로 어떤 사실의 근거를 나타낼 때 사용된다.

[例]彼(かれ)の話(はなし)によれば、本来(ほんらい)はまっすぐの道(みち)だったが、新(あたら)しく住宅(じゅうたく)が建(た)てられた関係(かんけい)で、道(みち)が少(すこ)し変(か)わったとのことだ。

(그의 이야기에 의하면, 원래는 똑바른 길이었는데, 새로 주택이 세워진 관계로 길이 조금 바뀌었다고 한다.)

記録(きろく)によれば、ドイツ将軍(しょうぐん)の多(おお)くはヒトラーの政策(せいさく)に同調(どうちょう)していなかったとされている。

(기록에 의하면 대부분의 독일 장군은 히틀러의 정책에 동조하지 않았다고 되어 있다.)

大沢(おおさわ)の実験(じっけん)結果(けっか)によれば、米(こめ)の消化(しょうか)吸収率(きゅうしゅうりつ)は、日本人(にほんじん)の方(ほう)がヨーロッパ人(じん)よりも更(さら)に良(よ)いのである。

(오사와 실험 결과에 의하면 쌀의 소화 흡수율은 일본인 쪽이 유럽 사람보다도 더 좋다.)

[2]その人(ひと)の言(い)い分(ぶん) : 「言(い)い分(ぶん)」은「말하고 싶은 내용 / 주장」의 뜻을 나타내는 말이다.

[例]相手(あいて)の言(い)い分(ぶん)をよく聞(き)く。

(상대의 주장을 잘 듣다.)

言(い)い分(ぶん)があれば遠慮(えんりょ)なく言(い)いなさい。

(할 말이 있으면 사양하지 말고 말해요.)

[3]その人(ひと)のしたことを知(し)った上(うえ)でなければ : 그 사람이 한 것을 알고 난 다음이 아니면. 「上(うえ)」는「知(し)った上(うえ)」의「～上(うえ)[で]」와 같이 형식명사로 쓰이면,「～한 후 / ～한 뒤 / ～한 결과」와 같은 뜻을 나타낸다.

[例]相談(そうだん)した上(うえ)で返事(へんじ)いたします。

(의논한 다음 답을 드리겠습니다.)

お目(め)にかかった上(うえ)でお話(はな)しします。
(만나 뵙고 나서 말씀 드리겠습니다.)
知的(ちてき)探検家(たんけんか)の努力(どりょく)の上(うえ)に現代(げんだい)科学(かがく)は築(きず)かれている。
(지적 탐험가의 노력의 결과 현대 과학은 구축되었다.)

그리고 「知(し)った上(うえ)でなければ」는 「知(し)った上(うえ)」에 「～である」의 부정인 「～でない」의 가정형 「～でなければ」가 접속된 것으로 「알고 나서가 아니면」의 뜻을 나타낸다.

[例]しかし、今夜(こんや)栗山(くりやま)に会(あ)って真相(しんそう)を聞(き)いた上(うえ)でなければ、手(て)の打(う)ちようがない。
(그러나 오늘밤 구리야마와 만나서 진상을 듣고 나서가 아니면 손을 쓸 수가 없다.)

しかし、どのような薬(くすり)を使(つか)おうとも、もとの生活(せいかつ)習慣(しゅうかん)を正常化(せいじょうか)した上(うえ)でなければ、意味(いみ)をなしません。
(그러나 어떤 약을 사용하려고 해도 원래의 생활 습관을 정상화하고 나서가 아니면 의미가 없습니다.)

大統領(だいとうりょう)のスタッフとは、この場合(ばあい)には面接係(めんせつがかり)秘書(ひしょ)のアポイントメントをとった上(うえ)でなければ、会(あ)うことができない。
(대통령의 스탭은 이 경우에는 면접 담당 비서의 약속을 하고 나서가 아니면 만날 수가 없다.)

[4] 裁(さば)くことをしない : 판결하는 것을 하지 않다. 판결하지 않다. 「～ことをしない」는 직역하면 「～하는 것을 하지 않다」가 되지만, 용장하기 때문에 「～하지 않다」로 번역해 둔다.

[例]感情(かんじょう)が湧(わ)いても外(そと)へ出(だ)すことをしないでためこむので病的(びょうてき)になる。

(감정이 일어도 밖으로 보내지 않고 쌓아 두기 때문에 병적으로 된다.)

わたしは神(かみ)であって、人(ひと)ではなく、あなたのうちにいる聖(せい)なる者(もの)だからである。わたしは滅(ほろ)ぼすために臨(のぞ)むことをしない。

(나는 하나님이지 사람이 아니고 너희 안에 있는 성스러운 사람이기 때문이다. 나는 멸망시키기 위해 임하지 않는다.)

自分(じぶん)の人生(じんせい)をすべて親(おや)に依存(いぞん)して、どうなろうとそれはぼくの責任(せきにん)ではない、こういう育(そだ)て方(かた)をした親(おや)の責任(せきにん)だという形(かたち)をとる子供(こども)です。つまり、自分(じぶん)の力(ちから)で自立(じりつ)して生(い)きてゆくことをしない人間(にんげん)がそこに作(つく)られてしまうということ。

(자기 인생을 모두 부모에게 의존하고 어찌 되든 그것은 내 책임이 아니다, 이렇게 키운 부모의 책임이라고 하는 형태를 취하는 어린이입니다. 즉 자기 힘으로 자립해서 살아가지 않는 사람이 거기에 만들어져 버린다고 하는 것.)

彼(かれ)らは答(こた)えて言(い)った、「[1]あなたもガリラヤ出(で)なのか。[2]よく調(しら)べてみなさい、[3]ガリラヤからは預言者(よげんしゃ)が出(で)るものではないことが、わかるだろう」。[ヨハネによる福音書 7:52]

(그들은 대답하여 말했다. "당신도 갈릴리 출신인가? (성경을) 잘 조사해 봐라! 갈릴리로부터는 예언자가 나오는 것이 아닌 것을 알 것이다."[7:52])

[1]あなたもガリラヤ出(で)なのか : 당신도 갈릴리 출신인가? 「ガリラヤ出(で)」는 지역 명에 「出(で)る」의 연용형 「出(で)」가 전성명사화되어 접속된 것이다. 타 번

역본에서는 「ガリラヤの出(で) ; 갈릴리 출신」이나 「ガリラヤの出身(しゅっしん) ; 갈릴리 출신」으로 등장하고 있다. 「出(で)」는 명사에 접속되어 산지, 출처, 출신 등을 나타낸다.

[예] インド出(で)の米(こめ)。

  (인도산 쌀.)

どこの出(で)なのか分(わ)からない。

(출처가 어디인지 모른다.)

母親(ははおや)はイングランドの出(で)で、死(し)ぬ前(まえ)に実家(じっか)に戻(もど)った。

(어머니는 잉글랜드 출신으로 죽기 전에 친정으로 돌아갔다.)

なんでも、遠(とお)い先祖(せんぞ)がこの森(もり)の出(で)で、ここへ帰(かえ)ってくるのが、家訓(かくん)であったらしい。

(잘은 모르지만 먼 선조가 이 숲의 출신으로 여기로 돌아오는 것이 가훈이었던 것 같다.)

彼女(かのじょ)は大学(だいがく)出(で)の二十四歳(にじゅうよんさい)。田舎(いなか)の美人(びじん)コンテストで何度(なんど)か優勝(ゆうしょう)した見事(みごと)な姿態(したい)だ。

(그녀는 대학 출신의 24세. 시골 미인 경연 대회에서 몇 번인가 우승한 멋진 자태다.)

旧制(きゅうせい)高校(こうこう)出(で)の人(ひと)たちが旧制(きゅうせい)高校(こうこう)を懐(なつ)かしんだりする話(はなし)をよく聞(き)きますけれども、そういう人(ひと)たちは恐(おそ)らく、大学(だいがく)に入(はい)る前(まえ)に、人間的(にんげんてき)な成熟(せいじゅく)と知的(ちてき)エリートとしての心構(こころがま)えだとか訓練(くんれん)だとかをある程度(ていど)受(う)けるということが、旧制(きゅうせい)高等学校(こうとうがっこう)の中(なか)で行(おこ)なわれてきたという状況(じょうきょう)を物語(ものがた)っているんだと思(おも)いますけどね。

(구제 고교 출신 사람들이 구제 고교를 그리워하거나 하는 이야기를 자주 듣습니다만, 그런 사람은 아마, 대학에 들어가기 전에 인간적인 성숙과 지적 엘리트로서의 마음가짐이라든가 훈련이라든가를 어느 정도 받는다고 하는 것이 구제 고등학교 속에서 행해져 왔다고 하는 상황을 이야기하고 있는 것이라고 생각합니다만.)

[2]よく調(しら)べてみなさい、: (성경을) 잘 조사해 봐라! 이 부분에 관해 타 번역본에서는 어떻게 설명되고 있는지 살펴보자.

[例][聖書(せいしょ)をよく]調(しら)べてみなさい。[塚本訳1963]

([성서를 잘] 조사해 봐라.)

しらべてみよ、[前田訳1978]

(조사해 봐라.)

調(しら)べてみよ。[岩波翻訳委員会訳1995]

(조사해 봐라.)

[3]ガリラヤからは預言者(よげんしゃ)が出(で)るものではないことが、わかるだろう: 갈릴리로부터는 예언자가 나오는 것이 아닌 것을 알 것이다. 「〜ものではない」는 당연성을 나타내는 「〜ものだ」의 부정으로, 전건(前件)은 그런 법이라고 화자의 가치관을 나타내고 후건(後件)에는 대부분 당연성을 나타내는 문이 온다.

[例]毎日(まいにち)毎日(まいにち)本当(ほんとう)に暑(あつ)い!…夏(なつ)は暑(あつ)いものだ。

(매일 매일 정말 덥다. 여름은 더운 법이다.)

初(はじ)めての事(こと)は何(なん)でも怖(こわ)いものだ。

(처음 하는 일은 무엇이든지 무서운 법이다.)

子供(こども)は何(なに)よりも大切(たいせつ)なものだ。

(어린이는 무엇보다도 소중한 법이다.)

いくら大変(たいへん)な仕事(しごと)でも、若(わか)いうちは一生懸命(いっしょうけんめい)働(はたら)くものだ。

(아무리 힘든 일이라도 젊을 때는 열심히 일하는 법이다.)

人(ひと)はだれでも間違(まちが)いをするものだ。

(사람은 누구라도 잘못을 하기 마련이다.)

大学(だいがく)に入(はい)るのはお金(かね)と時間(じかん)がかかるものだ。

(대학에 들어가는 것은 돈과 시간이 걸리기 마련이다.)

子供(こども)は家(いえ)でゲームばかりするものではないよ。外(そと)で遊(あそ)びなさい。

(어린이는 집에서 게임만 하는 것이 아니다. 밖에서 놀아라.)

その後(あと)の検討(けんとう)で、プラットフォームの傾(かたむ)きは、そんな単純(たんじゅん)な関係(かんけい)で決(き)まるものではないことがわかった。

(그 후 검토에서 플랫포음의 경사는 그런 단순한 관계에서 정해지는 것이 아니라는 것을 알았다.)

とはいえ、公演(こうえん)当日(とうじつ)には出演者(しゅつえんしゃ)の家族(かぞく)以外(いがい)にも多(おお)くの観客(かんきゃく)が見物(けんぶつ)に来(き)ており、彼(かれ)らの公演(こうえん)が単(たん)に自己(じこ)の楽(たの)しみのみに終(お)わるものではないことも証明(しょうめい)されていた。

(그렇다고 하더라도 공연 당일에는 출연자의 가족 이외에도 많은 관객이 구경하러 와 있고, 그들의 공연이 단지 자기의 즐거움만으로 끝나는 것이 아닌 것도 증명되었다.)

타 번역본에서는 이 부분을 어떻게 설명하고 있는지 살펴보자.

[例]ガリラヤからは予言者(よげんしゃ)があらわれないことがわかろう。[塚本訳1963]

(갈릴리로부터는 예언자가 나타나지 않는 것을 알 것이다.)

ガリラヤから預言者(よげんしゃ)は現(あらわ)れないことがわかろう。[前田訳1978]

(갈릴리로부터 예언자는 나타나지 않는 것을 알 것이다.)

ガリラヤから預言者(よげんしゃ)は起(お)こらない。[新改訳1970]

(갈릴리로부터 예언자는 생기지 않는다.)

ガリラヤからは預言者(よげんしゃ)の出(で)ないことが分(わ)かる。[新共同訳1987]

(갈릴리로부터는 예언자가 나오지 않는 것을 알다.)

ガリラヤからは預言者(よげんしゃ)が出(で)て来(く)ることがないのを見(み)るはずだ。[岩波翻訳委員会訳1995]

(갈릴리로부터는 예언자가 나오는 일이 없는 것을 틀림없이 볼 것이다.)

〚35〛[ヨハネによる福音書 7:53]

そして、[1]人々(ひとびと)はおのおの家(いえ)に帰(かえ)って行(い)った。[ヨハネによる福音書 7:53]

(그리고 사람들은 각자 집에 돌아갔다.[7:53])

[1]人々(ひとびと)はおのおの家(いえ)に帰(かえ)って行(い)った : 사람들은 각자 집에 돌아갔다. 「おのおの[各・各々]」는 ①사람에 관해서는 「한 사람 한 사람 / 각자」의 뜻을 나타내며 유의어로는 「一人一人(ひとりひとり)」「銘々(めいめい)」「各自(かくじ)」 등이 있다.

[例]おのおのの業務(ぎょうむ)。

(각자의 업무.)

おのおの一(ひと)つずつ持(も)つ。

(각자 하나씩 가지고 있다.)

②사물에 관해서는 「하나하나 / 각각」의 뜻을 나타내며 유의어로는 「ひとつひとつ」「それぞれ」「各個(かっこ)」 등이 있다.

[例]おのおのの条項(じょうこう)を参照(さんしょう)する。

(각각의 조항을 참조하다.)

본 절에서는 ①의 용법으로 쓰이고 있다.

[例]われわれは王(おう)のもとにいるのではない。おのおのが自(みずか)らのあり方(かた)を求(もと)めるがいい。

(우리들은 왕의 곁에 있는 것은 아니다. 각자가 자신의 바람직한 태도를 구하라.)

そしておのおのが必死(ひっし)に頑張(がんば)って、痛(いた)みがあるときは痛(いた)みを共有(きょうゆう)する、そういう会社(かいしゃ)でないと、公務員(こうむいん)と民間(みんかん)とが何(なに)か敵対(てきたい)するような議論(ぎろん)になってはお互(たが)い不幸(ふこう)でありますし、公務員(こうむいん)の方(ほう)も必死(ひっし)に頑張(がんば)っておられる、そういう中(なか)で理解(りかい)できる議論(ぎろん)をされるべきだと思(おも)います。

(그리고 각자가 필사적으로 분발하여 아픔이 있을 때는 아픔을 공유하는, 그런 회사가 아니면 공무원과 민간이 무슨 적대적인 그런 토론이 되어서는 서로 불행하고, 공무원 쪽도 필사적으로 분발하고 계신, 그런 속에서 이해할 수 있는 토론이 이루어져야 한다고 생각합니다.)

真実(しんじつ)と道理(どうり)はおのおのの人間(にんげん)に共通(きょうつう)のもので、それらは、それらをはじめに言(い)った人(ひと)たちのものでも、あとから言(い)った人(ひと)たちのものでもありません。

(진실과 도리는 각자 사람에 공통적인 것으로 그것들은 그것들을 처음 말한 사람들 것도 나중에 말한 사람들의 것도 아닙니다.)

捜査員(そうさいん)はおのおの聴取(ちょうしゅ)対象者(たいしょうしゃ)の家(いえ)の前(まえ)で張(は)り込(こ)んでいたから、すべての捜査員(そうさいん)が一分(いっぷん)以内(いない)に対象者宅(たいしょうしゃたく)の呼(よ)び鈴(りん)を

鳴(な)らした。

(수사원은 각자의 청취 대상자의 집 앞에서 잠복하고 있었기 때문에 모든 수사원이 1분 이내에 대상자의 집의 초인종을 울렸다.)

# 색인

■ 한국어

### ㄱ

[가정] 267
가정조건 56, 180
가정조건을 나타내는 「〜たら」 126
강조표현 140
개시상을 나타내는 후항동사 「出(だ)す」 111
겸칭(謙称) 148
경의도(敬意度) 274
경칭 58, 170, 294
계속(동작)동사＋「〜ながら」 204
계조사(係助詞) 103
고전어의 단정의 조동사 「なり」의 연체형 124
공간상을 나타내는 「出(だ)す」 113
과거 46
관용적인 말씨 260
구체적이고 개별적인 존재 190, 262
「〜기 시작하다」의 뜻으로 쓰이는 경우 20

### ㄷ

단순 연결 173
「당분간 / 한 동안 / 오랫동안」의 의미로 쓰이는 경우 276
대구 형식 52
동격 관계 90
동사가 부정이 되면 307
동사에 「〜終(お)わる」「〜てしまう」「〜ておく」 306
동사에 「〜ている」나 복합동사 「〜続(つづ)ける」를 접속 306
동사의 부정 67, 135, 158
「동사의 テ형 ＋ 以来(いらい)」 195
동사의 ル형 46
동어 반복적인 표현 67
동일 동사가 [a]에서는 점으로, [b]에서는 폭으로 사용 305
동작주 54, 170, 171
동작주의 기점 153

### ㅁ

「막[마침] 〜하다」의 뜻으로 쓰이는 경우 19
[명령] 267
명령의 의미 255
명사성 81
명사술어문에 의한 존경표현 84
명사적 성분 90
명사적 용법 100, 228, 230
「명사 ＋ 以来(いらい)」 195
문말(文末) 제한(制限) 29
문맥지시 용법 124
문맥지시의 「あの」 226
문어체 표현 260
문장체적인 성격 225
미래 사실 286
미래에 있어서의 결과의 상태 46
미완료[미실현] 216
미완료상(未完了相) 171

### ㅂ

반어법적 형식 75
범위나 한계 241
보통체 말씨 22, 114
복수의 접미사 174
복합조사 68
[부정 ＋ 긍정]으로 연결 234

부정 명령 114
부정의지 88
부정의지를 나타내는 경우 89
부정의 「〜ず」 161
부정의 「〜ぬ」 222
부정적인 의미 34
부정추측 88
부정추측을 나타내는 경우 89
부정 표현 253
분량·정도·한도 95
비경칭 34, 57, 128, 170, 201, 294
비경칭의 「与(あた)えつつある」 132
비경칭의 「ある」동사 57
비과거(현재나 미래) 46
비칭(卑稱) 148

## ㅅ

사람의 존재 308
「사람+の+동사」 280
상태성과 동작성을 겸비 264
생리현상을 나타내는 동사의 현재형 286
수량사 94
수량사+の+명사 101
수수동사 「〜てくれる」의 특정형 139
수수표현 「〜てやる」 251
수장절(收藏節) 211
순간(변화)동사+「〜ながら」 204
시동(始動)을 나타내는 「かける」 109
<신적 예수> 78, 277
심리적인 종결 157

## ㅇ

「아직[미처] 못 끝내다 / 〜하다 말다」의 뜻으로 쓰이는 경우 20
애스펙트적 의미 216
어떤 사실의 근거 313

어떤 사실이 틀림없다는 것을 상대에게 설명하여 납득시키는 용법 268
역접 관계 173
연어(連語;れんご) 29, 169, 189
연용중지법 52
연체사(連体詞) 104
연체수식절 62
완료[실현] 216
완료[실현] 216
완료의 의미 47
음운 교체[-e / -a] 117
의문·반어·역접적 감정 242
인대명사(人代名詞) 25
인대명사적(人代名詞的) 148
일반인 277
일반인을 대상으로 쓰이는 경우 278
일종의 명령 표현 123

## ㅈ

「잠시 / 잠깐」의 의미로 쓰이는 경우 276
장막절(帳幕節) 211
점(계속되지 않다)을 나타내고자 할 때 306
점의 성질이 약해지고 폭을 나타내게 된다 307
접속법 52
접속조사 「〜のに」 136
[정중 / 현재 / 서술] 267
존재의 부정 299
주격 62
진술부사 294

## ㅊ

초막절(草幕節) 211
초시적(超時的) 용법 286
추측 200
추측·추량의 용법 92

**ㅍ**

폭(계속되고 있다)을 나타내고자 할 때 306

**ㅎ**

현 시점에서의 완료 46
형식동사「〜する」 230
형용동사성 81
형용동사적 용법 100, 228
형용사적 동사 170
화자의 의지 220

■ 숫자

**②**

2개 명사술어문 234

■ 일본어

**あ**

ああいう 284, 285
相容(あい)れないものか 242
挨拶(あいさつ)に来(き)たことがある 312
愛(あい)する愛(あい) 67
会(あ)いに来(く)る 312
証(あか)しをされる 63
証(あか)しをする 57
「証(あか)しをする」의 レル형 경어 63
証(あか)しをする方(かた) 57
証(あか)しをなさる 57
足(あし)なえ 12

与(あた)えて下(くだ)さる 139, 194
与(あた)えられるであろうが 280
与(あた)える 139
与(あた)える」와 비경칭 131
「与(あた)える」의 ナル형 경어 39, 50
与(あた)えるものか 243
暑(あつ)いものだ 317
扱(あつか)おうとしていた 206
会(あ)ったこともない 233
集(あつ)まって来(く)る 82
あなた＝イエス 200
あなたがたまでが 307
「あの」는 문맥지시 용법 292
あの先生(せんせい) 293
あのとき 293
あの人(ひと) 293
あの人(ひと)たち 293
アポイントメントをとった上(うえ)でなければ 314
あり、57
ある 292
「ある」의 과거「あった」 308
或(あ)る私立(しりつ)大学(だいがく) 257
或(あ)る場合(ばあい) 257
或(あ)る日(ひ) 257
ある人(ひと) 292
ある人(ひと)たち 256
或(あ)る人々(ひとびと) 256
ある者(もの) 292
あるものか 242
或(あ)る者(もの)ども 257
荒(あ)れ出(だ)す 111
あれは跡取(あとと)りだ 227
荒(あ)れ始(はじ)める 111
あれはよい人(ひと)だ 227
あれら 174
荒(あ)れる 111
あろうがなかろうが 260
あろうとなかろうと 260

# い

言(い)い分(ぶん) 313
言(い)う 24, 230
言(い)うが 284
言(い)うからには 214
言(い)うであろうが 279
<イエス> 30, 31
<イエス>를 높이는 경우 48
<イエス＝신적 예수> 40
<イエス＝신적 예수>를 대상으로 쓰이는 경우 278
<イエス>에 관한 경우 78
イエスに手(て)をかけた者(もの)はなかった 300
イエスのことで 296
癒(い)える 16, 21
生(い)かす 188
行(い)かずに 144
行(い)かせてください 119
行(い)かない 220
行(い)かれる 224
行(い)きかける 109
生(い)きたパン 159
生(い)きた水(みず) 288
生(い)きたもう父(ちち) 170
生(い)きている 160, 169, 170
生(い)きているパン 159
生(い)きておられる父(ちち) 170
生(い)きておられる父上(ちちうえ) 170
生(い)きてゆくことをしない 315
生(い)きとし生(い)けるもの 170
生(い)き延(の)びることができないというのは 281
生(い)きる 171
生(い)きることとなる 171
「行(い)く」의 レル형 경어 224
生(い)ける 160, 169
生(い)ける[活(い)ける]パン 159
生(い)けるがごとき面持(おももち) 169

生(い)けるがごとく 169
生(い)ける父(ちち) 170
生(い)ける水(みず) 288
以降(いこう) 196
行(い)こうと思(おも)った 299
行(い)こうとしていた 115
行(い)こうとしている 106
行(い)こうとしているのだろう 281
行(い)こうとしてしているのだろう 282
意地(いじ)の悪(わる)いこと 219
医者(いしゃ)にみてもらったところ 246
以前(いぜん)に 311
致(いた)しますまい 89
いただく 86
〜いだろう 260
言(い)ったではないか 239
言(い)ったところ 245
一丁(いっちょう) 112
言(い)っておきながら 205
言(い)っておられなかった 290
言(い)ってやった 252
いつまでも生(い)きるであろう 173
偽(いつわ)りがない 238, 239
いない 262
いないものか 243
否(いな)みはしない 141
命(いのち)を与(あた)える 188
祈(いの)りによらなければ 163
今(いま)しばらくの間(あいだ) 276
今(いま)となっては 197
癒(いや)される 16, 21
いやす 29
癒(いや)す 21, 28
「癒(いや)す」의 수동 15
以来(いらい) 194, 196
依頼(いらい)したところ 247
「いる」동사 190
「いる」의 부정 262

「いる·行(い)く·来(く)る」의 특정형 경어 109
入(い)れる 18
言(い)わずに 143
言(い)わせぬ 224
言(い)わない 220
言(い)わなければ 164
イングランドの出(で) 316
インド出(で) 316

## う

～上(うえ)[で] 313
飢(う)える 135
飢(う)えることがなく 135
受(う)け入(い)れようとはしない 138
受(う)けながら 69
受(う)けることはしない 67
動(うご)かす 14
動(うご)く 14
失(うしな)わずに 143
失(うしな)わないで 143
～うち 241
移(うつ)っている 46
～うとした 60
～うとする 60, 83
～{うよう}とされなかった 209
裏切(うらぎ)る 206
裏切(うらぎ)ろうとしていた 206
恨(うら)みはしない 141
うわさ[噂]が立(た)つ 226
うわさが立(た)った 227
噂(うわさ)している 273
噂(うわさ)する 272, 273
噂(うわさ)をしている 273
噂(うわさ)をする 273
噂(うわさ)をすれば影(かげ)がさす 273
うわべだけで 254
上辺(うわべ)だけの軽(かる)い友情(ゆうじょう)

254
うわべで 254
うわべを見(み)るが 254

## え

永遠(えいえん)に生(い)きる 173
永遠(えいえん)の命(いのち)がある 155
永遠(えいえん)の命(いのち)を得(え)る 146
「栄光(えいこう)を受(う)けている」의 레루형 경어 290
栄光(えいこう)を受(う)けておられる 290
得(え)させる 118
一得(え)ない 218
怨恨(えんこん)を抱(いだ)く者(もの)があった 309

## お

お与(あた)えになる 39, 50
おいでになる 109, 121
王(おう)にしようとしている 106
多(おお)いのではなかろうか 259
多(おお)かろう 261
多(おお)くの 270
多(おお)くの者(もの) 270
起(お)きぬ 223
置(お)くために 126
お答(こた)えになる 31
行(おこな)うために 126
行(おこな)おうと思(おも)う 235
行(おこな)ったよりも 271
行(おこ)なっているのではなかろうか 259
抑(おさ)えようとしているのだろうか 282
「教(おし)えている」의 레루형 경어 174
教(おし)えておられる 174
教(おし)えてやった 252
教(おし)え始(はじ)められる 231
「教(おし)え始(はじ)める」의 레루형 경어 231

教(おし)えられる 152
「教(おし)える」의 수동 152
教(おし)えるものか 243
お示(しめ)しになる 38
恐(おそ)れることはない 114
お遣(つか)わしになる 277
「お〜です」유형의 경어 201
弟(おとうと)の奥(おく)さんのことで 297
おのおの[各·各々] 319
各々(おのおの) 53
お上(のぼ)りになる 10
お乗(の)りになる 116
おぼれ死(し)んでしまった 157
お目(め)にかかった上(うえ)で 314
思(おも)う者(もの)もいたが、手(て)をかける者(もの)はなかった 300
面白(おもしろ)がりはしても 141
お持(も)ちです 201
お持(も)ちになっている 49
思(おも)った者(もの)もいたが 300
思(おも)ったよりも 271
思(おも)っていなかった 291
親(おや)の障害(しょうがい)にならないように 99
お許(ゆる)しになった 49
お許(ゆる)しになりますまい 89
おられる 57
お分(わ)かりになりましょう 92
負(お)わせながら 205
終(お)わりの大(おお)いなる日(ひ) 286
終(おわ)りの大事(だいじ)な日(ひ) 286
「終(おわ)りの日(ひ)」와「大事(だいじ)な日(ひ)」가 동격 관계로 결합 286
終(おわ)りの日(ひ)に蘇(よみがえ)らせる 150
終(お)わるものではない 318
女(おんな)のことで 297

## か

〜が 284
〜があなたがたのつまずきになる 179
〜があなたがたを{つまずきにする·つまずかせる} 179
外国人(がいこくじん)ら 226
書(か)いてある 296
書(か)いてあるとおり 130
帰(かえ)って行(い)く 301
帰(かえ)っておられなかった 290
帰(かえ)って来(く)る 300
帰(かえ)らせなさい 93
帰(かえ)らない 220
買(か)おうと思(おも)う 235
買(か)おうと思(おも)った 298
買(か)おうとしていた 115
〜かかる 19
学園(がくえん)紛争(ふんそう)が発生(はっせい)しました 298
各自(かくじ) 319
拡大(かくだい)させるからには 214
書(か)くのなら 251
学問(がくもん)する 232
学問(がくもん)をしたこともない 233
学問(がくもん)をする 231
隠(かく)れて 213
「隠(かく)れる」의 テ형 213
駆(か)け込(こ)み乗車(じょうしゃ)しようとしていた 207
〜かける 18
書(か)こうとしているのだろう 282
過大(かだい)とならないように 99
肩(かた)を叩(たた)く者(もの)があった 309
課長(かちょう)にもなっておられなかった 290
各個(かっこ) 319
割礼(かつれい)を受(う)けるのなら 250
割礼(かつれい)を施(ほどこ)す 248

327

悲(かな)しい思(おも)いをさせない 220
<神(かみ)> 31, 127, 277
<神(かみ)>를 높이는 경우 48
<神(かみ)>를 대상으로 쓰이는 경우 277
<神(かみ)>에 관한 경우 78
<神(かみ)[하나님]> 78
神(かみ)と等(ひと)しいものとされる 34
「神(かみ)と等(ひと)しいものとする」のレル형 경어 34
神(かみ)の聖者(せいじゃ) 202
神(かみ)のわざ 126, 128
～がよい 255
～から 54, 153
体(からだ)を横(よこ)たえる 13
～からである 75, 215
～からです 75
～からといって 252
～からには 214
仮庵(かりいお)の祭(まつり) 211
借(か)りに来(き)たことがある 312
ガリラヤ出(で) 315
ガリラヤの出身(しゅっしん) 316
ガリラヤの出(で) 316
家令(かれい)がいた 309
彼(かれ)ら 225
彼(かれ)を信(しん)じた者(もの)があった 308
渇(かわ)く 135, 286, 287
渇(かわ)くことがない 135
買(か)わずに 143
買(か)われないように 250
考(かんが)えていなかった 291
考(かんが)えようとしていた 206
考(かんが)えられていたよりも 271
感(かん)じないというのは 281
感謝(かんしゃ)する 118

## き

聞(き)いた上(うえ)でなければ 314
聞(き)いたことはない 233
聞(き)いたところ 245, 247
聞(き)いていたよりも 271
聞(き)いていられようか 177
「聞(き)いている」의 가능표현 176
聞(き)いていることができようか 177
聞(き)いておられよう 177
聞(き)いておられようか 176
聞(き)いておられる 176
議員(ぎいん)たちは 258
着替(きか)えをさせ 130
聞(き)かずに 144
気(き)が済(す)まぬ 223
聞(き)く; 듣다 274
聞(き)くが 284
聞(き)くがよい 123
聞(き)けよう 177
来(きた)る 104
来(きた)るべき 105
気(き)づかれないように 250
着(き)ていない 221
気(き)に入(い)る 40
決(き)まるものではない 318
気味(きみ)の悪(わる)いこと 219
休日(きゅうじつ)であろうが、なかろうが 260
強調(きょうちょう)しようと計(はか)った 269

## く

下(くだ)さい 133
下(くだ)さる 133
下(くだ)っていなかった 290
下(くだ)っている 290
下(くだ)って来(く)る 132
下(くだ)る 132

朽(く)ちない食物(しょくもつ) 123
口(くち)にする 230
朽(く)ちる食物(しょくもつ) 123
悔(くや)しかろう 261
悔(く)やみはしない 141
〜くらい 95
暮(くら)すのなら 251
「来(く)る」의 경어 109
「来(く)る」의 특정형 경어 121
来(く)るがよい 256
「くれる」의 특정형 경어 133
群衆のうちに紛争おこりたり 297

## け

ゲームばかりするものではない 318
結婚(けっこん)もさせた 130
決(けっ)して 134
決(けっ)して与(あた)えられない 134
決(けっ)して死(し)を味(あじ)わわない 135
血栓(けっせん)溶解術(ようかいじゅつ)を施(ほどこ)し 249
元気(げんき)にする 29

## こ

こういう 284, 285
高校(こうこう)出(で) 316
公然(こうぜん) 228
公然(こうぜん)たる 229
公然(こうぜん)と 228
公然(こうぜん)の 228
公然(こうぜん)の課題(かだい) 230
公然(こうぜん)の事実(じじつ) 230
公然(こうぜん)の失業(しつぎょう) 230
公然(こうぜん)の敵(てき) 230
公然(こうぜん)の秘密(ひみつ) 230
漕(こ)ぎ出(だ)す 113

午後(ごご)3時(さんじ)までに 303
午後(ごご)3時(さんじ)までに 303
心(こころ)に適(かな)う 40
ご自分(じぶん) 48
ご自分(じぶん)で 63
ご承知(しょうち)だ 84
ご承知(しょうち)である 84
こそ 103
答(こた)えられる 30, 203
「答(こた)える」のレル形 경어 30, 203
〜ことができようか 70
〜ことができるだろうか 160
〜ことがない 114, 135
〜ことがなく 135
ことごとく[尽く] 146
〜ことはない 67, 158
断(ことわ)ったところ 246
〜ことをしない 314
この方(かた) 294
この方(かた)はキリストである 293
このために 33
この人(ひと) 294
この森(もり)の出(で) 316
拒(こば)みはしない 140
堪(こら)える事(こと)が出来(でき)ましょう 93
ごらん[御覧] 27
ごらんなさい 27
これ 124
これら 174
これらのこと 174
これらの事(こと) 174
殺(ころ)そうと思(おも)っているものか 242
殺(ころ)そうとしている 106
怖(こわ)いものだ 317
今回(こんかい)のことで 296
こんなに朝(あさ)早(はや)く 92
こんなに多(おお)くの人(ひと) 91
こんなに大勢(おおぜい) 91

こんなに大勢(おおぜい)の人(ひと) 91
こんなにたくさんの馬鈴薯(じゃがいも) 91
こんなに夜(よる)遅(おそ)く 91
コンビニではなかろうか 259

**さ**

最後(さいご)最大(さいだい)の日(ひ) 286
最後(さいご)の大祭(たいさい)の日(ひ) 286
探(さが)し出(だ)そうとしていた 206
捜(さが)すが 284
捜(さが)すであろうが 279
蔑(さげす)みはしない 141
避(さ)けられますまい 89
避(さ)けるために 126
ささやき始(はじ)める 147
させうるか 161
させることができようか 161
させることができるのか 161
定(さだ)めておられる 32
さて 80, 210
悟(さと)らず 162
悟(さと)らなければ 163
悟(さと)るがよい 124
座(ざ)に着(つ)かれる 79
「座(ざ)に着(つ)く」のレル形 경어 79
裁(さば)かれる 44
裁(さば)かれることがなく 44
裁(さば)き 41
裁(さば)きをする 55
裁(さば)きをするがよい 255
裁(さば)く 41, 254
「裁(さば)く」의 수동 44
裁(さば)くことをしない 314
寒(さむ)かろう 261
去(さ)ろうとする 199

**し**

自覚(じかく)しておられなかった 290
時間(じかん)がかかるものだ 318
事件(じけん)のことで 296
〜しそうになる 19
従(したが)うものか 243
したではないか 240
したところ 247
下役(したやく) 274
下役(したやく)たち 275
下役(したやく)ども 274, 275
下役(したやく)ら 275
したらよいでしょうか 127
しつかりして下(くだ)さらなければ 150
実践(じっせん)しているのではなかろうか 259
知(し)った。[과거] 267
知(し)った上(うえ)でなければ 314
知(し)っていた 266
知(し)っていない 265
知(し)っていない。[テ形 / 부정] 266
知(し)っている 265
「知(し)っている」의 레루形 경어 191
知(し)っている。[テ形] 266
知(し)っておられる 31, 191
失敗(しっぱい)して来(き)たではないか 240
指導者(しどうしゃ)たちは 258
死(し)なない 220
死(し)なぬ 223
死(し)ぬことはない 158
死(し)のうと思(おも)った 299
死(し)のうとしていた 115
死(し)のうと計(はか)った 269
しばらく 276
しばらくしてから 276
しばらくですね 276
しばらくぶりで 276
縛(しば)り上(あ)げなければ 162

自分勝手(じぶんかって)に 264
自分(じぶん)から 263
自分(じぶん)からは 54
自分(じぶん)で 63, 264
自分(じぶん)で勝手(かって)に 264
清水(しみず) 288
「示(しめ)す」의 ナル형 경어 38
<主(しゅ)＝イエス> 118
集合(しゅうごう)させなさい 93
十分(じゅうぶん) 98
十分(じゅうぶん)だ 97
十分(じゅうぶん)に 97
手術(しゅじゅつ)を施(ほどこ)し 249
「巡回(じゅんかい)している」의 레루형 경어 209
巡回(じゅんかい)しておられた 209
巡回(じゅんかい)しておられる 209
巡回(じゅんかい)しようとはされなかった 209
巡回(じゅんかい)しようとはしなかった 209
上演(じょうえん)するからには 214
証言(しょうげん)される 58
承知(しょうち)しておられる 84
〜しようとする 19
丈夫(じょうぶ)にしてやった 251
証明(しょうめい)される 58
証明(しょうめい)してくださる 57
食卓(しょくたく)に着(つ)こうとされなかった 210
処置(しょち)を施(ほどこ)し 249
知(し)らず 265
知(し)らずに 144
知(し)らない 265, 310
知(し)らない。[부정] 265
知(し)らぬ 223, 310
知(し)らぬ。[부정] 265
調(しら)べたところ 245
しらべてみよ 317
調(しら)べてみよ 317
調(しら)べましたところ 246
調(しら)べようとしていた 207

知(し)られる 265
知(し)り得(え)ないが 219
退(しりぞ)かれる 107
「退(しりぞ)く」의 레루형 경어 107
知(し)りたい 266
知(し)りながら 205, 266
知(し)りました。[정중 / 과거] 267
知(し)ります 267
知(し)りもしない 140
「知(し)る」라는 동사 264
知(し)る。[종지 / 격언] 266
知(し)る。[종지 / 서술] 266
知(し)る人(ひと)ぞ知(し)る日本(にほん)ブランド
　　　がある。[연체] 266
知(し)れ 267
知(し)れば 267
知(し)ろう。[의지 / 권유] 265
知(し)ろう。[추측] 265
「真実(しんじつ)だ」의 문장체 표현 238
真実(しんじつ)である 238
真実(しんじつ)の 166
信(しん)じていなかったからである 215
信(しん)じている 215
信(しん)じてくださらなければ 150
信(しん)じない者(もの)がいる 190
信(しん)じようとはしない 137
診断(しんだん)を受(う)けたこともない 233
死(し)んでしまう 157
死(し)んでしまった 157

〜ず 116
過(す)ぎ去(さ)らせなさい 93
「救(すく)う」의 수동 59
少(すく)なかろう 261
救(すく)われる 59
過(す)ごすがよい 256

331

進(すす)んで行(い)こうとしたところ 246
スタディオン 113
すでに 47, 197
既(すで)に 198
〜ずに 143
する 55, 58
「する」의 특정형 경어 35, 78
スル적 표현 179
〜(する)な 71
座(すわ)らせなさい 93
座(すわ)らせる 93
「座(すわ)る」의 사역 93

● せ

正常化(せいじょうか)した上(うえ)でなければ 314
聖書(せいしょ)が言(い)っている 296
聖書(せいしょ)が、〜と言(い)った 296
聖書(せいしょ)に書(か)いてある 295
[聖書(せいしょ)をよく]調(しら)べてみなさい 317
盛大(せいだい)な最終日(さいしゅうび) 286
聖霊(せいれい)なる神(かみ)さま 124
聖霊(せいれい)によって生(い)き 171
せずに 144
説明(せつめい)を施(ほどこ)す 248
責(せ)める 30
責(せ)めを負(お)うものでもございますまい 89
先進国(せんしんこく)になろうとしている 106
全身(ぜんしん)をも 44
先方(せんぽう)の話(はな)しておられたこと 280

● そ

艘(そう) 116
そういう 284, 285
そうしなければ 164
創造者(そうぞうしゃ)なる神(かみ) 125

相談(そうだん)した上(うえ)で 313
属(ぞく)しながら 205
育(そだ)っていなかった 291
そっと 26
外(そと)へ出(だ)すことをしないで 315
備(そな)わっている 217
その上(うえ) 110
そのうちから 288
そのお腹(なか)から 288
その方(かた) 58
その結果(けっか) 29
その後(ご) 208
そのことで 178
そのため 29
その後(のち) 208
その腹(はら)から 287
その人(ひと) 58
その人(ひと)の内(うち)から 288
その人(ひと)の心(こころ)の奥底(おくそこ)から 288
その人(ひと)の内部(ないぶ)から 288
そのわけは 37
それ 25
それぞれ 53, 319
それだから 192
それだのに 240
それで 29
それであるから 192
それとも 236
「それなのに」의 고풍스러운 말씨 240
それによって 39
それら 120, 174
それらのガリラヤ人(びと) 120
それらの小舟(こぶね) 120
それらの人殺(ひとごろ)しども 120
それらのもの 120
それをも 44

## た

~だ 22, 36, 114
大学(だいがく)出(で) 316
大切(たいせつ)なものだ 317
逮捕(たいほ)しようとした 115
倒(たお)れてしまったではないか 240
だから 192
~だけ 95
~たことがある 312
~たこともない 233
助(たす)けてくださらなければ 150
尋(たず)ねたところ 245
尋(たず)ねて来(き)ている 122
尋(たず)ねる+来(く)る+いる 122
ただ聞(き)くままに 55
~たち 225, 274
立(た)ち行(ゆ)けず 161
~たところ 244
「~たところ」가 순접으로 쓰이는 경우 245
「~たところ」가 역접으로 쓰이는 경우 246
楽(たの)しかろう 261
頼(たの)みとしている 74
頼(たの)もうと思(おも)う 236
食(た)べさせた 130
食(た)べさせようか 82
食(た)べさせる 82, 118, 119, 129, 160
食(た)べたが死(し)んでしまった 172
食(た)べたのに死(し)んでしまった 173
食(た)べて死(し)んだ 173
食(た)べて残(のこ)る 101
食(た)べなければ 163
食(た)べ残(のこ)し 101
食(た)べ残(のこ)す 101
食(た)べようと思(おも)う 299
「食(た)べる・飲(の)む」의 겸양어Ⅱ 86
「食(た)べる」의 사역 82, 118, 129
騙(だま)されないように 250
騙(だま)される 308
騙(だま)されることになりましょう 92
「騙(だま)す」의 수동 308
試(ため)す 83
試(ため)そうとして 83
ためである 142
ためではなく 142
~ために 52, 126
頼(たよ)りにしている 74
~たら 180
足(た)りますまい 88
足(た)りる 86
足(た)る 86
だれか 25
だれがあなたがたを惑(まど)わしたのか 228
だれかが父(ちち)を見(み)たのではない 154
だれのところに行(い)きましょう 200
だれ一人(ひとり)手(て)をかける者(もの)はなかった 299
「~だろうが」의 문어체 표현 279

## ち

小(ちい)さな子供(こども)までが 307
「近(ちか)づいて来(く)る」의 레루형 경어 113
近(ちか)づいて来(こ)られる 113
近寄(ちかよ)ったところ 245
力(ちから)になって下(くだ)さらなければいけません 150
<父(ちち)> 43
父親(ちちおや)のことで 297
<父(ちち)=神(かみ)> 35, 39, 49, 55, 170
父(ちち)から聞(き)く 153
父(ちち)から学(まな)ぶ 153
父(ちち)がわたしに成就(じょうじゅ)させる 61
父(ちち)がわたしを遣(つか)わされた 62
<父(ちち)なる神(かみ)> 125
父(ちち)なる神(かみ) 124

父(ちち)によって生(い)き 170
父(ちち)のわたしを遣(つか)わされた 62
父(ちち)をも 43
着手(ちゃくしゅ)しようとはしない 138
町[丁](ちょう) 112

## つ

使(つか)いたち 275
使(つかい)をやり、59
司(つかさ)たちは 258
遣(つか)わされたから 268
遣(つか)わされたのだから 268
遣(つか)わされる 43, 127
遣(つか)わしたからです 268
遣(つか)わしたのだからである 268
「遣(つか)わす」のナル形 경어 277
「遣(つか)わす」のレル形 경어 43, 127
作(つく)ったよりも 271
告(つ)げ口(ぐち)をする者(もの)があった 309
都合(つごう)の悪(わる)いこと 219
つぶやいてはいけない 149
つぶやきはじめる 147
つまずかせる 180
つまずきになる 179
つまずく 180
罪(つみ)を犯(おか)す 27
連(つ)れて行(い)かなかった 302
連(つ)れて行(い)く 302
連(つ)れて来(く)る 301, 302
連(つ)れて来(こ)ない 302
連(つ)れて来(こ)なかった 301, 302

## て

手当(てあ)てを施(ほどこ)し 249
〜であなたがたがつまずく 179
〜てある 130

〜である 36
である 234
出歩(である)かぬ 223
〜であれば 36
〜であろうが 279
〜ている 47, 106
〜ておられようか 176
〜ておられる 31
「〜ておられる」유형의 경어 201
出(で)かけはした 140
〜できようか 160
〜て下(くだ)さいますか 129
〜て下(くだ)さった 24
〜て下(くだ)さらなければ 150
〜て下(くだ)さる 24, 139, 150, 194
〜てくれる 18
〜てしまう 157
ですから 192
出(で)て行(い)かれる 26
出(で)て行(い)く 26
手(て)にする 231
〜ては{いかがです・いかがですか} 212
〜てはいけない 27, 71, 149
「〜てはいけない」의 의미・용법 72
〜ては{どうです・どうですか} 212
〜ではないか 239
「〜ではないだろうか」의 문어체적 표현 258
〜ではなかろうか 258
ではなく 234
〜てはならない 73
「〜てやった」251
手(て)をかける 269

## と

〜とある 296
〜というのは 281
どういう 284, 285

答弁(とうべん)できないというのは 281
同様(どうよう)だ 42
時(とき)に 80, 210
どこの出(で) 316
何処(どこ)までが 307
～ところ 244
ところで 80, 210
～とされる 34
「-{と・たる}」계열의 형용동사적 용법 228
～と同様(どうよう)に 43
整(ととの)えさせる 118
整(ととの)えてやった 252
とどまっていない 64
「とどまっている」의 レル형 경어 221
とどまっておられる 221
～とは限(かぎ)らない 253
～と・～ば・～たら・～なら 180
止(と)めようとはしない 138
～ども 274
捕(とら)えようと思(おも)う 298
捕(とら)えようと計(はか)ったが 269
取(と)り上(あ)げる 20
努力(どりょく)の上(うえ)に 314
取(と)ろうと思(おも)う 236

「～な」 73
～ないで 254
治(なお)して下(くだ)さった 24
治(なお)す 24
直(なお)す 29
なかった 299
～ながら 70, 204
流(なが)れ出(だ)す 288
流(なが)れ出(で)る 288
～なかろう 259
なくなることがなく 135

～なければ 162
～なさい 93
なさる 35, 58, 78
なぜかというと 37
なぜなら 37
なぜならば 37
なっているであろうが 279
撫(な)でてやった 252
何(なに)になりましょう 92
何(なに)も言(い)わない 258
何(なに)をしたらよいでしょうか 127
何(なに)をしようとしているのだろう 282
悩(なや)む 16
ならば 56
成田離婚(なりたりこん)」とならないように 99
なる 124
ナル적 표현 179
ナル형 경어 128
ナル형 경어 「お与(あた)えになる」 132
ナル형 경어 「お遣(つか)わしになる」 128
ナル형 경어 「お上(のぼ)りになる」 10
ナサル형 경어 「感謝(かんしゃ)なさる」 118
何時(なんじ)まで 303
なんとなれば 37
何(なん)の役(やく)にも立(た)たない 189

に

に 303
にいながら 205
憎(にく)み得(え)ない 218
憎(にく)むことができない 218
～に足(た)らない 87
～に足(た)りない 87
～に足(た)りる 86
～に足(た)る 86
～に[と]ならないように 98
～には及(およ)ばない 51

335

日本(にほん)へ来(き)てしばらくは 276
～によって 68, 170, 171
～によれば 312

**の**

「～の」 62
～のことで 296
望(のぞ)みをおいている 74
望(のぞ)みをかけて(いる) 74
臨(のぞ)むことをしない 315
望(のぞ)むのなら 251
～のだから 75
乗(の)っていくがよい 255
～のである 74, 268
喉(のど)が渇(かわ)く 286
～のなら 251
上(のぼ)られる 10
上(のぼ)る 10
飲(の)まなければ 162, 163
飲(の)むがよい 256
飲(の)もうとされなかった 210
乗(の)りさえすれば 140
「乗(の)る」의 ナル形 경어 116
「呪(のろ)う」의 수동 310
呪(のろ)われる 310

**は**

入(はい)りかける 18
計(はか)る 269
迫害(はくがい)する 30
始(はじ)まろうとしていた 206
はじめようとはしない 138
～始(はじ)める 147
「働(はたら)いている」의 レル形 경어 31
働(はたら)いておられる 31
働(はたら)くがよい 123

働(はたら)くものだ 317
話(はな)さずに 144
話(はな)さない 220
話(はな)したところ 247
話(はな)すが 284
～は～におり、～も～におる 167
バプテスマを施(ほどこ)す 248
歯磨(はみが)きをさせて 130
早(はや)かろうが遅(おそ)かろうが 260
速(はや)めようと思(おも)う 236
反論(はんろん)してやった 252

**ひ**

引(ひ)きよせて下(くだ)さらなければ 150
引(ひ)き寄(よ)せる 150
否定(ひてい)し得(え)ないが 219
ひどい 175
ひどい言葉(ことば)だ 175
人(ひと)からの誉(ほま)れ 66
一(ひと)つになれるものか 243
ひとつひとつ 319
人(ひと)に惑(まど)わされない 227
人(ひと)の噂(うわさ)も七十五日(しちじゅうごにち) 273
人目(ひとめ)に立(た)たぬ 222
人(ひと)ら 225
一人(ひとり)でありながら 204
一人一人(ひとりひとり) 319
一人(ひとり)もいない 262
人(ひと)を生(い)かす 188
人(ひと)を送(おく)ったが、59
人(ひと)を裁(さば)かないで 254
人(ひと)を遣(つか)わし、59
人(ひと)を遣(つか)わしたが 59
人(ひと)をやりましたが、59
評価(ひょうか)していなかった 291
病気(びょうき)が移(う)つる 15

病気(びょうき)が治(なお)る 15
病気(びょうき)にかかる 15
病気(びょうき)になる 15
病気(びょうき)を移(うつ)す 15
病気(びょうき)を治(なお)す 15
表出(ひょうしゅつ)できないというのは 281
病人(びょうにん) 11

**ふ**

拭(ふ)いてやった 251
不義(ふぎ)がない 239
不死(ふし)なる神(かみ) 124
不正(ふせい)がありません 239
不遜(ふそん)なのではなかろうか 259
舟(ふな) 117
舟(ふな)― 117
船出(ふなで) 117
船出(ふなで)する 117
「船(ふね)」의 피복형 117
父母(ふぼ) 148
増(ふ)やそうとしているのだろうか 282
触(ふ)れておられなかった 290
分争(ふんそう) 297
紛争(ふんそう) 297
紛争(ふんそう)が起(お)きた 297
紛争(ふんそう)が起(お)こった 297
分争(ふんそう)が生(しょう)じた 297
紛争(ふんそう)が生(しょう)じる 298

**へ**

勉強(べんきょう)しなければなりますまい 89

**ほ**

〜ほど 95
ほど 94

滅(ほろ)びることがない 136
本当(ほんとう)の 166

**ま**

〜まい 88
前(まえ)に 311
負(ま)けない 220
まこと[真]の 166
まことの食物(しょくもつ) 165
まことの飲(の)み物(もの) 165
まさか 294
まさか〜ないだろう 294
〜ましょう 200
ましょう 92
まだ安定(あんてい)していない 221
まだ確定(かくてい)していない 221
まだ〜ていない 221
まだ〜てない 215
まだ満(み)たされてはいない 221
まだわかっていない 221
間近(まぢか) 81
間近(まぢか)い 81
間違(まちが)いをするものだ 318
真(ま)っ先(さき) 14
まで 303, 304
「まで」; 폭(幅) 304
まで+폭(계속되고 있다)을 나타내는 동사 306
〜までが 307
〜までに 303
までに 303
「までに」; 점(点) 304
「までに」와「まで」 304
までに+점(계속되지 않다)을 나타내는 동사 306
まで·までに 303
惑(まど)わす 227

337

学(まな)び得(え)ないが 218
学(まな)ぼうとしていた 206
招(まね)くであろうが 279
周(まわ)りの迷惑(めいわく)にならないように 98
満足(まんぞく)に思(おも)う 40

## み

み声(こえ) 64
見(み)させた 130
水(みず)が動(うご)く 14
み姿(すがた) 64
水(みず)を動(うご)かす 14
見(み)せようとした 114
見(み)たこともない 233
見(み)ていなかった 291
認(みと)めず 162
認(みと)めようとはしない 137
見(み)に行(い)ったことがありません 312
見(み)に出(で)かけたことがあった 312
耳(みみ)にした 231
耳(みみ)にする 274
御旨(みむね) 55
見(み)もしない 140
見破(みやぶ)る 179
見(み)ようとしている 107
見(み)ようとはしない 138
見(み)られぬ 223

## む

迎(むか)えようとした 114
向(む)けさせた 130
無駄(むだ) 99

## め

命(めい)じたではないか 240
命(めい)じておられる 32
銘々(めいめい) 53, 85, 319
めぐっていた 209
巡(めぐ)っておられた 209
目(め)に立(た)つ 222
「めんめん(面面)」의 음변화(音変化) 85

## も

もう 47, 197, 198
盲人(もうじん) 12
「もう」・「既(すで)に」・「最早(もはや)」 198
もう〜た 47, 216
もうとっくに 47
もし 56
「もし〜たら」 184
「もし〜と」 180
「もし〜なら」 186
「もし〜ば」 182
もし〜見(み)たら 180
モーセの書(か)いたもの 76
モーセの書(しょ) 76
持(も)っている 201
「持(も)っている」의 ナル形 경어 49
持(も)っておられます 201
最(もっと)も盛大(せいだい)に祝(いわ)われる終(お)わりの日(ひ) 286
持(も)つのなら 251
戻(もど)ろうと思(おも)う 236
〜ものか 242
「〜ものだ」의 부정 317
〜ものではない 317
〜者(もの)には、永遠(えいえん)の命(いのち)があり 164
〜者(もの)は、永遠(えいえん)の命(いのち)を得

(え)る 165
~者(もの)は、永遠(えいえん)の命(いのち)を持(も)つ 165
者(もの)もあったが、手(て)をかける者(もの)はなかった 300
もはや 199
もはや[最早] 197
「もらう」の 겸양어 I 86

● や

役(やく)に立(た)つ 189
役(やく)に立(た)つというのなら 251
役(やく)に立(た)つものか 243
役人(やくにん)たち 275
役人(やくにん)たちは 258
休(やす)ませなさい 93
休(やす)むがよい 123
痩(や)せ衰(おとろ)える 13
やってもよかろうと 260
破(やぶ)った 34
破(やぶ)っていた 34
破(やぶ)っている 34
破(やぶ)っておられる 34
破(やぶ)られないように 250
破(やぶ)られる 33, 250
破(やぶ)る 33, 34
「破(やぶ)る」의 수동 250
やめなさい 149
やめよ 149
やめようと思(おも)ってもやめられません 299
やめようとはしない 138
やろうとしている 106

● ゆ

誘拐(ゆうかい)しようと思(おも)った 299
優勝(ゆうしょう)できたではないか 240

委(ゆだ)ねられる 42, 125
「委(ゆだ)ねる」의 レル形 경어 42, 125
ユダヤ人(じん)ら 225
赦(ゆる)されず 162
「許(ゆる)す」의 ナル形 경어 49

● よ

よいでしょうか 126
~ようと思(おも)う 298
~ようとした 114
~ようとしない 137
~ようとする 106, 137
~ようともしない 65
よかろうと悪(わる)かろうと 260
よく調(しら)べてみなさい 317
予言者(よげんしゃ)があらわれないことがわかろう 318
預言者(よげんしゃ)が出(で)て来(く)ることがないのを見(み)るはずだ 319
預言者(よげんしゃ)の書(しょ) 151
預言者(よげんしゃ)の出(で)ないことが分(わ)かる 319
預言者(よげんしゃ)は現(あらわ)れないことがわかろう 318
預言者(よげんしゃ)は起(お)こらない 319
預言書(よげんしょ ; Prophetical Books) 151
横(よこ)たえる 13
横(よこ)になる 17
予想(よそう)していたよりも 272
[[世(よ)の行(おこな)い]の[悪(わる)い]]こと 219
呼(よ)ばない 220
呼(よ)ばれる 11
「呼(よ)ぶ」의 수동 11
読(よ)まずに 144
読(よ)ますわけにもいきますまい 89
読(よ)み終(お)わっていない 221
蘇(よみがえ)って 52

蘇(よみがえ)らせる 144
蘇(よみがえ)り 52
「蘇(よみがえ)る」의 사역 144
喜(よろこ)び楽(たの)しむ 60
宜(よろ)しい 23
よろしくない 23

## ら

〜ら 174

## り

理解(りかい)したよりも 272
離散(りさん)する 282
利用(りよう)しようとしている 107
両親(りょうしん) 148

## れ

レル형 경어 128
レル형 경어「与(あた)えられる」 132
レル형 경어「言(い)われる」 24
レル형 경어「感謝(かんしゃ)される」 118
レル형 경어「される」 35, 78
レル형 경어「上(のぼ)られる」 10
連絡(れんらく)したところ 247

## ろ

60間(ろくじゅっけん) 112

## わ

弁(わきま)えない 309
弁(わきま)える 309
分(わ)け与(あた)えられる 96
分(わ)け与(あた)える 95

「分(わ)け与(あた)える」의 レル형 경어 96
〜わけではない 253
患(わずら)う 17
忘(わす)れていたような人(ひと)までが 308
わたしが命(いのち)のパンである 156
わたしが父(ちち)によって生(い)きているように 170
私(わたし)自身(じしん)から 264
わたしによって生(い)きよう 171
わたしによって生(い)きる 171
わたしの言(い)うこと 280
わたしのいる 280
わたしのいる所(ところ) 280
わたしの感(かん)じた疑問(ぎもん) 280
わたしの父(ちち)＝神(かみ) 131
わたしの肉(にく) 160
わたしは命(いのち)のパンである 156
わたしを捜(さが)すが 284
渡(わた)られる 77
「渡(わた)る」의 レル형 경어 77
笑(わら)いでもした 140
われら 225

## を

〜を知(し)っている 267

# 참고문헌 일람

다국어 성경(Holy-Bible) : www.holybible.or.kr/B_SAE/
대한성서공회(2001)『표준새번역 성경』대한성서공회. www.basicchurch.or.kr/%EC%83%
　　　　　88%EB%B2%88%EC%97%AD-%EC%84%B1%EA%B2%BD/
대한성서공회(2002)『한일대조 성경전서』(개역개정판/신공동역) 대한성서공회.
GOODTV 온라인성경 : goodtvbible.goodtv.co.kr/bible.asp
생명의말씀사 편집부(1982)『현대인의성경』생명의말씀사.
GODpia 성경 : bible.godpia.com/index.asp#popup
李成圭(1993~1996)『東京日本語1, 2, 3, 4, 5』時事日本語社.
＿＿＿等著(1995)『現代日本語研究1, 2』不二文化社.
＿＿＿等著(1996)『홍익나가누마 일본어1, 2, 3』홍익미디어.
＿＿＿等著(1996)『홍익나가누마 일본어1, 2, 3 해설서』홍익미디어.
＿＿＿等著(1997)『홍익일본어독해1, 2』홍익미디어.
＿＿＿(1998)『東京現場日本語1』不二文化社.
＿＿＿(2000)『東京現場日本語2』不二文化社.
＿＿＿(2003a)『도쿄 비즈니스 일본어1』不二文化.
＿＿＿(2003b)『日本語受動文の研究』不二文化.
＿＿＿(2003c)『日本語 語彙Ⅰ- 日本語 実用文法の展開 Ⅱ-』不二文化.
＿＿＿(2006a)「使役受動의 語形에 대한 일고찰」『日本学報』68輯 韓国日本学会. pp. 69-80.
＿＿＿(2006b)「使役受動 語形의 移行에 대하여」『日本学報』69輯 韓国日本学会. pp. 67-82.
＿＿＿(2007a)「日本語 依頼表現 研究의 課題」『日本学報』70輯 韓国日本学会. pp. 111-124.
＿＿＿(2007b)「〈お/ご~くださる〉계열의 서열화 및 사용가능성에 대해」『日本学報』71輯
　　　　韓国日本学会. pp. 93-110.
＿＿＿(2007c)『일본어 의뢰표현Ⅰ- 肯定의 依頼表現의 諸相 -』시간의물레. pp. 16-117.
＿＿＿(2008a)「일본어 의뢰표현의 유형화 및 서열화에 대해 -〈てくれる〉계열〈てもらえる〉
　　　　계열을 대상으로 하여 -」『日本学報』74輯 韓国日本学会. pp. 17-34.
＿＿＿(2010a)「「おっしゃる」와「言われる」의 사용상의 기준 - 신약성서(신공동역)의 4복음

서를 대상으로 하여 - 」『日本学報』82輯 韓国日本学会. pp. 99-110.

_____(2010b)「잉여적 선택성에 기초한「なさる」와「される」의 사용상의 기준 - 신약성서(신공동역)의 4복음서를 대상으로 하여 - 」『日本学報』84輯 韓国日本学会. pp. 209-225.

_____(2011a)「ナル형 경어와 レル형 경어의 사용상의 기준 - 복수의 존경어 형식이 혼용되고 있는 예를 중심으로 - 」『日本学報』86輯 韓国日本学会. pp. 121-141.

_____(2011b)「ナル형 경어와 レル형 경어의 사용실태 - 화체적 요인을 중심으로 하여 - 」『日本学報』87輯 韓国日本学会. pp. 39-52.

_____(2011c)「사용상의 기준과 복음서 간의 이동 - ナル형 경어와 レル형 경어의 사용실태를 대상으로 하여 - 」『日本語教育』56輯 韓国日本語教育学会. pp. 175-203.

_____(2012)「〈ないでもらえる〉계열의 의뢰표현 - 각 형식의 사용실태 및 표현가치(정중도)를 중심으로 하여 - 」『日本学報』92輯 韓国日本学会. pp. 63-83.

_____(2013a)「의뢰표현 <ないでくださいますか>의 표현가치」『외국학연구』23 중앙대학교 외국학연구소. pp. 121-38.

_____(2013b)「〈ないでくださる?〉〈ないでくださらない?〉의 의뢰표현 - 사용실태 및 사용가능성, 그리고 표현가치 - 」『日本学報』95輯 韓国日本学会. pp. 47-61.

_____(2014a)「의뢰표현 <ないでくださいませんか>의 운용 실태와 표현가치」『외국학연구』27 中央大学校 外国学研究所. pp. 237-257.

_____(2014b)「〈ないでくださるでしょうか〉의 의뢰표현 ― 사용 가능성 및 표현가치 ― 」『日本学報』99 韓国日本学会. pp. 137-150.

_____(2016b)『일본어 의뢰표현 - 부정의 의뢰표현의 제상 - 』시간의물레.

_____(2016c)「「お答えになる」・「答えられる」・「言われる」의 사용상의 기준에 있어서의 번역자의 표현의도 - 일본어 성서(新共同訳) 4복음서를 대상으로 하여 - 」『일본언어문화』제36집, 한국일본언어문화학회. pp. 155-176.

_____(2017a)「日本語口語訳新約聖書における<おる>の使用実態」『日本言語文化』第38輯, 韓国日本言語文化学会. pp. 67-84

_____(2017b)「〈おる〉〈ておる〉의 의미・용법 - リビングバイブル旧約聖書(1984)을 대상으로 하여 - 」『日本言語文化』第40輯, 韓国日本言語文化学会. pp. 69-90

_____(2017c)『신판 생활일본어』시간의물레.

_____(2017d)『신판 비즈니스 일본어1』시간의물레.

_____(2017f)『신판 비즈니스 일본어2』시간의물레.

_____(2018a)「「なさる」에 의한 존경어 형식과 사역의 존경화 - 일본어 구어역 신약성서를 대상으로 하여 -」『日本研究』第48輯, 中央大学校 日本研究所. pp 7-29

_____(2018b)「発話動詞〈言う〉の尊敬語の使用実態 - 日本語口語訳新約聖書を対象として -」『日本言語文化』第43輯, 韓国日本言語文化学会. pp. 105-120

_____(2018c)『일본어 구어역 마가복음의 언어학적 분석Ⅰ』, 시간의물레.

_____(2019a)『일본어 구어역 마가복음의 언어학적 분석Ⅱ』, 시간의물레.

_____(2019b)『개정판 현대일본어 문법연구Ⅱ』, 시간의물레.

_____(2019c)『일본어 구어역 마가복음의 언어학적 분석Ⅲ』, 시간의물레.

_____(2020a)『개정판 현대일본어 문법연구Ⅰ』, 시간의물레.

_____(2020b)『일본어 구어역 마가복음의 언어학적 분석Ⅳ』, 시간의물레.

_____(2021a)『일본어 구어역 요한복음의 언어학적 분석Ⅰ』, 시간의물레.

李成圭・権善和(2004a)『일본어 조동사 연구Ⅰ』不二文化.

_____(2004b)『일본어 조동사 연구Ⅱ』不二文化.

_____(2006a)『일본어 조동사 연구Ⅲ』不二文化.

_____(2006b)『현대일본어 문법연구Ⅰ』시간의물레.

_____(2006c)『현대일본어 문법연구Ⅱ』시간의물레.

_____(2006d)『현대일본어 문법연구Ⅲ』시간의물레.

_____(2006e)『현대일본어 문법연구Ⅳ』시간의물레.

李成圭・閔丙燦(1999)『現代日本語敬語の研究』不二文化社.

_____(2006)『일본어 경어의 제문제』不二文化.

荒木博之(1983)『敬語日本人論』PHP研究所.

尾山令仁(2001)『現代訳聖書』現代訳聖書刊行会. www.fbible.com/seisho/gendaiyaku.htm

オンライン聖書 回復訳編集部(2009)『オンライン聖書 回復訳』www.recoveryversion.jp/

菊地康人(1996)『敬語再入門』丸善ライブラリー 丸善株式会社.

_____(1997)『敬語』講談社学術文庫 講談社.

窪田富男(1990)『日本語教育指導参考書17 敬語教育の基本問題(上)』国立国語研究所.

_____(1992)『日本語教育指導参考書18 敬語教育の基本問題(下)』国立国語研究所.

坂田幸子・倉持保男(1980)『教師用日本語教育ハンドブック④ 文法(ぶんぽう) Ⅱ』国際交流基金 凡人社.

柴谷方良(1978)『日本語の分析』大修館書店. pp. 346-349

新改訳聖書刊行会(1970)『新改訳聖書』日本聖書刊行会

新約聖書翻訳委員会(1995)『岩波翻訳委員会訳』岩波書店.

聖書本文検索(口語訳) 日本聖書協会. www.bible.or.jp/read/vers_search.html

聖書本文検索(新共同訳) 日本聖書協会. www.bible.or.jp/read/vers_search.html

プロジェクト(2012)『現代日本語書き言葉均衡コーパス』(BCCWJ:Balanced Corpus of Contemporary Written Japanese)

大学共同利用機関法人人間文化研究機構国立国語研究所と文部科学省科学研究費特定領域研究「日本語コーパス」プロジェクト www.kotonoha.gr.jp/shonagon/

高橋照男・私家版(2003)『塚本虎二訳 新約聖書・電子版０３版』www.ne.jp/asahi/ts/hp/index.html#Anchor94064

高橋照男編(2004)『BbB - BIBLE by Bible 聖書で聖書を読む』bbbible.com/

塚本虎二(1991)『新約聖書　福音書』岩波書店.

寺村秀夫(1982)『日本語のシンタクスと意味Ⅰ』くろしお出版. pp. 155-161

日本語聖書口語訳統合版(口語訳+文語訳)聖書 口語訳「聖書」(1954/1955年版) bible.salterrae.net/

日本語版リビングバイブル改訂委員会(1993)『リビングバイブル』erkenntnis.icu.ac.jp/jap/LivBibleJIF.htm#Instructions

日本聖書協会(1954)『聖書』(口語訳). pp. (新)1-(新)409. 日本聖書協会.

日本聖書協会(1987)『聖書』(新共同訳). pp. (新)1-(新)480. 日本聖書協会.

庭三郎(2004)『現代日本語文法概説』(net版).

フランシスコ会聖書研究所(1984)『新約聖書』サンパウロ.

文化審議会(2007)『敬語の指針』(答申) 文化審議会. pp.14-26

文化庁(2007)『敬語の指針』文化庁.

前田護郎(1983)『新約聖書』中央公論社.

松下大三朗(1930)『標準日本口語法』中文館書店. 復刊, (改正再版), 勉誠社. 1978.

柳生直行(1985)『新約聖書』新教出版社.

Martin, Samuel. 1975. *A Reference Grammar of Japanese*. Yali Univ. Press.

□ 이 성 규(李成圭)

전공 : 일본어학(일본어문법 · 일본어경어 · 일본어교육)

忠北 淸州 出生

(현) 인하대학교 교수

(현) 한국일본학회 고문

(전) KBS 일본어 강좌 「やさしい日本語」 진행

(전) 한국일본학회 회장(2007.3.~2009.2.)

한국외국어대학교 일본어과 졸업

일본 쓰쿠바(筑波)대학 대학원 문예 · 언어연구과(일본어학) 수학

언어학박사(言語学博士)

□ 저서

『도쿄일본어 1, 2, 3, 4, 5』, 시사일본어사. (1993~1997)

『現代日本語硏究 1, 2』, 不二文化社. (1995) 〈共著〉

『仁荷日本語 1, 2』, 不二文化社. (1996) 〈共著〉

『홍익나가누마 일본어 1, 2, 3』, 홍익미디어. (1996) 〈共著〉

『홍익일본어독해 1, 2』, 홍익미디어. (1997) 〈共著〉

『도쿄겐바일본어 1, 2』, 不二文化社. (1998~2000)

『現代日本語敬語の硏究』, 不二文化社. (1999) 〈共著〉

『日本語表現文法硏究 1』, 不二文化. (2000)

『클릭 일본어 속으로』, 가산출판사. (2000) 〈共著〉

『実用日本語 1』, 가산출판사. (2000) 〈共著〉

『日本語 受動文 硏究의 展開 1』, 不二文化. (2001)

『도쿄실용일본어』, 不二文化. (2001) 〈共著〉

『도쿄 비즈니스 일본어 1』, 不二文化. (2003)

『日本語受動文の硏究』, 不二文化. (2003)

『日本語 語彙論 구축을 위하여』, 不二文化. (2003)

『일본어 어휘I』, 不二文化. (2003)

『日本語受動文 用例研究1』, 不二文化. (2003) 〈共著〉

『日本語受動文 用例研究II』, 不二文化. (2003)

『일본어 조동사 연구I』, 不二文化. (2004) 〈共著〉

『일본어 조동사 연구II』, 不二文化. (2004) 〈共著〉

『일본어 문법연구 서설』, 不二文化. (2005)

『日本語受動文 用例研究III』, 不二文化. (2005) 〈共著〉

『일본어 조동사 연구III』, 不二文化. (2006) 〈共著〉

『현대일본어 경어의 제문제』, 不二文化. (2006) 〈共著〉

『현대일본어 문법연구I』, 시간의물레. (2006) 〈共著〉

『현대일본어 문법연구II』, 시간의물레. (2006) 〈共著〉

『현대일본어 문법연구III』, 시간의물레. (2006) 〈共著〉

『현대일본어 문법연구IV』, 시간의물레. (2006) 〈共著〉

『일본어 의뢰표현I - 肯定의 依賴表現의 諸相 - 』, 시간의물레. (2007)

『일본어 의뢰표현 - 부정의 의뢰표현의 제상 - 』, 시간의물레. (2016)

『신판 생활일본어』, 시간의물레. (2017)

『신판 비즈니스일본어1』, 시간의물레. (2017)

『신판 비즈니스일본어2』, 시간의물레. (2017)

『일본어 구어역 마가복음의 언어학적 분석I』, 시간의물레. (2018)

『개정판 현대일본어 문법연구II』, 시간의물레. (2019) <共著>

『일본어 구어역 마가복음의 언어학적 분석II』, 시간의물레. (2019)

『일본어 구어역 마가복음의 언어학적 분석III』, 시간의물레. (2019)

『개정판 현대일본어 문법연구I』, 시간의물레. (2020) <共著>

『일본어 구어역 마가복음의 언어학적 분석IV』, 시간의물레. (2020)

『일본어 구어역 요한복음의 언어학적 분석I』, 시간의물레. (2021)

외, 논문 다수 있음.

## 일본어 구어역 요한복음의 언어학적 분석 II
A Linguistic Anlaysis of the Colloquial Japanese Version of the Gospel of John II

초판인쇄 2021년 5월 15일
초판발행 2021년 5월 20일
저　　자 이 성 규
발 행 인 권 호 순
발 행 처 시간의물레
등　　록 2004년 6월 5일
주　　소 서울시 은평구 증산로17길 31, 401호
전　　화 02-3273-3867
팩　　스 02-3273-3868
전자우편 timeofr@naver.com
블 로 그 http://blog.naver.com/mulretime
홈페이지 http://www.mulretime.com
정　　가 25,000원

ISBN 978-89-6511-355-3 (94730)
ISBN 978-89-6511-353-9 (세트)

*이 책의 저작권은 저자에게, 출판권은 시간의물레에 있습니다.
*잘못된 책은 바꿔드립니다.